孙冶方文集

第 3 卷

（1937—1946 年）

孙冶方 ◎ 著

知识产权出版社
全国百佳图书出版单位

图书在版编目（CIP）数据

孙冶方文集. 第3卷/孙冶方著. —北京：知识产权出版社，2018.1
ISBN 978-7-5130-5210-8

Ⅰ. ①孙… Ⅱ. ①孙… Ⅲ. ①经济学—文集 Ⅳ. ①F0-53

中国版本图书馆 CIP 数据核字（2017）第 257212 号

内容提要

《孙冶方文集》（10卷本）收集孙冶方1925年至1983年间的各类作品356篇（部）。他的作品有着鲜明的时代特点，真实地反映了作者尊重规律、追求真理的研究轨迹，也真实地反映了他一以贯之的执着精神和宁折不弯的人格魅力。

读者可以从《孙冶方文集》中看到我国经济学界一代宗师孙冶方屡经磨难的艰苦历程，了解孙冶方的学术观点和理论勇气，了解我国社会主义政治经济学各个历史阶段的发展印迹，并从中受到启迪。

项目负责：蔡　虹　　　　　　　　　　本卷责编：杨晓红
套书责编：石红华　蔡　虹　　　　　　责任出版：刘译文

孙冶方文集（第3卷）

孙冶方　著

出版发行：知识产权出版社 有限责任公司	网　　址：http://www.ipph.cn
社　　址：北京市海淀区气象路 50 号院	邮　　编：100081
责编电话：010-82000860 转 8324	责编邮箱：caihongbj@163.com
发行电话：010-82000860 转 8101/8102	发行传真：010-82000893/82005070/82000270
印　　刷：三河市国英印务有限公司	经　　销：各大网上书店、新华书店及相关专业书店
开　　本：720mm×1000mm　1/16	印　　张：22.25
版　　次：2018 年 1 月第 1 版	印　　次：2018 年 1 月第 1 次印刷
字　　数：280 千字	总 定 价：1680.00 元（全套共 10 卷）
ISBN 978-7-5130-5210-8	

出版权专有　侵权必究
如有印装质量问题，本社负责调换。

《孙冶方文集》 编辑委员会名单

主　　任：张卓元

成　　员：（以姓氏笔画为序）

王迎新　吕民生　李　昭　旷建伟

沈国弟　张建清　武克钢　范世涛

周　济　冒天启　薛小和

孙冶方(1908—1983)

1937—1940 年任中共江苏省委文委书记时期的孙冶方

1941—1944 年新四军时期的孙冶方

（以上照片由孙冶方亲属提供）

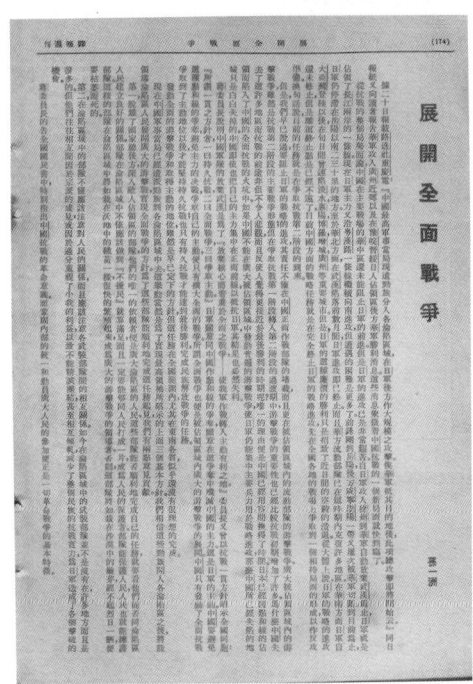

1938年孙冶方以笔名孙一洲在《译报周刊》第1卷第7期发表《展开全面战争》

(以上资料照片由浙江财经大学孙冶方经济科学奖文献馆提供)

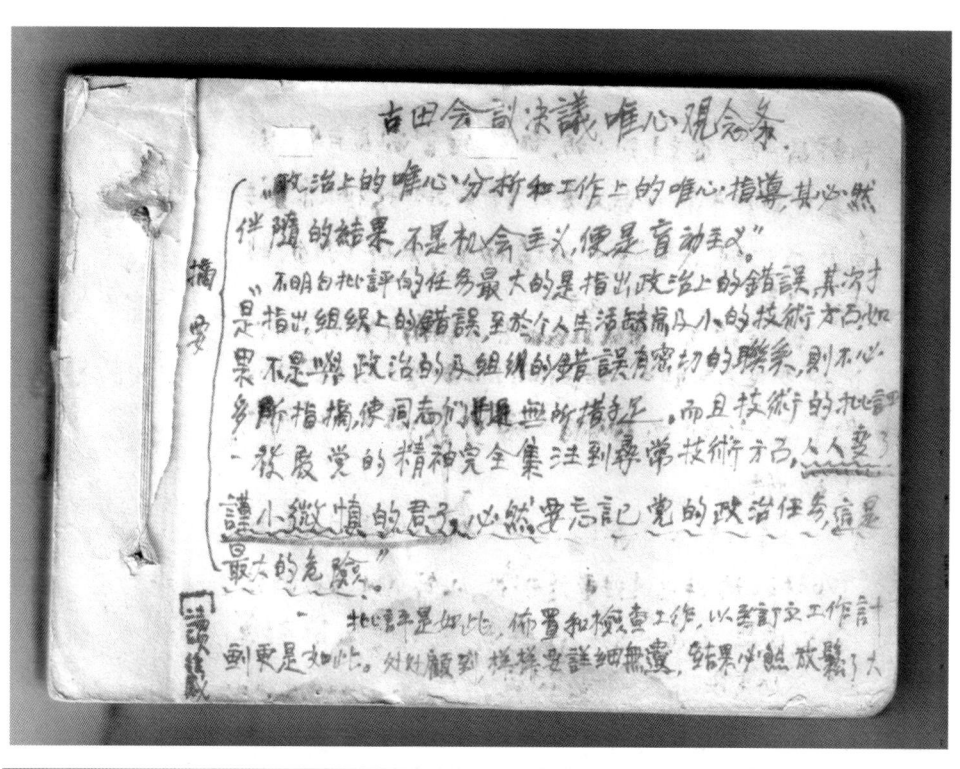

1944年9—11月孙冶方在华中党校整风三队期间的学习笔记

（以上手稿照片由孙冶方亲属提供）

编者说明

孙冶方是我国著名经济学家，15岁起就从事革命活动，在长达60年的革命生涯中，为宣传马克思主义政治经济学呕心沥血、奋斗终生，在经济学界和社会大众中享有崇高声誉。

2018年是孙冶方诞辰110周年。为缅怀先贤足迹，激励后人理论创新，2016年年初，孙冶方经济科学基金会与知识产权出版社相约，共同编辑出版《孙冶方文集》（以下简称《文集》），是为纪念。

孙冶方一生勤于思考，治学严谨。纵观现存的各类作品，字里行间无不充满了理论探索与实践创新。1979年人民出版社出版《社会主义经济的若干理论问题》；1982年出版《社会主义经济的若干理论问题》续集；1984年山西人民出版社出版《孙冶方选集》，中国展望出版社出版《孙冶方社会主义流通论》；1985年人民出版社出版《社会主义经济论稿》，中国社会科学出版社出版《关于中国社会及其革命性质的若干理论问题》。1998年为了纪念孙冶方诞辰90周年，孙冶方经济科学基金会委托山西经济出版社在上述作品基础上，出版了5卷本《孙冶方全集》（以下简称《全集》）。2008年，孙冶方经济科学基金会与无锡市玉祁镇孙冶方纪念馆合作，将在整理孙冶方文献资料时新发现的多篇文章、译著合并，内部出版了《全集（补遗）》。

如今呈现在读者面前的《文集》（10卷本），是在《全集》和《全集（补遗）》基础上再次整理编辑而成，是两年来紧张工作的成果,也是改革开放以来孙冶方作品收集整理工作的继续。

《文集》能够顺利出版,得益于多方面的共同努力。一是浙江财经大学孙冶方经济科学奖文献馆利用文献数据库及全国的图书馆网络检索文献(特别是1949年以前公开发表或出版的作品)获得资料。二是孙冶方亲属较为全面地整理了20世纪80年代保存至今的孙冶方文稿原件、打印件、书信及手稿等。三是《文集》编辑委员会在孙冶方曾经生活并工作过的上海、江苏、浙江和无锡等地,以及国家统计局、中国科学院哲学社会科学部(现中国社会科学院)、中国社会科学院经济研究所等单位寻访时获得了十分宝贵的文献、书信和报告若干。四是《文集》编辑委员会成员个人提供报告、书信等重要资料。

有关《文集》编辑整理时遵循的原则以及不同情况的处理作如下说明。

一、《全集》和《全集(补遗)》收录作品分别为111篇(部)和24篇。《文集》增加新近收集到作者1925年至1983年间的作品221篇,计有理论文章59篇、译作11篇、报告65篇、书信86封,其中148篇是首次公开出版。

二、《文集》编辑过程中,发现《全集》和《全集(补遗)》存在一些差错,主要是有的作品标题中的个别用字以及发表的时间、刊登的期刊、卷次和脚注等有误或不完善,一并予以修改和补充。

三、《文集》每卷卷首增加了该卷相应时间段作者的照片及作品影印件。《社会主义经济论稿》《社会主义经济论大纲》及《孙冶方大事记》(补充修订后)仍置于《文集》最后两卷。

四、孙冶方(薛萼果)因为工作和生活的需要,有过多个曾用名和笔名。经考证确认的就有孙勉之、孙一洲、孙宝山、孙宜(毅)刚、叶非木、勉之、叶舟、亨利、宋亮、席矩、倪江、方青等。新出现的笔名"席矩"是根据冯和法的回忆文章,及在不同刊物发表文章的考证确认;"倪江"则根据作者相关记录和文章内容确定。文献检索发现,个别笔名可能和他人同名,为避免误收同名作者作品,需要经过编委会集体讨论、仔细甄别、慎重确认后方予收入。其他笔名文章参照《全集》和《全集(补遗)》所用笔名,由编委会认真讨论后收入。

20世纪30年代发表于《中国农村》《中国农村经济研究会会报》上的少数文章,虽无作者署名,经反复考证后确认系孙冶方执笔,在注释中已予以说明,有关考证将另文发表,不在此赘述。

五、《文集》作品以发表、出版或写作的时间为序。对于没有标明详细时间的作品,如缺少月份,则按照通行的做法,置于全年的最后。这样编排,目的是客观地反映孙冶方在各个年代工作和生活时的原貌。

六、对于新收录的作品,尽可能保持原有作品的风貌,仅对个别之处进行了删减或修订;一些书信、报告,原件中没有标题,编辑时增加了现在的标题;个别文献原件页码不全;有的字迹缺失或无法辨认时以空格表示,这些情况在注释中都分别进行了说明。

七、一些早年作品经不同出版社再次出版时,由作者重新审阅并增加了当时新版本的参考文献,因此出现30年代写的文章,参考了70年代出版的文献的情况,现统一注释为"参见……"。

八、根据作者的日记和工作笔记等线索查找,许多文章、书信、报告、谈话等至今仍没有收集到;一些笔名文章虽已找到,但由于可参考查证的资料十分有限,目前无法确认作者而暂不能收入。

综上所述,新出版的《文集》中仍然可能有某些不足甚或错误之处,敬请读者批评指正。

最后,我们要特别感谢在《文集》编辑出版过程中,提供了支持与帮助的单位和个人。可以说，没有这些单位和个人的无私支持和鼎力相助，《文集》以全新的面貌如期出版也就没有可能。这些单位是：中国社会科学院办公厅档案处，中国社会科学院经济研究所及经济史研究室、图书馆，国家统计局资料中心编研处，无锡市档案馆，无锡市博物院，无锡市史志办公室，无锡市玉祁镇孙冶方纪念馆，上海市档案馆，中共上海市委党史研究室，江苏省档案馆，中共江苏省委党史研究室，浙江省档案馆，浙江财经大学孙冶方经济科学奖文献馆，等等。个人有：中国社会科学院副院长蔡昉、中国社会科学院经济研究所所长高培勇、国家统计局办公室主任曾玉平、上海市现代管理研究中心主任陈加英、南京大学商学院院长沈坤荣，以及沙尚之、汪静、沈树正、马骏、崔建华、李晶、刘胜文、王大庆、郑泽清、谢黎萍、陈晓明、吴斌、徐洁、江剑萍、周建军、陈彤光、吴佳佳、殷语、朱昱鹏、谈菁、杜松等。此外，知识产权出版社的蔡虹、石红华及各位编辑，孙冶方经济科学基金会办公室的周小和、王昊、李建、王莉4位同志，为《文集》的最终出版付出了辛勤的劳动和大量的心血，在此一并致以感谢！

《孙冶方文集》编辑委员会
2017年10月30日

序

张卓元

孙冶方是我国当代卓越的马克思主义经济学家。他一生论述甚丰，20世纪五六十年代因提出把计划和统计放在价值规律基础上、千规律万规律价值规律第一条等，在经济学界起到振聋发聩的作用，产生了很大的社会影响。1998年，应山西经济出版社之约，我们编辑出版了《孙冶方全集》5卷本，主要收集中华人民共和国成立后孙冶方撰写的文章、研究报告、调查报告、政策建议等。此后，通过孙冶方亲属阅读整理他的日记、手稿、旧作等，发现有相当数量的文稿没有收入全集。为纪念我们敬仰的孙冶方诞辰110周年，我们又对孙冶方一生的作品，主要是经济学作品，进行查找和核实，以《孙冶方全集》为基础，把大量新发现的孙冶方遗作补充进去，按时序排列，形成现在的《孙冶方文集》10卷本，由知识产权出版社2018年年初出版。

重新出版《孙冶方文集》10卷本，不只是为了纪念孙冶方诞辰110周年，对于更好地了解孙冶方对马克思主义经济学的贡献，对于深入研究当代中国经济学思想史，对于认真吸收中国老一辈经济学家的理论精华，更好地构建中国特色社会主义政治经济学，都是很有意义的。

在《孙冶方文集》出版之际，我作为孙冶方经济理论的追随者和学生，作为文集编委会成员之一，在编辑过程中看到不少过去没有看到的文章、资料，学习到许多东西。下面拟就以下三个问题，简要谈谈个人的看法。

一、孙冶方是怎样治所的

孙冶方1957年年末到中国科学院经济研究所任所长，1964年年底接受批判被剥夺领导职务。他一到所，特别重视和强调经济理论研究要很好地联系实际，要从实际出发寻找研究课题，深入实际调查研究。他专门写报告要求对经济所实行双重领导，即由中国科学院和国家计委领导。后经周恩来总理和李富春副总理批准实行双重领导，他本人列席国家计委党组会议，接受国家计委分派的任务。为了便于研究人员到经济部门做调查研究，他把经济所从海淀区中关村搬到财经部门集中的西城区三里河。他接受李先念等领导同志交办的任务，亲自率领一批研究人员到上海第一机床厂等企业进行调查。他关于固定资产管理体制改革（反对复制古董）和加强经济核算包括资金核算的研究报告，就是深入调查研究后写出的。他在调查过程中，还同李立三、李人俊、汪道涵、马天水、顾树桢等中央经济部门和地方工作的同志多次深谈，征求他们的意见。在孙冶方的带动下，在经济所逐渐形成了调查研究的风气。还有，从上个世纪50年代末到60年代初，孙冶方和薛暮桥、于光远一块发起，针对农村"一平二调"和"大跃进"带来的国民经济断崖式下滑和比例失调等问题，组织经济理论工作者和实际工作者，讨论了社会主义商品生产、价值规律、按劳分配、社会主义再生产、经济核算、经济效果等问题，对全国的经济理论研究工作起到了引航的作用。

其次，大力倡导标新立异，向传统的经济理论挑战，扭转从书本到书本、从概念到概念、搞规律排队和只限于解释当前政策的教条主义学风。他自己带头创新理论（后面有专门论述），给经济所带来一股清新的研究风气。他还邀请当时苏联的统计局综合平衡司司长索包里作报告，他对传统的社会主义经济理论和体制持批评态度，主张生产价格论、强调资金核算的重要性等，使我们这些听众大开眼界。与此同时，他对当时广为流行的苏联科学院院士斯特鲁米林关于没有价格与价值的背离就没有价格政策的观点（上个世纪五六十年代国内有从事实际工作的同志很欣赏这一观点），不以为然，认为正确的价格政策恰恰是力求使价格与价值一致，只有这样，才是真正尊重价值规律。

再次，以任务带学科带队伍。孙冶方于1960年年初起，接受中宣部布置的写社会主义政治经济学的任务（薛暮桥、于光远也各负责写一本），于是组织全所研究现实经济问题的骨干力量，写《社会主义经济论》，他本人提出与众不同的按马克思《资本论》过程法（即资本的生产过程、资本的流通过程、资本主义生产的总过程，把资本和资本主义改为社会主义即可）展开，以最小的劳动消耗取得最大的有用效果为红线进行写作。在这个过程中，带出了一批年轻的经济学家，他们在中国改革开放后分别成为一些科研单位的骨干。

二、孙冶方治学是如何标新立异的

孙冶方提倡标新立异，他是以身作则的。他发表在《经济研究》1956年第6期的《把计划和统计放在价值规律基础上》一文，就是真正的标新立异，在经济学界引起轰动。他到经济研究所后，提出了一系列崭新的观点和主张，包括：恩格斯1844年在《德法年鉴》上提出的"价值是生产费用对效用的关系"并不是错误的、后来被恩格斯本人抛弃的观点，而是正确的、对准确理解马克思劳动价值论有重要意义的观点；主张以生产价格作为社会主义国家定价的基础；流通部门是很敏感的，国民经济中许多问题，都会在流通过程中首先表现出来，批判部分学界鼓吹的"无流通论"；财经体制的核心问题是作为独立核算单位的企业的权力、责任和它们同国家的关系问题,而不是有人常说的中央和地方的关系问题;凡是在原有资金价值量范围内的生产,是简单再生产,是属于企业(指国有企业)可以自主决定的权利,因此折旧基金应留给企业支配使用,而现实中要求折旧基金上缴的固定资产管理体制会导致出现复制古董的怪异现象;利润是反映企业技术水平高低、经营管理好坏的综合指标,高于社会平均资金利润率的是先进企业,低于社会平均资金利润率的是落后企业;用最小的劳动消耗取得最大的有用效果应作为社会主义政治经济学的红线贯穿始终;千规律,万规律,价值规律第一条;等等。

孙冶方在经济理论上标新立异,不是偶而突发的奇思异想,而是经过长时期调查研究深思熟虑后得出的。关于固定资产管理体制和重视利润的主张,就是经过大量实地调查研究和总结国内外经验教训后提出的。关于价值理论则除了调查研究、实际工作体会外,还大量引经据典,与不同观点商榷。他在1959年第9期《经济研究》发表的《论价值》一文,长达三万多字,系统地表达了他对价值和价值规律的独特观点。还有,我们常常看到孙冶方特别喜欢引用马克思在《资本论》第三卷中的一段话,马克思说,"在资本主义生产方式消灭以后,但社会生产依然存在的情况下,价值决定仍会在下述意义上起支配作用:劳动时间的调节和社会劳动在各类不同生产之间的分配,最后,与此有关的簿记,将比以前任何时候都更重要。"(《马克思恩格斯全集》第25卷,北京,人民出版社,1974年,第963页)据我体会,马克思这段话说的价值决定,正是价值规律的核心,也是孙冶方反复强调的价值规律的内涵。因此他坚信价值规律在资本主义生产方式消灭以后,在社会主义社会经济活动中,仍然起支配作用。

三、孙冶方经济理论的现实意义

孙冶方经济理论的核心，如果用一句话来概括，就是千规律，万规律，价值规律第一条。这是在一次批判他的座谈会上，当批判他的人质问他国民经济综合平衡依据的是什么规律时他脱口而出的，他在1978年10月还专门以此为题写了一篇文章，发表在《光明日报》上。孙冶方在文中写道，"我这句话虽然是在激动中脱口而出的，然而这是符合我多少年来长期坚持的思想的。"我认为，这就是孙冶方的主要经济理论观点。孙冶方一辈子强调价值规律，并不是有人想象的那样现在已经过时了，恰恰相反，在我们努力发展社会主义市场经济的今天，仍然具有重要现实意义。

第一，马克思主义经济学原理历来认为，价值规律是商品经济和市场经济的基本规律，是支配市场经济活动的最根本的法则。现在我们正在社会主义条件下发展市场经济，就要按市场经济规律办事，就是要按价值规律办事。如果我们在经济活动中违背价值规律，必然会受到这样那样的惩罚，如效率低下、竞争力下降甚至亏损破产等。相反，如果我们在经济活动中尊重价值规律，按价值规律办事，努力降低个别社会劳动消耗，提高产品技术含量和品质，就能在市场竞争中处于强势，不断发展壮大自己。当然，我们也要看到，孙冶方对价值规律如何调节社会生产和流通，它的机理是什么，并没有作出有说服力的说明，而这是在中国改革开放中，通过市场机制即放开市场和价格才实现这种调节的。

第二，在孙冶方的论述中，价值由社会必要劳动时间决定的规律，其含义是比较广泛的，既包括个别商品的价值由社会必要劳动时间决定，也包括在社会总劳动时间中，要把必要的比例量用在不同各类的商品上,也就是我们今天常说的,在资源配置中起决定性作用。孙冶方常常引述马克思关于价值决定在未来社会对社会劳动在不同各类生产之间的分配仍起支配作用,也是这个意思。当前我国深化经济体制改革,就是要紧紧围绕使市场在资源配置中起决定性作用来进行,实质上正是要更好地让价值规律调节资源的配置。

第三,价格政策应很好地尊重价值规律。孙冶方一贯反对实行价格与价值背离的政策,要求不断缩小工农产品价格剪刀差,国家定价应以价值和价值的转化形态生产价格为基础,否则难以正确评价经济活动的效果,难以评价企业的真实业绩。这点至今仍有现实意义。现在占全社会商品和服务97%的价格已放开由市场调节,也就是价值规律调节,在公平竞争的市场环境不断完善的条件下,价格将越来越贴近价值而波动。剩下的3%由政府定价,主要限定在重要公用事业、公益性服务、网络型自然垄断环节,也要尊重价值规律,但不是由价值规律自发调节。这说明,孙冶方当年的设想,在社会主义市场经济条件下正在逐步成为现实。

第四,从政治经济学发展史来看,改革开放前,经济学家们在创建社会主义政治经济学体系时,总离不开规律排队,而且总是把社会主义基本经济规律、有计划发展规律放在首位,贬低和排斥价值规律的作用。1982年,还有一些经济学家拿社会主义基本经济规律和有计划发展规律起主要作用来反对社会主义经济也是一种商品经济。可是,在半个多世纪前,孙冶方就已经提出,无论在国民经济中,还是在社会主义政治经济学中,价值规律是首要规律。他关于撰写《社会主义经济论》要以最小的劳动消耗取得最大的有用效果作为红线,也是他关于千规律万规律价值规律第一条在构建社会主义政治经济学中的具体应用。因为在孙冶方看来,价值由社会必要劳动时间决定的规律,体现的正是生产费用对效用的关系，如果生产没有社会使用价值的东西，其劳动消耗是白费的，不是社会必要的，不能形成价值，所以他一直认为恩格斯关于价值是生产费用对效用的关系是完全正确的命题。因此我认为，孙冶方经济理论的核心——价值理论，对于今天构建中国特色社会主义政治经济学，是值得大家重视的。这也是孙冶方经济理论重要现实意义之所在。

2017 年 10 月

孙冶方：以自己的生命敲击改革开放大门的先驱

——《孙冶方文集》序

冒天启

孙冶方（1908—1983），江苏无锡人，是中国经济学界几代人都敬仰的一位颇具盛名的马克思主义经济学家。在他长达半个多世纪的经济学理论研究活动中，始终坚持立足中国国情，独立思考，按照价值规律内因论和商品生产外因论的经济学思想，是中国经济学界对自然经济论进行批判的先行者，是对传统经济体制实行改革的最早倡导者，是创建社会主义经济学新体系的积极探索者。

孙冶方在上个世纪20年代初，去莫斯科中山大学学习，毕业后在莫斯科东方劳动者共产主义大学担任政治经济学讲课翻译，在那里学习、工作了四年零九个月；回国后长期从事经济理论研究、宣传和教学，并担任实际经济工作的领导。生前曾任中国社会科学院顾问，经济研究所所长、名誉所长，国务院经济研究中心顾问，国务院学位评议组成员，政协第五届全国委员会委员，中共中央顾问委员会委员等职。孙冶方病逝前，为表彰他对马克思主义经济学的重大贡献，中国社会科学院党委授予他为模范共产党员；学界老一辈经济学家也在1983年6月13日联合发起成立了孙冶方经济科学奖励基金委员会，以纪念这位经济学界的泰斗。媒体公认，孙冶方经济学思想，对中国的改革开放具有"破茧"的功能，他以自己的生命在敲击着改革开放的大门，2008年12月7日，被媒体评选为中国"30年最具贡献的十位经济学家"。

孙冶方一生治学严谨、惜字如金，在同辈的经济学家中，其著述不算最多，甚至没有过专著，但他的文章却篇篇都针砭时弊，影响深远。1984年，山西人民出版社根据他在病逝前亲自审定的篇目，出版过一部《孙冶方选集》；1998年，为了纪念他诞辰90周年，孙冶方经济科学基金会委托山西经济出版社出版了5卷本《孙冶方全集》；2008年，孙冶方经济科学基金会与无锡市玉祁孙冶方纪念馆在整理孙冶方文献资料时，发现《孙冶方全集》漏选了孙冶方的不少文章、译著，因此，内部出版了《孙冶方全集（补遗）》。2016年，应知识产权出版社邀约，经多方反复彻查文献、严格审定，以一部全新的10卷本《孙冶方文集》典籍问世。

孙冶方是老一辈的马克思主义经济学家，社会在变迁、知识在更新，为让新一代学子对孙冶方的经济学思想有个初步的了解，我们在这里简述他的成长经历、理论贡献以作为《孙冶方文集》新版之序。

一、成长经历

孙冶方，1908年10月24日出生在江苏省无锡县玉祁镇。原名薛萼果，字勉之，党内用名宋亮。从小家境贫穷，父亲背债做过纱厂的小职员。1921年秋，13岁的孙冶方才进无锡县立第一高小做寄宿生。孙冶方在校时，接受进步思想，1923年年初加入社会主义青年团，1924年经中共上海区委批准正式转为中共党员。不久，无锡地下党组织成立，孙冶方被选举为第一任中共无锡党支部书记，同年加入国民党。1925年11月，按照上级组织的安

孙冶方：以自己的生命敲击改革开放大门的先驱

排，他去莫斯科中山大学学习，同去的有60多人，其中有张闻天、杨尚昆、乌兰夫，还有王明、蒋经国等。在那里经过两年比较系统的马克思列宁主义学习，1927年夏毕业，分配到莫斯科东方劳动者共产主义大学担任政治经济学讲课翻译。1927年11月，东大中国留学生合并到中大，孙冶方也随之返回中大继续担任讲课翻译。这一时期，有两件事对他影响较大，一是王明的宗派斗争。20年代赴苏的中国留学生中，既有后来成为党和国家卓越领导人的邓小平、叶剑英、杨尚昆等同志；也有后来堕落叛逃的王明、张国焘等人。当时，王明在共产国际的支持下，把持了对中国留学生的领导权，大肆进行宗派主义活动，对不赞成他们意见的同志搞残酷斗争，捏造各种罪名进行打击。1927年夏，在一次讨论中大学期工作总结报告并对报告的决议案投票表决时，支持王明的共有28人，1人弃权，绝大多数同志都表示反对，其中有孙冶方的入党介绍人董亦湘。孙冶方没有参加这次会议，但平时与董亦湘及投反对票的同志来往较多。那时，由于孙冶方已担任了讲课翻译，经济收入较高，大家让他掏钱请客聚餐，王明根据这次"聚餐"，凭空捏造了"江浙同乡会"的案件，把他们作为反革命分子进行斗争。1928年，尽管经过由周恩来参加的中央专案组的重新审查，宣布"江浙同乡会"是莫须有的罪名，但王明却又利用联共清党，给反对他的同志扣上"托派"的罪名继续加以迫害，他们断定孙冶方也有"托派"嫌疑，无端地给了他"严重警告"处分。这件冤假错案，给孙冶方后来的党内生活带来不小影响。二是布哈林对列宁新经济政策的理论解释，给孙冶方后来从事社会主义经济理论研究，认识不发达国家社会主义建设道路，产生了潜移默化的影响。

1930年9月，孙冶方回国。在上海从事党的地下工作，先任上海人力车夫罢工委员会主席，后又任人力车夫总工会筹委会主席，年底，调任沪东区工商联筹委会主席。1931年年初，孙冶方在英租界被捕，但敌人没有任何证据断定他是共产党员，以为是"乡下佬"，因此在捕房里关了七天就释放了。出狱后，孙冶方向党中央递交书面报告，希望恢复组织关系，同时还积极参加抗日救亡活动。但王明宗派集团把持着中央领导权，对孙冶方的"书面报告"置之不理，孙冶方被排斥在党外7年之久。这期间，孙冶方在逆境中一直坚持斗争，以他对马克思主义理论和党的土地革命路线的透彻理解，与陈翰笙、薛暮桥、钱俊瑞等发起成立中国农村经济研究会，开设新知书店、中国经济资料室，发行《中国农村》月刊，深入工厂、农村，以大量的调查材料，论证中国社会的半封建半殖民地性质，批判王明和"托派"夸大中国社会资本主义性质，反对党的土地革命路线的"左"倾观点。1934年6月，面对国民党反动派的迫害，孙冶方不得不绕道香港去了日本，在东京替商务印书馆翻译卢森贝的《政治经济学思想史》。1935年9月回国，继续从事《中国农村》的编辑工作。

孙冶方：以自己的生命敲击改革开放大门的先驱

1937年5月，孙冶方恢复了党籍，调任中共江苏省文化工作委员会书记。1940年9月，孙冶方根据组织决定去延安，途经重庆时，向周恩来汇报了工作，周恩来根据当时形势，指示他去苏北新四军或华中局工作。1941年6月，孙冶方到了苏北根据地，先在华中局宣传部任宣教科科长，后又去华中局党校教学并兼任教育科科长。临去党校前，刘少奇找他谈话指出：党校教学要理论联系实际。7月13日，孙冶方以"宋亮"为笔名给刘少奇写信，请教如何看待党内存在的轻视理论的倾向。当天，刘少奇回信，就党内轻视理论的倾向作了分析，这就是"文化大革命"中曾一度成为"众矢之的"的《答宋亮同志》的信。1942年华中局党校成立校委会，孙冶方为校委员会委员，仍兼教育科长。1943年4月，新四军军部转移到淮南以后，孙冶方即被派到淮南路西地委任宣传部长。1947年5、6月间，孙冶方奉命到胶东向华东财办领导汇报工作，时值国民党军队正向滨海地区进攻，因此上级决定"驻鲁办事处"撤销,干部撤退到胶东,孙冶方被留在华东财办工作,11月任华东财办秘书长兼山东省政府实业厅副厅长,直到解放战争胜利结束。

1949年江南解放后,孙冶方随三野进上海,任上海市军管会重工业处处长,并负责接管了国民党政府的资源委员会,后任华东工业部副部长兼任上海财经学院院长。1955年年初,孙冶方调北京任国家统计局副局长,主要负责国民经济平衡统计表的编制,还有关于国民收入计算、计划统计指标体系、方法等工作。1956年7、8月间,他去苏联统计局考察,联系中国经济建设中已经出现的问题,深感我国经济管理体制和一些经济政策存在着严重的弊病,1956年11月,他写了著名的论文《把计划和统计放在价值规律的基础上》,批评斯大林把价值规律和国民经济计划管理对立起来的观点,指出:国民经济有计划按比例发展必须建立在价值规律的基础上才能实现。同期,他还写了另一篇有名的文章——《从总产值谈起》,批判总产值指标妨碍对企业进行科学管理,指出:利润指标是考核企业经营管理好坏的综合指标。

孙冶方于1957年底被调至中国科学院经济研究所任代所长。1958年6月21日,中央工业部电话通知孙冶方:中央监委已经批准了中央工业部对他有关历史问题的审查结论,同时恢复了1931年到1937年这一段党龄。这令孙冶方极为振奋。孙冶方虽然弃官从文,但在新的岗位上,仍以高度的敬业精神,花很大的力气疏通经济理论研究和实际工作结合的渠道,力主由国家实际经济部门主管经济研究所的研究工作。孙冶方大力组织研究人员认真读书,并引导人们把实践中存在的、有待于解决的问题提高到理论上加以研究。他身体力行,多次深入农村、工厂,写了大量的研究报告和文章,探讨社会主义经济理论,并逐步形成了以自然经济论为批判对象,以价值规律内因论和商品生产外因论为基础的理论体系,积极倡导经济体制改革。1959年7、8月,他在青岛撰写了《论价值》一文,发表在《经济研究》1959年第9期,系统陈述了自己的理论和改革主张。从1960年年底开始,他组织经济研究所的一些同志,着手编写《社会主义经济论》,系统清算阻碍社会主义经济理论发展的各种有害倾向。由于众所周知的原因,1964年开始,他在经济学界受到了围攻。1966年6月,《红旗》杂志公开点名在全国范围内开展了对孙冶方的大批判。从1968年4月5日被捕入狱,直到1975年4月10日出狱,孙冶方在特殊的环境中,用默记的方法,对《社会主义经济论》22章183节在脑海中过了85遍,坚持每月一次。1972年2月,他以给"外调"人员写材料为名,写了长篇文章《我与经济学界一些人的争论》,驳斥了康生、陈伯达一伙反马克思主义的谬论。1975年4月10日踏出狱门对工宣队的第一句话就是:我是一不改志、二不改行、三不改变自己的观点!回家后即着手《社会主义经济论》的写作。打倒"四人帮"后,孙冶方极为昂奋地参加了揭批"四人帮"的理论斗争以及考察出国访问。那时,国内各个部门都组团去东欧国家学习,曾有团组去匈牙利,接待方坦然地说,我们是按照你们国家孙冶方的经济学思想改革的!1979年8月,孙冶方肝癌已到晚期。在这种情况下,经济研究所加强了写作组的力量,为抢救学术遗产,由孙冶方在病床上口授录音,然后由写作组整理,前后约一年时间,完成了《社会主义经济论》大纲20余章。从这以后,孙冶方更拼命工作,3年时间,先后写出了22篇论文,对经济建设和改革中的紧迫问题,系统发表了自己的观点,同时还参加文艺、历史等方面的社会活动。1982年9月,孙冶方参加了党的十二大,并当选为中共中央顾问委员会委员。1983年2月22日下午5时,这位拼搏了一生的老布尔什维克,带着铮铮铁骨,离开了我们,时年75岁。

孙冶方:以自己的生命敲击改革开放大门的先驱

二、理论贡献

在中华人民共和国成立前的30至40年代，孙冶方发表过的论文，主要是联系中国实际，以大量第一手调查材料，论证中国社会的半封建半殖民地性质，但他的经济思想最有历史学术价值的部分是在共和国成立后的50年代中期到70年代末80年代初期形成的。在左的路线统治全党和社会的环境下，孙冶方大胆探索符合中国国情的社会主义经济理论新体系，勇敢倡导改革集权的计划经济模式。他的经济学思想可以归纳为一句话：价值规律内因论和商品生产外因论，在这个大题目下，他经常论述的经济思想主要是：

（1）用最小的劳动消耗取得最大的有用效果即"最小最大"。孙冶方自50年代中期以来，联系社会主义经济建设中的弊端，反复论述"最小最大"，并由此付出了血的代价。但"最小最大"的发明者，从经济思想发展史上看，实际上并不是孙冶方。早在1817年，李嘉图的《政治经济学及赋税原理》出版，1821年，这部书的第三版广为流行，书中写道：国家财富的增加可以通过两种方式：一种是用更多的投入来维持生产性的劳动……；另一种是不增加任何劳动量，而使等量劳动的生产效率增大……这两种增加财富的方法中，第二种方法自然是更可取的。当时，有一位匿名作者按照李嘉图的这个思想写了《国民困难的原因及其解决办法》的小册子，其中说道：一个国家只有在劳动6小时而不是劳动12小时的时候，才是真正富裕的，财富就是可以自由支配的时间。马克思对这个思想极为赞赏，说："这不失为一个精彩的命题。"同时还把李嘉图的上述说法概括为：在尽量少的劳动时间里创造出尽量丰富的物质财富。同时还强调：这在一切社会形态中都是适用的。但时间过了100多年，孙冶方把这个朴素的思想用中国化了的经济学语言，作了广泛宣传。他在多篇文章中都讲：要用最小的劳动消耗去取得最大的有用效果，这是一切经济问题的秘密，人类生活的好坏，从根本上说取决于劳动效率的高低，要以更少的劳动投入获得更多的有用产品；或者说，要减少生产每一单位产品所需要的劳动量。研究一定的劳动时间内生产了多少产品，是劳动生产率范畴问题；研究单位产品中包含有多少劳动时间即劳动耗费，是价值范畴问题。用最小的劳动耗费取得最大的有用效果，就是一个把个别的、局部的劳动还原为大多数的、社会平均必要的劳动耗费的复杂经济运行过程。孙冶方指出：在社会主义条件下，商品的内在矛盾即商品二重性和生产商品劳动二重性仍然存在，经济学要以"最小最大"为红线，去研究解决这些矛盾的途径，提高劳动生产率，发展社会主义经济。

孙冶方：以自己的生命敲击改革开放大门的先驱

孙冶方用"最小最大"总结社会主义建设的教训，批评在"政治挂帅"下高消耗、低效益的顽症；用"最小最大"判断社会主义公有制，批评自然经济论和"大锅饭"的体制；用"最小最大"批评"权力经济学"，重新编写中国的理论经济学，因而使这个古老而朴素的经济学常识在新的历史条件下放出了新的理论光彩。实践证明，孙冶方的"最小最大"理论中所包含的一切思想都是正确的，因此，经济学界公认："最小最大"是孙冶方公式。

（2）价值理论。孙冶方在这个重大理论问题上与众不同，他坦诚地承认：我的价值论源自恩格斯，但有自己独立的"逻辑上的一贯性和系统性"。1843年，恩格斯在《政治经济学批判大纲》中说："价值是生产费用对效用的关系。价值首先是用来解决某种物品是否应该生产的问题，即这种物品的效用是否能抵偿生产费用的问题。只有这个问题解决之后才谈得上运用价值来交换的问题。如果两种物品的生产费用相等，那么效用就是确定它们的比较价值的决定因素。"恩格斯接着还说：在未来社会中，"价值这个概念实际上就会愈来愈只用于解决生产的问题，而这也是它真正的活动范围"。马克思对恩格斯的这个理论十分赞赏。1868年1月8日，他给恩格斯的信中说：由于我采取了抽象的研究方法，直接的价值规定，在现实社会中，实际作用是很小的，甚至是找不到的。（价值）"通过价格的变动来实现，那么事情就始终像你在《德法年鉴》中已经十分正确地说过的那样。"所谓"十分正确地说过"，就是指恩格斯发表在《德法年鉴》上的《政治经济学批判大纲》中"价值是生产费用对效用的关系"的说法。恩格斯在1895年逝世前半年再版《反杜林论》时，将这一观点与《资本论》一、二、三卷联系起来，重申（价值是生产费用对效用的关系）观点，"我在1844年已经说过了。但是，可以看到，这一见解的科学论证，只是由于马克思的《资本论》方才成为可能。"恩格斯在病逝前重申自己对价值概念的论述，足见这一思想的极端重要性。后来，恩格斯的这一理论，在欧洲工人运动中得到了广泛传播！孙冶方联系中国经济建设的实践，对恩格斯的价值理论做了充分的发挥，坚持认为：价值是生产费用对效用的关系，并由此形成了自己一套严密的价值理论体系，他曾对批判者戏言说：你们如果击破了我的要害——价值论，那么我的这个理论体系就摧枯拉朽了！他认为，价值规律是任何社会化大生产都不能取消的自然规律。他一再强调，价值并不仅仅是商品经济所特有的范畴，它是社会化大生产的产物，反映着社会化生产过程中的各种社会经济关系，就这一点来说，它对资本主义和共产主义都是共同的。但是在资本主义条件下，价值是通过交换价值表现出来的；而在共产主义条件下（包括社会主义全民所有制内部），价值却可以通过统计、会计具体地捉摸到。因而在量的意义上，价值就是物化在产品中的社会必要劳动。价值和交换价值是完全不同的两个范畴。价值由包含在商品或产品中的劳动量决定。但是，在商品经济特别是资本主义商品经济条件下，供求却始终是不平衡的。尽管每一物品或每一定量某种商品中包含着生产它所必需的社会劳动，但如果它的产量供应超过了当时的社会需要，那么一部分社会劳动还是会浪费掉的。因此，效用通过社会必要劳动的形成来最终影响价值的变化，离开了一定使用价值的质和量，就无从谈论"必要"还是"不必要"。社会主义建设效益差、浪费大，就是因为我们缺乏价值观念，不对生产费用和效用进行比较造成的。孙冶方认为，价值规律是价值存在和运动的规律，它是任何社会化大生产都不能取消的自然规律，社会主义经济作为社会化生产，它同样也存在着价值规律发生作用的机制。因此，孙冶方是价值规律内因论者，它反对斯大林的价值规律外因论，对斯大林的自然经济论和"大锅饭"体制，进行了尖锐而辛辣的批评。

孙冶方：以自己的生命敲击改革开放大门的先驱

（3）企业扩权理论。孙冶方强调，企业是独立的经济核算单位，要正确处理国家集中领导和企业独立经营的关系。孙冶方在我国最早提出了在全民所有制条件下，国家所有权和企业经营权分离的理论，他认为，在私有制条件下，谁具有生产资料的占有、使用和支配的权力，谁就是事实上的所有者。然而"在全民所有制之下，占有、使用和支配是一个主体，而所有权是另一个主体。国营企业，只是根据它们的活动目的和财产的用途对固定给他们的国家财产行使占有、使用和支配之权。而这些财产的所有者是国家。社会主义国家和企业的关系，并不像自然经济论所认为的那样，是上层建筑、法律关系，而是一种非常重要的经济关系。孙冶方在特定历史条件下针对集权计划经济，独创地提出了划分国家和企业权限的"杠杠"，他认为，经营管理体制中"大权"和"小权""死"和"活"的界限是简单再生产和扩大再生产的界限，属于简单再生产范围以内的事是企业应该自己管的"小权"，国家多加干涉，就会管死，束缚企业从事生产经营的积极性和主动性；属于扩大再生产范围以内的事是国家应该抓的"大权"，国家必须严格行使权力，不管或管而不严，就会大乱。而区分简单再生产和扩大再生产的唯一界限是企业资金价值量，凡是不要求国家追加投资的，在原有资金价值量范围以内的生产，都是简单再生产；而要求追加新投资，这超出了企业原有资金价值量范围，因而是扩大再生产。孙冶方按照上述"杠杠"，激烈地批评了固定资产管理体制，要求把折旧基金原则上全部交给企业，由企业自主去搞挖潜、革新和改造。

（4）利润理论。孙冶方认为，利润是考核企业经营好坏的综合指标。利润是物质生产部门职工为社会扩大再生产和社会公共需要而创造的一部分物质财富，无论是社会总产品，还是个别企业总产品，$c+v$ 即成本越低越好，与此相应，m 即剩余劳动就会增多。在价格合理的条件下，降低成本和增加利润完全是同义语，它们都是企业技术水平高低、经营管理好坏的综合指标，抓住了利润指标，就如同抓住了"牛鼻子"一样，许多问题就会迎刃而解。孙冶方认为，价格不合理，就会扭曲利润的作用，比如工农产品的"剪刀差"，如果国家对农产品收购价格压得过低，按价格计算的国民收入实际上就把农民所创造的价值，算在了工业品价格上。孙冶方尖锐批评了斯大林通过"剪刀差"、向农民筹集国家工业化资金的超经济剥夺。不合理的价格，成了价值的"哈哈镜"，使得计划、投资和分配，失去了判断尺度，因此，他极力主张按资金利润率调整不合理的价格。

（5）流通理论。孙冶方认为，流通是社会再生产的物质代谢过程，社会分工使生产实现了专业化，但要使各个生产部门的再生产能正常进行下去，他们必须以产品交换为媒介发生经济联系，实现生产的物质补偿和替换。因此，流通是社会化大生产不可缺少的环节。孙冶方还认为，在社会主义条件下，由于全民所有制外部还存在着商品生产和交换，因此，全民所有制企业之间的产品流通和不同所有制性质企业之间的商品流通同时并存。要使社会主义流通（产品、商品）成为有计划的经济过程，孙冶方认为，我们必须研究流通中的各种具体问题，包括：流通渠道、购销形式、网点设置等。孙冶方一再强调，马克思《资本论》第二卷中所论述的许多问题，比如加速资金周转等，只要剔除资本主义的特殊属性，作为社会化生产的规定，对社会主义经济依然适用，因此，他在提出生产中的"最小最大"的同时，亦主张流通中也要研究以最少的垫支资金取得最大的有用效果的问题，因为等量资金的周转速度不同，获得的有用效果也是不等的。

（6）70年代末，孙冶方把批判的矛头直接指向了斯大林和《苏联社会主义经济问题》。

他批判斯大林对生产关系的定义，认为在生产关系之外去孤立地研究所有制是有害的。所有制是一种财产关系亦即法律用语，经济学在研究特定社会进行生产和交换并相应进行产品分配的条件和形式时，应该讲清楚：第一，用哪个阶级所有的生产资料来进行生产，生产出来的产品又归哪个阶级占有；第二，交换的产品是哪个阶级生产的，又为哪个阶级占有；第三，被分配的产品是哪个阶级生产，又归哪个阶级所占有，从而用什么形式按什么比例分配。我们在所有制上曾经搞"穷过渡"的做法，其理论根源就是斯大林把所有制形式从生产关系中独立出来简单地看作是一种"归属"关系，用政治运动来不断调整财产归属，结果把基于经济的所有制，变成了基于权利的所有制。实践证明，实现了国家"占有"，未必就是实现了社会主义的公有制，腐败官员在这个所谓的"公有制"经济中攫取"公款"和"公物"，可能比资本家在自己开设的商号里支取款项还随便。这样的公有制，"实质上是一种挂着社会主义公有制招牌的封建主义的特权所有制"。所以，所有制只能从财产的现实形态即生产关系的总和上来把握，从生产、交换、分配的各个环节来进行具体分析，而不能将它看作是一种简单的、孤立的财产归属!

他批判斯大林对生产力的定义,认为把劳动对象从生产力因素中排除掉也是有害的。

孙冶方是我国经济学界对自然经济论的最早批判者。自然经济论渊源甚深,毒害甚广,它依附在马克思主义的名义下,把社会主义和商品货币关系对立起来,把计划经济和实物经济混同起来,使社会主义制度的优越性难以发挥出来。孙冶方几十年来,以反自然经济论为大旗,揭露了自然经济论对实际工作的影响,他指出:自然经济论没有经济效益观点,借口政治账掩盖经济建设中的高消耗;没有生产经营观点,企业按上级定下来的指标进行生产,造成产销脱节;没有等价交换观点,把价值看作是使用价值的计量单位,用"剪刀差"向农民征收"贡税";没有流通观点,不准生产资料进入流通,用调拨代替了交换;没有资金核算观点,实行资金供给制,培植了败家子作风;没有固定资产的磨损观点,人为压低折旧率,迫使企业搞"古董复制",冻结了技术进步。孙冶方指出:按照自然经济论办事,就像原始公社首脑指挥生产一样,企业的一切活动都由集中的计划统一支配,生产什么、生产多少,生产者和消费者相互供应什么,都统一按实物计划规定。在我国经济理论界,就一个、两个或者更多一些的观点,就个别的、局部的观点去批判自然经济论,并不乏其人;但是,还没有哪位经济学家能像孙冶方这样全面、深入、系统地对自然经济论进行批判。

孙冶方是我国经济学界对传统经济体制实行改革的最早倡导者。我国从苏联移植过来的斯大林模式,实际上是以自然经济论为基础,由国家对社会的全部经济活动实行高度的集权管理,物资被统调统拨、资金被统收统支、人力被统包统配、产品被统购统销、计划被层层下达、干部被层层任免。60年代后,一些社会主义国家开始对集权计划经济体制进行"改革",就连苏联也进行了所谓的"完善"工作。但在我国,却在反对修正主义的口号下把斯大林以自然经济论为基础的集权模式看作是唯一的社会主义固定模式,对改革观点进行批判。孙冶方从50年代中期开始,逆潮流而进,以价值规律内因论为基础,以扩大企业经营管理权为突破口,要求正确处理国家和企业的经济关系,改革计划管理体制,改革物资流通体制,改革企业固定资产管理体制以及对价格、利润、统计等各方面进行改革。孙冶方为倡导体制改革而付出的努力,将永远激励着后继者。

孙冶方:以自己的生命敲击改革开放大门的先驱

孙冶方是我国经济学界创建社会主义经济学新体系的积极探索者。50年代中期,孙冶方就认为:从苏联舶来的经济理论不符合中国国情,它充满着唯意志论和形而上学。他在50年代末着手编写的《社会主义经济论》,就是为着取代那些陈腐的老框框。当然,社会主义还在实践,还不能产生出成熟的经济学体系,但是,孙冶方坚持联系生产力来研究社会主义生产关系,运用马克思主义的抽象法,以社会主义全民所有制的产品为出发点,把以最少的社会劳动消耗有计划地生产最多的满足社会需要的产品为贯穿整个体系的红线,把对价值范畴的分析贯穿于各章,分析生产过程、流通过程、社会再生产过程,从而揭示社会主义经济发展的内在规律,对这种旨在把社会主义经济学从唯意志论的毒害下解救出来的新体系,不能不看作是社会主义政治经济学发展中的一次大胆尝试和探索。同时,孙冶方在撰写《社会主义经济论》时,既坚持独立思考,又提倡集思广益,为我国经济学界培养出了一支具有深厚经济学理论功底的经济学家队伍,成为改革开放中的一支生力军!

孙冶方是我国学术思想界坚持理论联系实际,为真理而勇于献身的光辉典范。在他从事理论工作的60个春秋里,非常重视实践,经常深入工厂、农村做国情、田地调查,从中提出重大的研究课题,并寻求解决问题的答案。但他绝不把实践中的材料按政治气候和政策要求简单地加以堆砌和描述，而是力求准确完整地按照马克思经济理论基本方法加以研究，掌握社会主义经济的客观规律；同时他也非常重视理论，他深知中国革命和建设的理论准备不足，因此下大力气研究马克思主义经济理论，敢于从"俄文版的马克思主义"中剔出假货，剔出不符合中国国情的"条条"，按中国国情去检验、评审"舶来品"的真伪和适用性，在批判和独立思考中形成自己的经济思想体系。他非常憎恨文化专制主义，同时也非常讨厌那种摸风向、探气候的风派理论工作者。孙冶方无论是从政做官，还是弃官从文，都有着一种强烈的专业精神，不为权、不畏权，独立思考，探求真理，始终表现出一个科学工作者的铮铮铁骨。但是，孙冶方在学术讨论中，却平等待人，虚怀若谷，热情欢迎来自各方面的批评和商榷意见，公开检讨并放弃那些被实践证明是错误的或自己认为应该补正的学术观点。孙冶方这种强烈的人文关怀精神，开放求是、吸纳灼见的治学态度，坚持来自实践而被认准的观点且又坦然放弃被实践证明不大适宜的观点，在学界表现出的铮铮风骨，是经济科学发展的宝贵财富。

三、理论的历史局限性

按照历史唯物主义的观点，人总是环境的产物。因此，我们坦诚地认为，孙冶方的经济理论体系中也还存在着某些历史的局限性，这主要指他的商品生产外因论。孙冶方依照马克思关于"只有独立的互不依赖的私人劳动的产品，才作为商品互相对立"的论述，指出：等价交换基础上所有权的转移，是商品交换的本质。他由此推论说：（社会主义）国营企业之间的经济往来在本质上已经不是商品交换的性质了，……因为国营企业都属于一个所有者，属于全体人民，属于全社会，它们之间的交换并不引起所有权的转移问题,而只有核算问题。但由于国营企业还要与集体经济发生往来,个人消费品也作为商品存在,这作为一种外在的因素,使国营企业之间的往来不得不带有一定的商品性。孙冶方的这种商品生产外因论,基本上延续了斯大林在《苏联社会主义经济问题》一书中的观点,即由两种所有制的存在来看待商品生产。孙冶方在上个世纪60年代曾批评说:现在有一种我认为不正确的经济学思想,那就是把商品货币关系引进全民所有制内部关系中来,以市场竞争规律,以交换价值规律来解释和指导社会主义计划经济。而在80年代初,他再一次批评说:经济学界的一些同志,在这个问题上是从一个极端走向另一个极端,先是根本否认价值规律在全民所有制内的调节作用,尔后承认了这种作用,但却又把商品货币关系也引进了全民所有制,由此派生出,在企业管理体制上,尽管主张所有权和经营权分离,扩大企业权限,但所有制/产权改革,却没有进入孙冶方的研究视野;在计划管理体制上,尽管孙冶方主张旧的计划体制要推倒重建,但他要把计划建立在对价值、对社会必要劳动进行计算的基础上,实践证明,这是很难做到的。这说明,孙冶方用价值规律内因论批判斯大林的价值规律外因论时,却依然受着斯大林商品生产外因论的困扰。孙冶方经济思想的进步性和局限性兼容在他的总体理论框架中,这真实地反映了一位真诚的经济学家对历史的抗争和历史对他的束缚。

孙冶方:以自己的生命敲击改革开放大门的先驱

进入90年代,我们党明确了社会经济转型的目标是建立社会主义市场经济体制。在市场化改革日益深入的大背景下,我们静下心来重温孙冶方经济思想,心情非常复杂。对照当今在发展着的市场化改革中出现的各种新问题,对照当今变化着的经济理论界和不断提出的新观点,对照我们的新宪法和党的各种文件,其所蕴含的经济理论、经济思想都远远超出了孙冶方经济理论的基本框架。但是,联系当今经济建设的实践,我们仍然能看到孙冶方某些经济思想所闪烁的光辉和科学预见，比如，价格体制的改革、国有经济及国有资产的管理等。

孙冶方经济思想和改革主张，是在上个世纪 50 年代中期至 70 年代末期形成的，那是一个令中国知识界心悸而沉郁的年代，孙冶方独树一帜，为在中国宣传和发展马克思主义经济学进行了艰苦的斗争，他的许多理论活动在当时的历史和社会背景下都具有开拓性，从而在中国社会主义经济学思想发展史上写下了光辉的一篇。孙冶方以自己创造性的经济学理论研究，为学界开辟了一条经济学发展的道路；以崇高的人德，为经济学人树立了光辉的榜样。

我们仅以《孙冶方文集》的出版，纪念中国经济学界的这位泰斗！

2017 年 6 月 29 日定稿

目 录

抗战中的民众组织　1

抗战和农村　4

《非常时期乡村工作大纲》的修正　13

论日军进攻华南　17

抗战和改善民生　23

战时的农民运动　26

　　附　非常时期乡村工作大纲草案　35

从汉奸之多谈到乡村工作　37

资本主义各国经济状况（特译稿）　42

十月革命的教训　47

因苏联经济建设的成功想到我们当前的任务　52

中国抗战与国际关系　54

　　目次　54

　　前言　54

　　一、日本侵略中国第一阶段的国际形势　59

　　二、日本侵略中国与列强利益的矛盾　66

　　三、列强应付日本侵略中国的政策　72

　　四、日本的孤立与中国抗战前途　79

青年的理论研究问题　88

武汉失守以后　90

展开全面战争　95

向上海文艺界呼吁　98

孙一洲致《译报周刊》编者　103

民族解放和民族统一　105

进步的一年　108

驳斥汪精卫叛国通电　111

世界革命导师列宁逝世15周年纪念　118

"一·二八"7周年　120

反战反法西斯主义　123

抗战建国的好榜样　125

租界当局和居民对日方恫吓应有的认识　128

接受西班牙事变的教训　133

勿为亲者所痛仇者所快　139

从李维诺夫辞职谈到苏联的外交　142

认明环境　看清任务　151

从纶昌工潮中应得的教训　158

"十月革命"廿一周纪念　165

今后苏联在远东方面的外交政策　169

日本内阁改组　175

从苏芬冲突谈到国际反苏运动　177

关于"吴满有方向"问题的报告　204

整风学习笔记　219

　　读陈毅同志《整风随感》有感　220

　　名人和名言　221

古田会议决议　唯心观念条　222

反省大纲　228

反对宗派主义　231

宗派主义无原则纠纷和自由主义都是反革命分子钻空子
　　的最好机会　232

我在莫斯科中国学生中无原则宗派主义斗争中的自由主义态度
　　及感情结合　234

关于感情问题　236

干部政策（摘要和感想）　239

关于无原则纠纷　240

熟悉自己的人才　245

爱护干部和帮助干部　247

关于群众运动未起之前的右倾问题和已起之后的"左"
　　倾问题　247

革命领导权问题　248

《论联合政府》阅读笔记　250

整风自传　255

从合作社是否剥削讲到合作社运动的前途以及要安心做
　　贸易会计工作等
　　——答如皋中学缪永秀同志及利民公司崔志农同志　290

释物价上涨的原因及富农发展生产问题
　　——答唐廉洁同志　298

关于土地改革中的"推平"政策问题　301

孙治方

抗战中的民众组织[*]

——多下切实功夫。

——少在形式上想。

为了实现全民总动员，争取抗战的最后胜利起见，鼓动宣传工作是必要的。然而只有振聋发聩的、唤醒民众和教育民众的鼓动宣传工作是不够的。如果不把觉醒的民众团结起来、组织起来，那么觉醒的民众也仍旧像一盘散沙，不能成为牢固不破的力量。而且没有组织，那么就是进一步的教育训练工作也无从进行的。宣传工作者好比窑工可以把泥沙烧炼成砖瓦，然而要把砖瓦砌成墙壁，盖成房屋，那就非请泥水匠不可了。在群众运动中起泥水匠作用的便是组织工作者。

一般民众运动者对于组织工作的重要性是知道的，然而很多人的组织工作往往只会在形式上着想，而不肯下切实功夫。往往看见许多团体的成立是从召集代表大会着手的。所谓组织工作除了召集这样的代表大会以外，便是选举执行委员会（或理事会等）设立各种各样的部和股，草拟许多很详细的组织大纲或工作计划，等等。这些团体的组织工作集中在代表以上的执行委员会和各部各股之间；在代表以下就没有组织工作的存在，因为在"代表"以下也再没有群众存在了。这是一种形式主义的组织工作，许多空头的团体组织也就是如此产生的。

---

[*] 本文原载《文化战线》，1937（3）。

从每个学校或机关团体中找一两个志同道合、意气相投的知己，把他们集合起来开一个代表大会，成立一个某某团体，选举几个人做执行委员，等等——这并非是什么困难工作。把这几个委员分成若干部，或再在每部之下设立多少个股；互推几个部长、股长，聘请几位干事，草拟一个详细的（然而空洞的）工作大纲——那更是十分容易的事情，连坐在亭子间里足不出户都能办得到的事情。如果在这些知己中间有一两个人认得什么报馆或杂志的编辑，可以时常送几条消息出去鼓吹鼓吹；遇到什么地方有何种公开集会，便派个代表去出席一下，——那么这团体办得更是"成功"了。这种团体在起初，也许干得轰轰烈烈、有声有色，很能使得这些"组织工作者"过一下"群众运动"的瘾。然而，经过了若干时间，这些团体往往只剩了几个领袖，下面的群众非但不曾发展，或许连原来的代表们都走散了。那时，这些领袖们或许自己也觉得索然无味了，于是便抛开了原来那个团体的僵死的躯壳，再来重新创立一个团体。可是如果不把这种悬空的"组织工作"方式打倒，从下层切切实实做起；那么这个新团体也要弄到索然无味，宣告了破产才完结的。

群众组织工作，绝不是可以用建立空头的团体或空头的机关来代替的。而且许多空头团体的存在，只能增加许多无谓的摩擦。空头机关的成立以及种种形式主义的工作，（不必要的会议、拟订空洞的计划纲领、人事上的应付和接洽）只能使有用的干部脱离了下层的实际的切实的群众组织工作，而无益地去消耗他们的精力。

有时用了一个已成团体的名义去组织群众，往往反而阻碍了工作的进行。（尤其如果这个团体没有广大的群众做基础，光是团结了几个气味相投的热血青年。）能干的组织者绝不要依赖什么团体的名义去组织群众，而是在实际的工作中去组织群众的。一开始就用某个团体的名义去组织群众，至少就使人存了一个你我的观念，觉得这是你们的团体，因而就减少了群众对于工作本身的积极性和自动性。更不好的还要引起人家的疑惧，怕你有什么政治的野心或是私人的企图，怕你造成了一个同他对立起来的势力，削弱了他的地位，以至于夺取了他的饭碗。

一个能干的群众组织者一定是在发动实际工作的过程中来组织群众。群众的组织工作更不能拘泥于形式，组织工作的实际意义在于如何把散漫的群众在一个中心的思想之下团结起来。但是中心思想是比较抽象的东西，因而不能成为实际的组织群众的口号。例如，在最近上海租界上，有一种弄堂组织的运动发起。如果我们打起旗帜，拿了一包传单跑到某一个弄堂里去宣讲国难如何严重，人民应如何团结起来，等等，听者即使同意你的意见，但是对于你所提出的实际组织问题一定是漠不关心的。如果你要进一步把他们编成大队小组，那一定马上就会把他们吓跑。但是如果你先对于这个弄堂里的住户做一番调查的功夫，然后联络几位比较热心的小姐、太太来募捐旧衣破被，搜集破铜烂铁，并推举几位代表把所募集的东西交与党政机关，或者联络几位青年出张壁报，成立一个战时防空知识问询处，等等。这样先在事实上就已经成立了募捐队、宣传队等组织。等到这些工作开展之后，大家对于社会活动已经相当习惯，然后再成立一个经常的弄堂组织，一定便能够很自然地通过了。

这样组织群众当然比拉拢几个气味相投的热情青年要困难多了，然而这基础却就巩固多了。

抗战中的民众组织

抗战和农村[*]

一、"以农立国"的新解释

中国是一个落后的农业国家，可是我最不喜欢听人家说"以农立国"这一类话。因为许多人在自称"以农立国"的时候，其意思大有以这种落后的社会经济状态"自夸"的神气，或者是企图用这句话来替落伍的"摩登化的""重农主义"政策做辩护，想叫中国永远停滞在这种落后的农业社会的阶段上。但是"以农立国"这句话的本身并不坏，只要我们不把这句话作为我们的社会经济发展的理想，而作为目前我国社会经济现状的一种说明。

我们中国号称有四万万五千万人口，其中至少有百分之七八十是依靠落后的农业生产来维持他们的生计的。换句话说，我们的社会经济基础是建立在这个落后的农业生产上的。在目前，我们非但用不着掩饰自己的落后的社会经济机构的弱点，而且只有认清了它以后才能动员我们的主要的经济基础，动员百分之七八十以上的人口来铲除那个阻碍我们改进这种落后的农业社会的最凶恶的敌人——日帝国主义者。我们应该了解：决定我们抗战胜利的主要人力和物力的来源是在农村。站在这个意义上来解释"以农立国"，才能一扫过去这句话所带有的落后的封建气息，才

---

[*] 本文原载《东方杂志》，第34卷，第18~19号，1937年10月1日。

能认清我们抗战胜利的把握在哪里。

如今，我们分开农业生产和农民动员这两点来说明农村对于抗战前途的重要。不过因为所包括的范围很广，我们这里只能把问题列举起来而已。

二、农业生产

农业本来是我国国民经济中最主要的部门，这是大家所知道的。不过随着战局的延长，农业在国民经济中所占比重将愈益增加，这或许是很多人还未曾预料到的。

根据第一次世界大战的经验，在战争爆发后的初期，工业经济虽因军需生产的增加而呈一时蓬勃之气；可是战局愈延长，因于燃料、原料和人手的缺乏，工厂便逐渐停闭。在大战末年，工业先进国家如英、德等国的工厂大部分都停闭了。经济发展比较落后的俄国，在世界大战和革命内战之后，工业生产差不多完全陷于停顿，整个国民经济恢复到了自给自足的状态。至于农业生产，在战争时期虽然也不免遭受严重打击而趋于衰退，然而终不至于完全停顿。推源其故，在表面上则因工业组织比较复杂而脆弱，原料及燃料等要仰给于外界，在战时容易断绝。但是此外，还有一个更基本的原因便是工业生产品可以暂时断绝，人民生活除了感受许多不便以外，终不至根本受到威胁。但是农业生产如果一旦中断，那么马上就要使全国人民发生饥荒。再者，在工业方面，生产都是资本家所经营的，只要他们的利润受到威胁，他们对于事业便不愿继续经营了。但是在农业方面，就是经济发展的国家中，小农经营仍旧存在，尤其像在中国的农村中，小农经营要占绝对优势，他们种田不是为了奢望利润，而是为了生存。往往他们耕种所得连本钱都捞不回来，可是他们还在耕种着。因为他们离开了土地，便无法生存，所以即使在非常时期，农业生

抗战和农村

产也只有衰退，但绝不会完全停顿的。

我们中国的工业本来就很幼稚而落后的，技术的和经济的基础很脆弱。又因为本国的重工业不发达，所以我们的轻工业的对外依赖性很大。而且大部分的工厂是开设在沿海各省的战区和邻近战区的地点，受战事的破坏也更大。如今虽然有人发起把工厂迁往内地去的运动，但是这事情并非轻易可以办到的，而且即使能够办到，其损失一定还是很大。所以，虽则站在军事的甚至经济的观点上说，我们在抗战过程中应竭力维持国内现有的这一点幼稚的民族工业，对于若干与军事直接有关的工业部门，而且还有加以扩充的必要。然而，我们也不得不准备着应付工业生产衰落或陷于停顿的境遇（而且，这种衰落的程度比工业先进国要更厉害）。很有可能在有一天，我们的农业不仅成了军粮民食的唯一来源，而且会成为军费枪械的主要供给者。

大家知道，军备的缺乏是我们最大的弱点（与敌人比较）。虽则我们的民族解放的革命战争并不完全依靠武器来取得胜利，然而对此也不能不谋补救方法。轻便的军械我们是可以自己制造一部分的，但是重军器和新式军器便不得不完全依靠外国输入了。我们用什么方法去取得这些军火呢？完全靠友邦的赠送或赊欠是不可能的。然则，用现钱去购买吗？我们又没有这许多现钱。最可靠的办法还是用输出商品的办法去换取外汇。可是我们输出什么东西呢？在我们的出口贸易中，工业生产品是向来不足称道的。在抗战期间，想增进我们的工业品出口量是更无希望了。唯一可靠的出口货还是农产品。所以我们的农业生产的情况对抗战前途的确有非常重大的意义，调整农业生产，实在是抗战期中最重要的经济政策之一。

大家知道，在我们自称"以农立国"的国度里，农产品的入口量仍旧是一笔巨大的数目。根据今年4月间发表的中国银行业务报告，主要进口农产品在以前3年平均输入总价值为2.26亿元,去年因国币汇率变更,外国农产品的价格高昂,故入口量大为减退,但是仍旧有1.72亿元。❶ 这里所谓主要农产品就是米谷和小麦。这是一个非常严重的问题:我们非但不能以我们的主要农产品去向外国换取我们抗战期间所迫切需要的军火,而且要把我们购买军火的现款分出一部分去购买粮食。所以,我们战时的农业政策的第一个主要任务就是:增加粮食生产,达到粮食的自给。

抗战和农村

我们战时的农业政策的第二个主要任务便是:增加而且调整粮食以外的其他农产物——尤其是出口农产物——的生产。在这里,问题不仅在于一般地增加生产,而且在于调整生产,这是很重要的一个问题。在过去的几年内,我们在中日经济提携的总路线之下(这是政治上的对日妥协的结果),有意无意地接受了敌人的"工业日本,农业中国"的政策,把我们的农村经济向单一的商品作物化——植棉——的路上推移。说明白一些,便是我们上了敌人的当,把中国的农村变成了日本纺织工业的原料生产地。诚如章乃器先生所说,这种"向敌人卖身投靠的农业政策",是敌人设计下的"一个毒辣的阴谋。这一服经济提携的毒药,幸亏抗战发动还不太迟,幸亏我们吃下去还不很多;否则旷日持久,再让产量增加一倍,那我们就真只有死路一条了!"❷ 因为我们棉产有一大半是输往日本去的,或是由在华日本纱厂所收买去的。抗战一爆发,这条去路就完全断绝,再加上自己的纱厂的停工,使棉花的销路大大地跌落了。据章乃器先生估计,"今年棉花产量有1960万担,倘使平均以30元一担收买,就差不多要动用6亿元的资金"。然而"今后一年间的销数,连少数的出口在内,至多只能有800万担……那就是说,这6亿元的收集棉花款

---

❶ 《申报》,1937年4月4日。
❷ 《申报》,1937年10月2日《专论》。

项，大半要变成长期呆账"❶。在目前，急如星火的军需用款是那样多，要用偌大一笔现款去囤积这种不急之物的确是一件不幸的事情。然而为了维持棉农生计，保持国力起见，这是非常必需的。依照目前的情势，或者不免政府虽费大力来"忍痛救济"，而农民仍旧要吃大亏"忍痛脱手"。因为目下世界棉价大跌，已经只有去年价格的一半左右了。然而，我不同意章先生所主张的，为使明年的棉产自然减少起见，在政策上故意"使种棉的人比种粮的人吃亏"。这是无政府状态的商品经济的一种不合理的"调剂"生产的办法。在这种"调剂"政策下，隐藏着小生产者破产的凄惨景象。在全国团结一致抗战的现今，我们可以比较合理地、有组织地、有计划地来减缩棉花的耕地面积。或许有人会笑我迂腐，认为在民众没有组织的时候，这种办法是行不通的。可是要知道，如果民众不组织起来的话，那就是抗战也难有胜利的把握的。

棉花的种植面积，我们是应该有计划地去减缩它。但是有许多出口农产品的生产我们还应该有计划地去奖励它，提高它的产量和品质。例如茶、丝本来是我们的大宗出口货，近年来曾经因于世界经济危机和日货竞争的影响而惨跌过；如今我们应该利用国际间因同情我们的抗战而发动的抵制日货运动，来振作我们的茶、丝生产，恢复甚至增强我们在国际贸易中的旧有地位。在这里还有一点要指出的，就是茶、丝的价格比棉花高，所占地位比较小，在包装和运输方面都是比较适宜于战时环境的一种出口货。此外，如桐油和蛋制品的出口，在近一二年来都有相当的增加。我们对于这些农产物的生产都应该给予提倡和指导，希望能够用这些出口农产物去换得我们在抗战时期所最迫切需要的军火和工业品。

---

❶《申报》，1937 年 10 月 2 日《专论》。

末了，我们来简略地说一说，抗战期内增加粮食生产和某几种出口农业品的途径。在这里，我们应该先了解近代中国农业经济衰退的根本原因。很多人以为中国农业经济的衰退原因是：技术落后，资本缺乏，农民知识缺乏等。其实这都是农业经济衰退的结果，而不是它的原因。真正的原因是帝国主义的侵略和封建残余的束缚。在抗战未完成之前，这两个原因要根本铲除是不可能的，然而相当的解决是可能的。例如帝国主义的压迫虽不能完全解除，但是对于它们的经济侵略是可以给予限制的（战时对外贸易的被封锁和统治对于这一层却有很多帮助）。又如土地问题虽不能完全解决，然而农民负担之相当减轻是应该的，而且是必需的。只有这样才能相当苏醒我们困惫的农村，充实我们抗战的实力。此外，对于改进农业生产相当有帮助的还有下列几项工作可做。

抗战和农村

1. 改良农业技术。在目前条件下，要彻底改造农业技术是不可能的，但初步的改良是可能的（如推行改良种籽，兴筑简单小规模的水利工程，推广科学的除害虫法，推广改良农具等）。但是有一个先决条件：就是要改造现在许多官办的农业改进机关的只吃饭不管事的衙门派头。

2. 举办垦殖事业。这不仅可以增进生产，而且可以安插失业工人和难民。现在听说有些地方政府和公私团体已经在考虑举办这种事业，但同时希望中央政府对此做一个通盘计划，并且给予有力的财政上的援助。

3. 推广农村中各种合作社。合作社组织应大众化和民主化，破除过去银行和少数上层分子的操纵。

4. 扩大农村放款。这应该由政府同金融界协同办理。注重在种籽、农具等贷借，避免过去常有的中间分子操纵情形。

5. 改善农产运输。在过去往往某几省输入大批粮食，而某几省却闹着粮食过剩、谷贱伤农的问题。这原因不仅在于交通的不便，而且更有政治上的原因。在抗战期间，交通机关被破坏得很厉害，我们应该以极大努力来解决粮食运输问题，至于政治上的原因，在目前自然应该完全消灭了。

实行以上各项工作，要有一个先决条件，这就是农民的动员。如果这个问题不解决，那么不论是减轻农民负担的基本方针也好，抑是实行其他治标的农业改良政策也好，都没有可能成功。所以，我们接着就来讲农民动员问题。

三、农民动员

一般人谈农民动员问题，都是根据政治和军事上的理由。但是，在今天来谈农民动员问题，也有很重大的经济上的理由。例如上面所提出的减轻农民负担固然要动员农民大众用自己的力量来争取，然而一般的农业生产的改进也需要有农民大众的动员。

构成社会生产力的因素有两个：一个是劳动力，另一个便是生产资料。上面我们曾经说过，在目前要根本改造农业技术是不可能的。这意思便是说，在目前，农业生产的改进不能以生产资料为其动力，而应该以劳动力为基础。在历史上，手工业工场制便是生产技术（生产资料）根本上未有变动，而仅仅依靠劳动组织（即劳动力的配置）的合理化来增进生产力的一个先例。我们现在不能根本改造农业技术，但是可以改进农业中的劳动组织，使之合理化。我们要使得农民在多方面来想法增进他们的劳动效果，并且使他们理解，他们多生产一石谷，不仅他们自己多增加了一石谷的收入，而且是为抗战多增加了一分实力。显然，要做到这一步非有一番切实的组织训练工作不可，即是说，非有农民的动员不可。

大家对于农民动员在政治军事上的效果是比较容易理解的。因为我们的抗战要达到胜利必须要有全民的动员。而占全国人口百分之七八十以上的农民未曾动员起来，那么所谓全民动员是一句空话。尤其随着抗战的延长和都市经济的衰退，都市人口逐渐向乡村移动；因此广义的农民动员，即是一般乡村人口的动员，其意义将愈益增加起来。如果我们能够完成乡村人口的总动员，那么在消极方面至少可以做到防止乡村中一切汉奸的活动；在积极方面便可以协助军队做交通运输、谍报等工作，完成人民在入伍前的军事政治教育；更进一步，便可以编为游击队与敌人直接作战。晋北八路军所以能够连战皆捷，就是因为他们能够注重政治工作，实施农民动员，达到军民合作。所以农民动员可以说是取得抗战胜利的重要条件。

抗战和农村

但是要实现农民动员有两个先决条件：这就是改善农民生活和提高农民政治地位。

许多下乡去宣传救国的人总是怪农民没有爱国思想和民族观念。但是如果在农民的生活实际经验中，国家和民族的利益同他们的私人的利益联系不起来，那么如何叫他们对于国家和民族会发生爱护的心，以至要他们去牺牲自己的利益呢？有人说，在过去，国家——即农民心目中的衙门——同农民的关系，就是要他们"完钱粮"和拉他们来"打屁股"，我想这句话并非是过激之谈。然而，即使如此，一般农民的爱国心和民族思想仍旧不会在"识字人"之下，不过他们不大会表达出来而已。他们的这一点爱国思想和民族观念还是我们的敌人教育出来的，因为农民们从自己的经验中和别人的传闻中，知道国家如果被"东洋人"灭亡以后，他们的生命财产将更无保障了。如今的问题就是怎样把国家和民族的利益同农民个人的利益联系起来，以便增强他们的爱国心和民族思想。要达到这目的至少要在国民政府成立以后，将所颁布的关于减租减税、废除苛杂、取缔高利盘剥等法令和决议付之实现。

但是最近从内地传来的消息却很使人失望。农民的旧的负担非但未曾取消，而且又加上了一层新的负担："救国捐"——摊派救国公债。救国公债的发行是必要的，是人民应该的负担。但是，第一，根据"有钱者出钱，有力者出力"的原则，应该多请有钱的人负担；第二，即使在农民中发行救国公债，也应该用劝募方式，而绝对不能摊派。据一位朋友从内地来信说，在该省乡村工作人员的一个会议上曾经提出个在乡村中摊派救国公债的问题来讨论。大多数的出席者都主张用摊派的方式。他们说，上级的命令催得很紧，如果用劝募方式叫他们募捐，恐怕要误公事。不过这中间有一部分人主张先摊派以后，再同农民做解释工作，如此对公事和农民两方面都可以顾全到了。而另一部分人则根本认为农民没有知识，缺乏爱国心，解释是无用的，他们所根据的是古人的"民可使由之，不可使知之"的原则。我想发行救国公债而用摊派的方式，本来已经是要不得了，摊派了而连解释的工作都不愿意做，那更会影响到我们为保证抗战胜利所不可缺少的全民族团结。不错，在专制时代，统治者所采取的基本原则就是"民可使由之，不可使知之"的愚民政策，对于他们这是不得已的办法，因为他们维持统治的理由和内幕都是不可告人的（在那时连说谎也不大像）。如今我们发行救国公债是为了争取民族解放，也是为了争取农民自身的解放，这理由非但可以告诉农民，而且必须要告诉农民。若是要根据封建时代的统治原则来摊派救国公债，那么这非但将会发生政治上的恶果，而且对于推销救国公债这工作本身来说，也是不利的。所以，要能实现农民动员争取抗战胜利，先得把乡村行政人员的这种专制思想肃清，把乡村行政机构民主化，换言之，要提高他们的政治地位。

《非常时期乡村工作大纲》的修正

在韬奋先生编的《抵抗三日刊》第九期登载有恽逸群先生的一篇论文《组织农民的主要问题》。恽先生在开首引了一个去访问他的青年所说的话：

"怎样才能够把农民组织起来呢？有许多先生开出一个方案来说农村中可以做什么什么，要做什么什么；还有许多先生叫我们回去时和乡公所等机关协力工作，叫我们做群众中的一员，而不要以领导者自居。这些话固然都不错，但前者仅是局部的工作或组织以后的工作纲目；后者仅为回乡工作的态度和方式，都没有接触到主要的根本问题。我们知道要组织民众必须把所号召的目标和民众实际生活发生联系，仅仅是'抗日'或'打汉奸'是不能使农民组织起来的……"

恽先生对于抗日动员和改良农民实际生活的联系说得愈加恳切：

"要人民'爱国'必须先使人民感觉到'国'之'可爱'，如其'国家'——在农民的心目中不如说是官厅——和人民的关系仅是'完钱粮'和'打屁股'，你无论如何对他讲，是没有办法叫他爱国的！要农民爱国，必须改善农民生活，解除农民的苦痛。"

那位青年所说的"许多先生"不知是谁。不过最近中国农村

---

* 本文原载《中国农村战时特刊》，第2号，1937年10月10日。

经济研究会先后曾经在第1期《文化战线》、第5期《抗战》和第1期《中国农村战时特刊》发表了一个战时乡村服务团工作大纲草案，同时本文作者更另外写了几篇文章在各个刊物发表。所以作者颇有理由疑心自己即是那位青年所说的许多先生（或其中之一）。作者对恽先生所发表的意见在大体上是完全同意的，而且愿意在这里把恽先生所提及的问题加以进一步的发挥；但同时对于中国农村经济研究会历来对这问题的意见也加以说明。

中国农村经济研究会同人是向来反对脱离了农民生活现状而从事空洞的抗日号召的。作者在去年出版的2卷7期《中国农村》（7月号）上发表的《民族问题和农民问题》那篇文章中，就曾经说明了民族问题和农民问题的密切联系。在那篇文章中作者曾经说过："每个为民族解放运动努力的人，同时也应该为农民大众的解放而努力。因为如果不让农民大众解除自己身上的苛重的封建桎梏，那么怎样使农民大众在反帝国主义的民族斗争中，尽量发展他们的战斗力呢？"上面这句话也可以说就是代表中国农村经济研究会同人对本问题的认识。

这次沪战爆发后，上海有许多热心的爱国运动者从上海回到内地去做乡村工作，而原来在乡村中的乡村工作者为了适应抗战开始后的新的要求，也有急速改变他们的工作方式的必要，他们都要求能够具体地告诉他们，目前在乡村中"可以做什么什么，要做什么什么"。中国农村经济研究会理事会为了适应这客观要求，就在匆忙中拟了一个非常时期工作大纲草案。在当时因为恐怕上海同内地的交通要发生障碍，因为我们希望第一批回乡去工作的朋友能够把我们的工作大纲草案随身带了走！所以这大纲是在极短促的时间中拟成的，而且这大纲在刊物上发表的时候也声明只是一个草案，希望大家的批评和修正的。

因为这大纲并不是说明我们对民族问题和农民问题的整个认识，换言之，这不是一个政治纲领，而只是为乡村工作者列举了若干在抗战爆发后马上应该执行的工作项目而已。当时在我们的意识中,改善农民生活是农民运动中的必要的经常工作,所以在起草工作大纲时倒反而没有把它列入,在恽先生的文章发表以后,使我们感觉到如果不把农民生活改善的工作列入大纲,的确有可能使人发生误解,以为抗战期间农民的动员是可以脱离了农民生活的改善而谈的。所以,作者个人是很同意在研究会的工作大纲草案甲、乙两项以外,更加上丙项:农民生活的改善。这一项中应包括:在现行政治机构和现行法令下所允许的经济生活的改善(如实行二五减租,严禁重利盘剥)和农民政治地位的提高。但是希望每一个乡村工作者在执行这一工作的时候应该了解,当前的中心目标不是土地革命而是求得民族解放的对日抗战,我们的工作绝对不能越过民族统一战线的总立场。

最后,我不能同意访问恽先生的那位青年把工作大纲草案中所列甲、乙两项工作看作是"局部的工作或组织以后的工作纲目"。因为,第一,要组织农民只能在实际抗敌工作中去组织他们,脱离了工作而去组织农民,或是凭空去组织好了农民再来执行具体工作,那不仅是不可能的,而且会使群众运动走入绝路;第二,若是说到具体工作,那么大纲中所列的各类工作都应该是目前抗战中动员农民的主要项目。不错,这些工作是应该同农民生活改善联在一起的,然而如果以为应该在改善农民生活的总目标(即那位所说的"主要的根本问题")之下先把农民动员起来组织起来之后,再来执行抗战中的具体工作,那就不仅是对于问题(民族解放的任务和农民问题的联系)的了解太机械了,而且是忽视了当前的真正的总目标——对日抗战的总动员。

恽先生在结论中说:"因此我认为当前的农民运动应该是:以抗日为目标,发动农民的组织;农民组织起来之后,以自己的力量解除苦痛改善生活……"恽先生这种说法,也是有语病的,因为这种说法恐怕又会使人发生另一极端的误解,即以为当没有在抗日的总目标之下组织起来之前，解除农民苦痛改善生活的工作是完全不能做的。如果读者对恽先生组织两个字了解得太机械了一些（即了解成为农民团体之正式成立）那么这误解的恶果将愈加严重了。当然我相信，这种误解并非是恽先生的本意，然而目前一般乡村工作者对民族解放和农民生活改善这两个任务的联系，以及对于具体工作和农民组织的联系本来都普遍地存在上述那种机械的了解；而他们这种错误观点是很有可能因上述这种语病而扩大的。

但是整个说来，恽先生的意见是很可宝贵的，他对于中国农村经济研究会所提的工作大纲草案给了很重要的指正，这是值得大家感谢的；同时，我们相信就是那个工作大纲的具体项目，亦有很多地方是需要补充和修正的，希望全国的乡村工作者多多指正。

论日军进攻华南

本月12日晨4时许,日军在广东大亚湾登陆,至22日下午,日军已经开入广州市区。日军进展如此迅速,恐怕是抗战以来第一次。尤其因为广东是革命策源地,军心振发,民情激昂。我们把广东人民在过去革命中的贡献丢开不说,即以这次全国抗战以后的事实而论,粤省战士在淞沪保卫中,在华中战场上,都曾显示过他们的勇敢善战、为国牺牲的精神,在整个民族解放史上留下了不少光荣的事迹。而这次日军进攻华南的时候,他们反不战而退,把自己的家乡委弃给敌人,让后者去蹂躏,这似乎是不可思议的事情。于是敌人更趁机造谣,企图动摇人心,破坏中国抗战的根基;爱国同胞亦因为不明真相,而发生了种种猜测,现在我们还没有听到负责当局对于广州失守的经过情形有所宣布。但根据报纸所载的消息,凭我们对于国内外局势的基本认识,对于促成日军南侵的原因和广州失陷后可能发生的影响,已经可以做出若干一般的结论来了。

日军侵占广州的动机是很明显的,因为这是南中国的门户,是进攻南洋的根据地,尤其是在上海、徐州相继失守,日军向武汉开始进攻以后,广州已成为中国对外联络的主要道路,是抗战军需的重要来源。站在日方主观需要来说,早有切断中国抗战中这一人动脉的企图。但是为什么日本人到今天才动手呢。关于这

---

* 本文笔名叶舟,原载《译报周刊》,1937,1(3)。

一点，伦敦《每日电闻报》曾经有这样的估计："日本对于华南之攻势，早定计于数月之前，但因其地迫近香港，深恐引起国际纠纷，而延缓至今，日本显因毅然出此之机会已至，值得冒险一试，故乃决议出师……"我们把英国报纸的这句话说得更明白一些就是在过去，日本人因为顾忌香港的英国人势力（其实还有越南的法国人势力），所以未敢向华南进攻，在捷克问题解决之后，事实暗示日本军阀：英法的势力是不必顾忌的，老实不客气地进攻，反而能够取得让步。因此在慕尼黑会议开幕之日（9月29日），主张对英谈判的日本外相宇坦便被挤出了内阁。在日本内阁改组后不到两星期，日本军队便在香港以东的海岸登陆，又经过10天之后，日军已横过广九路，占据了广州。从此香港已成一孤岛，英法在华南的以至于南洋的利益又直接在日本武力的威胁下了。所以，从国际关系上讲，日军南侵可以说是英法在捷克问题上对侵略者妥协投降之直接结果。在"世界的这一角对侵略者做了让步，将促成世界另一角上侵略气焰的高涨"——这是早就有人说过的。英法利益之受威胁，也可以说是英法妥协外交的自食其报。

但是，日本攻入广东的结果，第一个直接被牺牲的不是英法，而是中国。被奸淫屠杀的人不是别国人民，而是中国人民；被劫掠烧毁的，不是别国人的财产，而是中国人的财产。你如果是中国人，那么在今天绝无空暇再为别人利益之被侵犯而悲哀，现在正是中国人估计自家的损失，反省自己有否授给敌人以进攻的机会，考虑如何阻止敌人前进，并且进一步做准备反攻敌人的时候。

从国际关系上说，英法在解决捷克问题时所表现的软弱态度，当然扩大了日本的侵略欲望。但是中国方面对于登陆日军若能给予以相当抵抗，使在广九路以东、东江以南惠州淡水一带相持若干时期，那么在军事上可以造成极不利于日本的一种局面。

所以，日本在事前会抓住中国方面的某一弱点，日本军阀即使看到了英法的软弱可欺，亦不至于在华南从事这样的军事冒险的。

我们可以从中日双方的不同的地位和不同的战略来证明上面的估量。

大家都知道，以目前中日双方整个国力而论，日本对中国的优势是很相对的，所以日本的进攻是有限度的。从时间而论，日本利于速战速决，而中国则利于持久抗战；从空间而论，日本利于集中兵力突破中国防线的一点，而中国则宜于全面抗战，到处发动，牵制日本的兵力，打破它的中央突破的战略。中国的战略是以空间换取时间，在长期抗战中，消耗敌人，培养抗战实力，以争取最后胜利。这次日本进攻华南，正在武汉久攻不下，在大江南北的战场上已经丧失了数十万人实力的时候，双十节德安前线，日军覆没两个师团，这正是证明日军正面的力量是如何单薄。日军自称是占领了华北，但是在事实上，它在这里被牵制了"11个师团，兵力过30万，不论进占风陵渡和垣曲或回攻晋冀察边区，都不能抽出4万人以上的部队来"。（见汉口《新华日报》的《论目前抗战形势》，《译报》10月15、18日转载）在这种情势之下，日本分兵南下，再到广东去新辟一个战场，以常识而论确是不合于日本的作战原则的。

因为从军事观点而论，日本进攻华南只有两个目的，这就是：(1) 分散华方保卫武汉的实力；(2) 切断广九路断绝中国抗战的外来接济。但所谓分散实力是双方的，而且一般说来，日方进攻华南应该是中国分散了日方进攻武汉的力量，而不会是日方分散中国的力量。关于这一点，我们在前面分析中日双方基本战略的时候已经大体说明，后面我们在分析此次日军在华南上陆的实际情形的时候，还要再度提及。至于断绝中国抗战的外来接济这一点，日本所能达到的也是有限的。因为第一，到今天为止，粤汉、广九二路虽然是中国对外交通的主要动脉，然而不是唯一道路；第二，如果中国军队对于日军进攻给予围堵，那么广九、粤汉二路的切断也不是绝对有把握的。

但是，事实的进展，有时是出乎意料的。此次华南的日军估计不过两三个师团，五六万人，自12日登陆以后，竟是势如破竹，在10日之内，便进到广州市。据外电报告，中国方面，似乎完全未曾抵抗，因此便如伦敦《泰晤士报》所言："予日人以政治上及军事上之便利，日方之宣传家自将乘此机会，以背叛中央政府之罪加诸粤省各领袖。及以漠视粤省防务之责加之中央政府。"这两个谣言中，尤其以后一个是日本人用来破坏中国国内统一的最恶毒的谣言。我们根据客观事实，首先予以驳斥。

在全国的抵抗外来侵略的战争中，中央政府的一切调度应以全国全民族的立场出发。必要的时候，中央自然有从各省调动大军来对付敌人主力进攻的权力。必要时，且有可能放弃次要阵地，以便保守主要阵地。在这次大武汉的保卫战争中，中央政府确曾从广东调去不少军队。但是绝对没有把广东轻易放弃的计划。因为广东省是中国的一个重要后方。所以广东省军队的基本部分仍旧留在原防地，其数量至少总不会少于华北沦陷区的正规军。华北的正规军能组织并领导民间武装牵制了日本30万军队。这次广东方面上陆的日军只有五六万，以广东留下的武力来对付，即使不能阻止日军之上陆，至少也不能让日军如此轻易进展。中国守军如能联合人民武装对进攻日军步步抵抗，可以使日军陷于进退两难的境地。日方如孤兵增援，则使中国方面反而达到了分散日方兵力的目的。所以，广州的失陷绝不能说是中央当局忽视粤省防务的结果。

至于说粤省各领袖叛变中央也不是事实。因为据报纸消息，华军撤退时，粤省当局曾下令将所有公共建筑物加以破坏。又据最近传说，惠州驻军有一部叛变，致牵动广东全局。这消息确实程度如何，我们不敢断言，但至少足以证明粤省最高当局叛变中央之说是不确实的。

我们根据事实分析，已经说明日军进攻华南在军事上是一种冒险，它所能达到的是很有限的。然则，日军在最近10天以内的成功是怎么解释的呢？日军的进攻除上述军事的目的之外。有没有别的目的了呢？

日军胜利的原因或中国的弱点至少有以下几点：（1）人民动员不足，使防军得不到人民的帮助。这弱点直到今天为止，还是整个中国抗战的主要弱点，在广东方面亦同样地存在。（2）军事当局的失职，沿海防务的疏忽。日军南进的计划，在日本报纸杂志上已热烈讨论过的，而且早已有人指出潮汕海陆丰及虎门都不是最好的上陆地点，最好最适当的地点是在大亚湾。可是据报纸消息，中国在大亚湾沿海一带，竟无防御工事，使日军上陆后，华方防军不得不因"技术上的错误"而全师后撤。

至于日军进攻的目的，除了上述两个军事的目的以外，更有一个政治的目的，就是想在政治上完成速战速决的任务。

据报纸消息在最近期间，中国内部确有人在重庆、汉口、香港以至于东京之间，奔走"和平"。这种传说虽然还未经证实，我们也不愿完全信以为真；但汪精卫先生的两次关于希望调停的谈话，是由英德两个半官通信社传布的，总不至于是别人造他的谣。汪先生在这两篇谈话中充分发挥了他的望和的情绪。汪先生的第一次谈话是在大亚湾日军上陆的前一日，第二次谈话是在日军进入广州的前一日。我们不能说汪先生的谈话与外间所传的"和平运动"及日军上陆有什么直接关系，但这三件事情发生在这时期，至少在客观上是中了敌人的政治阴谋。

日军在各战场上已陷于进退不得的僵局，欲在军事上求得速战速决已不可能，因此不得不策动政治阴谋，分化中国内部，动摇中国抗战决心。中国内部的妥协动摇分子之存在，形成了日军策动此政治阴谋的可能性，而日军进兵华南的目的，亦就在促成

此政治阴谋之实现。据海通社21日东京电讯："日本报章，现已放弃数日前所持之希望，即希望广东当局不与蒋介石将军合作……"但由此可见日本在进兵华南之初，是的确想以此促成中国内部的分裂的。日本方面有此阴谋是毫不足怪的。如中国内部对抗战没有一人发生动摇之心，而且都愿在最高领袖指挥之下为民族国家的利益而战，则日本虽有此阴谋企图也无从施展他们的鬼魅伎俩了。

我们当然相信日本的阴谋是终无实现之一日的，因为抗战到底已是全国上下的一致信心。"战端一开，中途妥协只是灭亡"——这是最高领袖在一年前就昭示全国的说话。中国有领导抗战且为人民一致拥护的领袖，有愿为抗战而牺牲的民众，更有愿为抗战而服务的各党各派——在这种条件之下，策动政治阴谋的日本军阀到头来终要碰壁失败，而"放弃其数日前所持的希望"是必然的。我们可以断言日本之阴谋终无成功之一日，即使有少数没骨气的无耻政客会被利用愿意供其驱策，但结果非但不足以破坏中国的统一，终止中国的抗战，而且反足以帮助中国的抗战，完成了一个抗毒的作用，把一切亲日派汉奸的面目在人民面前揭露出来，使他们再不能在抗战的队伍之中。这绝不是中国的分裂，而是抗战过程中的排泄，结果对于中国的民族解放战争倒反是有利的。

我们断言日本的政治阴谋无实现的可能，但是在军事上，在最近10日之内不能否认日军在华南已获得重大胜利，但此后，日军若再欲沿粤汉路北上，或沿西江推进，一定将遇到中国军队的坚决抵抗。日军占领区域的扩大，同时也就是它的防线的延长，它的负担的加重。散在民间的数十万支枪与素有革命斗争的光荣历史的华南民众配合起来，将使日军陷于重重夹攻之中。

中国只要能击破日方的政治阴谋，定能促成日军在军事上的失败。这是绝无疑义的！

抗战和改善民生[*]

在表面上看来，抗战和改善民生，是两件不可兼顾的事情。因为如果说要抗战，那么每一个老百姓都应该节衣缩食省出钱来作抗敌军费，哪里再有可能去改善民生。但是如果细细想来，这两个问题非但可以兼顾，而且必须兼顾的。

大家都知道在军备上我们大不如敌方，这可以说是我们的弱点。然而足以威胁国家、民族的前途，有可能使我们的抗战陷于失败的倒不在这个军事上的弱点，而在于我们政治上做得不够。在政治上说，我们本来是强过于敌人的：我们为自己国家民族的存亡而战，所以抗战，可以得到全国民众除汉奸以外，一致的拥护。我们是为真理而战，是为世界和平而战，所以抗战可以得到各国人民的同情援助。军事上的弱点，我们应该用政治上的优点来补救它。除了不抵抗主义的长期准备论者以外，谁也不会想在军备竞赛上去战胜我们的敌人。我们对于自己的弱点只要有自知之明，倒绝不会置我们于死命。然而如果不能尽量发挥我们的优点，不能动员全国民众把他们的一致拥护抗战的意志组织成为现实的力量，国际间的同情援助也要以我们自己的动员程度为定的，那么我们在政治上的优点马上就消失掉了，我们的民族国家马上就会在我们的军事的弱点面前灭亡。然而怎样才能动员我们的全国人民呢？问题的中心就在这里了。

---

[*] 本文原载《半月》，1937（3）。写于1937年10月20日。

有些人常骂民众无智识，说他们太自私，只知个人利益，不顾自家民族的安危。其实这不是他们的不好。因为没有钱自然不能读书，不能求得所谓"智识"；连自己的利益都顾不完善，自然可只有先顾着自己的利益再说了。（对于一个普通的老百姓，我们不能有所苛求。）在地租、税捐和高利贷等等苛重负担之下，一个农民连只管自己的生活还要弄到焦头烂额的时候，能不受敌人权钱诱惑去当汉奸已经难得，哪里还有余力管问到什么国家、民族。

要使人民对国家、民族有爱护的观念。先要使得人民感觉到自己的利益同国家、民族有直接的联系。在过去，在人民看来，国家是一切负担和压力的来源，民族是利害冲突和互相残杀的集团。要不是日本帝国主义对中国人民及其财产的一视同仁地用烧杀掠夺政策，一般人民很少感觉到自己和国家、民族之间有什么利害关系。如今要使日本帝国主义者给我们培植起来的民族观念和爱国心能够发扬光大，那么国家便不能再像过去一样只成了人民的负担和压力的来源而应该多少为他们谋些利益；民族也应该不再是一个互相残杀的集团，而是团结御侮、一致抗敌的集团。

所以目前在农村中，政府至少应该把过去早已决定了的二五减租、整理税捐、废除苛杂、取缔高利贷等政策切实履行。而要切实履行这些政策，则应该使各级政府机构民主化，整饬吏治；否则，要叫地主去自动减租，叫贪官吏去废除苛杂，叫高利贷盘剥者去取缔高利贷，那简直是等于与虎谋皮了。

只有这样，才能使困顿的民生稍为苏醒一下，使破产的农村能够振兴起来。要晓得：在都市经济日趋没落，沿海口岸被封锁的情况下，农业生产将愈加成为抗战期间我国国民经济的主要基础，也就是抗敌战争的主要经济基础。为了抗战的军事胜利，改善农民生活，这也是必要的一件工作。

在都市中，政府急应救济失业、安插难民；务使抗战期间不要有一个壮年男女的劳力闲搁起来；对于物价应该严格统制，对于劳动者的生活应有保障，勿使雇主借口国难施行残酷的剥削，对于日常生活用品（尤其是农产品）的产销运输应有通盘的计划，尽量减少中间人的剥削阶层，扩大各种合作组织，勿使乡村中再喊谷贱伤农，都市中却还感受米珠薪桂。

当然，在抗战期间，政费军费只有增加，绝无减少，但是这些经费的筹划应该根据有钱人出钱、有力人出力的原则，多请有钱人来负担。应该从培植生产中来建立永久的财政基础，不能用摧残生产的手段来应付当前财政上的难关，以致伤害了国家、民族的本源。

所以改善民生，非但不与抗战相矛盾，而且是抗战胜利的必要条件。

战时的农民运动[*]

一、抗战中动员农民的特殊任务

殖民地半殖民地民族,在自己的解放战争中,不依靠新式的军备来取得胜利,也不依靠发达的工商业和严密集中的经济政治组织来取得胜利,反之,在这些地方,与其说是我们殖民地半殖民地民族的优点,毋宁说是我们的弱点。我们所借以战胜帝国主义侵略者的,只有大家一致的反帝国主义的民族革命的决心。当然,我们不是轻视战争中的物质因素——财政和军备。不过我们是深知自己的优点和弱点的。我们要以全国四万万五千万同胞手中一分一文的血汗钱积聚起来抵抗帝国主义国家的庞大集中的垄断资本,要以千百万英雄的民族战士的血和肉来抵抗帝国主义侵略的军队的飞机大炮。这跟义和团的原始暴动者想仅以血肉之躯来抵御帝国主义的枪炮是完全不同的。因为我们的新式军备虽则不如敌人整齐充足,然而我们也有几十万具有现代武装的精兵;我们的工业生产虽没有敌人发达,然而也并非是一点基础都没有。我们的任务在于怎样以最经济的办法支配我们贫乏的财政,以最小额金钱做最大用途。我们的任务更在于怎样来把我们现有的武器尽量发挥它的威力。军器不仅是人所制造出来的,而且是

---

[*] 《黑白丛书战时特刊》之十,生活书店出版,1937 年 10 月。

要由人来使用的。没有作战意志的军队，虽有最新式武器也无从发挥其威力；但是具有牺牲决心的小队伍往往战胜了武装齐备、人数众多的军队。在这里，起着决定作用的是人的因素，而不是物的因素。如今在我们的全国抗战中，最有发展余地的，而且在过去最被人忽视的也就是个人的因素。所以，我们为了弥补自己的物质因素的弱点（经济的不发展和枪械的比较不充足），就应该尽量动员我们的人的因素。换句话说，我们应该加紧我们的国民总动员。

战时的农民运动

帝国主义在发动它的侵略战争的时候，也要实行它的国民总动员的，而且因为帝国主义者的侵略野心是早就具备的，它对于战争是积了许多岁月的准备的。所以它的动员在战争开始的时候倒反而比较有计划，然而就动员的形式和内容来说，跟我们的动员是完全不相同的。在帝国主义国度中所谓全民总动员，实际上说是加强统治阶级（尤其是其中的军事法西斯主义的上层分子）对于全国经济政治社会各机构的编制和对于全国人民的压迫；是在于怎样利用战时动员的名义来麻醉人民并剥夺人民已经争取到的自由，消灭人民自主的活动能力。反之，我们的动员在于发动最广大的民众，使他们自觉地来参与抗战；尽可能解除他们的政治的和经济的束缚，使他们个别的利益同民族的存亡相联系起来；发扬他们的自主活动力，使他们每一个人都能成为独立的战士。

在我们的动员中，最不能忘记全国人口中占十之七八的农民大众。如果农民大众还没有被动员起来，那么全国动员只是一句空话而已。随着抗战之延长，农业及农民的意义也愈加变得重要。在抗战过程中，工业生产除与战争有关系的若干部门以外，大半将日趋衰退，都市经济在整个国民经济中所占的比重也将逐渐低落。在第一次世界大战的末年，欧洲有许多国度都恢复到了物物交换的自然经济。甚至在许多工业发展的国度，经济重心也从都市移到了乡村。都市的居民有一部分回到了乡村中的老家，以农业劳动来维持生计。我们本来是一个落后的农业国家，这样的命运自然更容易到我们的头上来。我们为了争取抗战的最后胜利，就得先来动员这个作为人力和物力的主要来源——农民。乡村工作（或农民运动）在目前应该是全国总动员中最重要的工作之一。

二、农民运动中政治动员的重要性

不久以前中国农村经济研究会拟了一个非常时期的乡村工作大纲草案（见附录）。在这方案中把目前的乡村工作在大体上划分为两个项目：组织训练和农业生产及粮食储备。前一项（组织训练）即是农民的政治上的动员；后一项即是农民的经济上的动员。当然，前一项工作是最主要的工作，因为如果没有政治上的动员，那么经济上的动员是不可能的。

农民大众的政治动员，即组织训练工作的进行，在消极方面至少可以做到防止汉奸的活动；在积极方面可以培养农民大众抗战的自觉性和能力。把散漫的农民大众团结为铁一般的大军，协助正式军队作战，作为正式军队的最好的补充（因为农民都已经受过相当好的政治军事训练了）——这是在最短期内实现全国皆兵的最好办法。最后，农民运动的开展和农民组织的成立以及农民的积极参与抗战，可以保证抗战的彻底完成并且保证它的最后胜利。

在前面我们已经说过，随着抗战的持久和都市经济的衰落，农业生产在全国经济生活中所占的比重，比以前将要愈加增高了。换言之，越到后来，农村将愈加要成为抗战军费的来源地，农民将愈加要成为抗战军费的主要担负者。然则，政府当局应该用什么方式来向农民争取抗战所必需的军费呢？用过去军阀内战时摊派兵差的方式来取吗？这是要不得的，而且是不必要的。要不得的缘故，就因为这样就会逼着农民以对付军阀的态度来对付执行抗战的政府当局。结果，将使全国的民族抗战联合阵线陷于破裂，甚至使一部分的农民将被敌人汉奸利用了去反对抗敌阵线。不必要的缘故就是因为这笔军费不是用去进行军阀的内战，而是用以来维持抵抗日本帝国主义侵略的民族解放战争的。这战争非但不与农民大众的利益相矛盾，而且是同他们的利益相一致的。因此，不必用强制的方式来叫农民拿出这笔军费来，而可以用说服的方式叫他们自愿地拿出来。要达到这个目的，就不能忽视农民的政治动员（组织和训练）。这样，抗战军费的募集倒变成教育农民和组织农民的一个很好的机会了。有健全的农民组织的地方，甚至可以就把军费的征募，不论经常的或临时的等工作交给农民组织自己去办。这比由政府机关来办理有许多优点：第一，建立在民主原则上的健全的农民组织，可以免去官办的征发机关中一切上下其手通同作弊的缺点；第二，农民对当地情形比政府官吏熟悉，他们知道每一村民的负担能力，不致发生负担不均或逃避征募的事情；第三，由农民自己来办理，可以使他们每个人都理解。他们出的金钱或物品是拿去充作民族解放战争中的正当用途的。这样可以去除他们的疑惧心，推动军费的征募。

战时的农民运动

以上说的是抗战时期向农民征募军费的方式。但是我们也不能不为农民的负担能力考虑一下。如果他们的能力根本不够，那么即使用了最民主、最完善的方法，也没法从他们贫困的身躯中榨出必要的军费来。因此，我们就应该进一步来想法增进他们的生产能力。中国农村经济研究会所拟的工作大纲草案的 B 项便是专门关于提高农产品的产额和储藏的。

三、抗战中改进农业生产的必要和内容

在抗战未获最后胜利，中华民族尚未脱离它的主要敌人的羁

绊之前，在妨碍中国一般国民经济发展的种种因素尚未消灭之前，农业生产的彻底改革是不可能的。然而在走向完全胜利之前，做一点局部的改革是有可能的。农民组织的存在和对农民的技术训练，可以使得社会改革未完全实现之前就可以实行若干浅近的技术改革。农民的生产组织之变更，至少可以使现有的农业生产不致因战争而衰落下去，甚至还有可能增加农业生产。这并不是什么脱离现实的空想。譬如造成现代大规模的资本主义工业生产的主要动力是机器，然而在资本主义工厂未产生之前，就有资本主义的手工业作坊存在。手工业作坊的技术基础仍旧是手工技术，然而因于劳动组织的改变，已经成了资本主义工厂的雏形，使劳动生产力也比以前增加了。同样，在目前的环境下，我们自然不能希望从根本上改造全国的农业技术，因而亦不能希望农业生产力有什么飞跃的进展，但是我们如果能够在局部的技术改良之外，适当调整现在的农业劳动组织，那对于农业生产力的推进一定也有很大的帮助。所以我们的任务在于怎样来改造农民自私自利的恶习惯，打破他们各自为谋的个人行动。目前，我们当然不能希望（而且也不应希望）在农村中推行集体农场制，因为这是需要有其他许多社会的和经济的条件为前提的。但是中国农村经济研究会的工作大纲中 B 项所列举的各点——如兴办水利、提倡造林、推广现存环境下可能实现的技术改良、垦殖荒地、代士兵家属及老弱残废耕种田地、在战区内以最迅速的办法结束某种农事、储藏粮食等——是可以用农民的集体力量来执行的。这种局部的集体劳动在这非常时期也是必要的；因为如果不这样的话，那么孤立无援的农民便无从抵抗战争的破坏力。但是要实行工作大纲中 B 项所规定非常时期农业生产的改革政策，必须先实行 A 项的政治总动员（即组织训练工作）。而另一方面在推行这些生产改革的时候，可以灌输农民以政治的教育，养成他们集体生活的习惯。例如在农民为士兵家属耕种田地的时候，或是在战区内农民要以非常手段处理某种农事的时候，我们便可以把宣传日帝国主义军队惨杀平民、劫掠农家的情形告诉他们；在他们以共同力量兴办水利的时候，便可以告诉他们成立经常组织的必要等。

在中国农村经济研究会的《非常时期乡村工作大纲》拟好之后，有几位朋友对于列入提倡造林运动一项表示反对。他们的理由有两点：①过去各地的造林运动都失败了，我们何必再来做这徒劳无功的事情；②在目前比造林运动更紧要的工作多得很，我们把自己的精力分散到这种不紧要的工作上去未免太不经济了。其实这两种理由都是似是而非的。处在战区的环境，眼看着繁华的市街变成了废墟残垣，美丽的田野变成了荒凉的战场，若是大谈造林运动，似乎太优哉游哉了。然而，抗战不是一朝一夕便可分胜负的，不能以为算总账的日子已到，一切生产事业就可暂时不管，等到全国打退了敌人再说。罗店、张家口等战地在幅员广大的中国还只是一小角而已。在火线附近去推广造林自然未免太"镇定"了一些。然而，如果在内地，尤其在西北边区等地，去推广造林，就并不能说是一件多余的不紧要的工作。反之，在离前线较远的地方，这些收效比较久远的建设为了维持日后长期抗战中的农业生产，却是非常必要的。而且，在离战区较远的内地，造林等经济建设运动也是教育农民、训练农民的一种形式。在过去，造林运动是官办的，不仅与农民利益不相关，而且往往因造林而增加农民的负担，剥夺了农民的柴草来源。这样的造林运动得不到农民的拥护，甚至要遭到他们的反对，那是必然的。但是如果我们现在先使农民理解了造林对于他们的利益，以他们的集体力量来推行造林运动，那么这运动不会像过去一样徒劳无功。而农民自己举办的事业的成功更可以增加农民的自信心，可以进一步使他们在日常生产事业的实践中，理解群众组织的力量。

总之，非常时期的农民组织训练工作同农业生产的调整工作是有密切关系的。没有政治上的动员，没有农民的组织训练工作，战时农业生产是难于改进的，甚至很难维持的。但是，另一方面脱离了农民的生产事业，组织训练工作也是不容易进行的。

四、怎样着手做抗战中的乡村工作

以上是关于抗战期内农民运动或乡村工作的内容问题。如今我们再来谈一谈如何着手做这工作。在中国农村经济研究会的乡村工作大纲草案发表之后，就有很多人来探询本会是否已经有乡村服务团的组织成立，或是来询问怎样回家乡去着手组织乡村服务团以便推进乡村工作。我告诉他们，中国农村经济会并没有成立乡村服务团的组织，而且也不希望回乡工作的人，马上到乡下去成立乡村服务团。因为中国乡村经济研究会是一部分人的团体，它不能单独来成立这种全国性的团体。近年来爱国运动的经验告诉我们，多建立许多缺乏实际基础的空头团体，非但不能帮助实际工作的进展，而且徒然产生了许多原来可以避免的摩擦和误会。

如果一位热心的乡村工作者不管自己所处的环境和各方面的社会关系，也不问自己的事业工作有多少实际基础，就随随便便地去成立一个乡村服务团，那是徒然为自己的反对者建立一个攻击标的。从而受到各方面的正面的反对，也将因此而限制了自己工作的发展。反对者的动机也有从政治的观点出发的。乡村的豪绅统治者们由于自己"先天"惧怕群众运动的习惯，看到你大吹大擂地组织群众团体，发展群众运动，就害怕这运动将会动摇到他们的统治权，因此他们将会不问你的工作内容，用种种方法来破坏你。但是往往也有很多人反对你做乡村运动并不是由于政治的动机，而是由于纯粹私人的利害关系（说明白些就是饭碗问题）。我们知道，在内地对于几块钱一月的饭碗都是争夺得很厉害的。不论在教育界抑或是党政界，往往为了争夺饭碗结成许多派别，各自把住一两个机关。我们如果不了解地方上这些复杂情形，冒冒失失，成立乡村服务团，在自己虽是完全为了想发展救亡工作，可是在他们却不免要怀疑到你们是想在家乡抢夺饭碗。因此他们也就会勾结那些有政治成见的豪绅地主来捣乱。我们如果在群众中有相当基础的，那么还可以用群众力量来抵抗他们。但是在开始做工作的时候，我们的群众基础一定很薄弱，因此很容易受到这些人的严重打击。此外，也有许多人对我们的工作并不是恶意的反对，但是因为我们的工作还没有开展，各方面的人还没有团结起来，便拉了几个熟人成立了一个团体，于是使得许多本来可以来参加工作的人先存了一个门户之见，降低了他们的积极性，阻止了他们的创造能力。所以这种"早熟的"团体在事实上是一种变相的关门主义，它以空洞无基础的团体组织形式限制了工作的开展。

战时的农民运动

所以，我们劝热心从事乡村工作的朋友，在开始工作的时候，不要先急于建立组织的形式，而应该从你自己周围多做切实的工作着手。如果你自己或你的朋友是一个小学老师，那么你应该先在这小学校周围的农民中着手做起；如果你还认识一位县里的中学校长或民众教育馆的馆长，那么你更可以推动他或是帮助他从较大的范围着手做起；如果在当地的党政机关中有你的熟人，而他对于你还相当信任，那么你就可以推动他或帮助他运用他的地位来发起救亡运动。反正我们所做的是爱国救亡工作，目的是促成目前政府领导的抗敌战争的胜利。这工作是不论何种人，不论在何种机关下都可以做的，而且也都应该做的。心急着成立一个新团体来执行这工作是多余的。等到我们的努力有了结果，救亡工作在乡村中已经普遍地发动起来了，那时再联合起来成立一个中心领导机关。这样成立的团体才是真正的民族统一战线的团体，才能真实地推动工作的进展。所以，我们的方针应该是：不要成立空头的团体，先从自己的周围，利用现存的一切机构，多做切实工作。

当然，这并不是说，我们这样来做工作，便可以完全避免同人家的冲突。社会各个阶级，由于不同的经济的、政治的利害关系，对于抗战的决心是不同的，对于群众运动的态度更是有分歧的。何况全国各地，到处都有受敌人利用，公然或暗中来破坏爱国运动的汉奸。克服动摇和妥协，铲除明的或暗的汉奸，都需要经过剧烈的斗争。不过如今政府和人民，既然都是站在民族统一战线的立场上，在抗战第一的总原则之下为民族独立而奋斗，民众方面已不采取革命的手段来推翻政府，而政府也已经开始放弃镇压民众的政策。所以民众在执行铲除汉奸和克服动摇妥协分子等工作的时候，就不应该——而且也不必要——再离开现在的政治机构来做。

在这里，让我们顺便来谈一谈民族统一战线中的农民生活的改善问题。在抗战第一的民族统一战线中，农民们自动放弃了对内的土地革命。为了完成联合阵线对付民族的共同敌人，这是必要的。然而往往有人就把农民方面的这种让步，曲解成为不应提出任何减轻经济剥削和解除政治压迫的要求。不用说，这是很卑劣自私的一种曲解。让步应该是双方的。站在民族统一战线的立场上，一定程度减轻对农民的经济剥削和解除对农民的政治压迫是必须的。在政治上处于不平等地位，在经济上受高利贷和封建地租以及各种苛捐杂税压迫下的农民，绝不可能被动员起来做一个积极的抗敌战士。提高农民的政治地位，减轻他们的租税高利贷负担，并不能视作是对内的土地革命，而只是爱国统一战线的一种必然要求。每个乡村工作者或农民运动者，如果真的想动员广大的农民大众起来参加抗战工作，那么他必须时时刻刻不忘记替农民争取这些要求。当然，这种争取也是不能够脱离了民族统一战线，同现在的政治机构采取了对峙的立场来进行的。

附 非常时期乡村工作大纲草案[1]

（中国农村经济研究会拟订）

战时的农民运动

为实行全国全民总动员，争取抗战最后胜利起见，必须动员全国三万万五千万之农民。为完成此任务，建议在中央政府以下各级政府机关下，设立乡村服务指导委员会，以指导各地乡村工作。该委员会人选由政府聘定各农业团体，乡村工作团体，及其他与农村有关之团体代表及专家组织之。乡村服务指导委员会之最下级机关为乡镇中之乡村服务团。各乡镇中之乡村服务团，领导附近各村之乡村服务工作，由当地热心人士、学校教师、乡村工作团体共同组织。应受党政机关指导。以打破政府与民众间之隔阂。乡村服务团之工作内容如下。

A. 组织训练

（1）充实原有保甲制度，防止汉奸活动；

（2）整理原有乡村间各种民众团体，养成农民团体生活，洗刷"中国人散漫无组织"之耻辱，增强抗敌实力；

（3）推广义务教育、成人教育，发展中心民众学校、民众教育馆等类组成，并改变其内容，宣传抗敌爱国思想，加紧组织民众和训练民众等工作，使其适应非常时期之需要；

（4）成立互助基金，举办公益事业，并救济本村伤亡士兵之家属及老弱残废；

（5）充实壮丁训练，灌输农民军事知识及政治知识，以提高农民抗敌之情绪及能力；

（6）组织乡村保卫队，维持地方治安，使正式军队及保安队

---

[1] 这是中国农村经济研究会理事会所拟的草案，希望乡村工作者及农业专家加以讨论批评，以便修改后提供政府当局及各乡村团体之参考。通信地址：上海蒲柏路广余里18号本会，或南昌南黎洲路1号农村合作出版社薛暮桥转。

等可以完全开赴前方作战；

（7）此种保卫团于必要时可加入前线协助军队作战，与敌军占领时可以改组为抗敌游击队；

（8）组织交通运输队，协助军队运输事务；

（9）组织响道队、谍报队；

（10）组织救护队、救济队，协助伤兵救护及难民救济工作；

（11）于国军撤退后，从事道路破坏工作。

B. 农业生产及粮食储藏

（1）推广农业改良技术，唯以目前环境中易于实现者为限；

（2）由国家储备改良种籽，以廉价售与农民；

（3）现在战区内，农民自备种籽已被毁坏或散失者，政府更应免费散发，以维持生产，必要时且应发售农具及牲口。

（4）减少成熟期较长产量较少之精细作物之栽种，增加成熟期较短产量较丰杂粮栽种（尤以接近战区之地方为然）；

（5）以集体力量代出征士兵之家属及老弱残废耕种田地，以免生产减缩；

（6）于战事紧急时，亦可采用上述集体劳动办法，互相替换服务，使某一区域内某种农事（如收获）得于最短期内完成；

（7）以集体力量兴办水利，推广造林运动；

（8）以集体力量有计划地垦殖荒地，以增加农业生产；

（9）提倡农家副业（如养猪、养鸡、养鱼）；

（10）推广野生植物之采用（如含有滋养料之草类及蕈类）；

（11）粮食之储藏，除农本局及其他公私机关原已创办之大仓库外，在每一乡村中，更应建小规模之仓库；此种小规模之仓库可以利用乡村庙宇、祠堂或农家之余屋改建，较之大仓库有以下数种优点：①费用小；②不易成为敌军轰炸目标；③敌军占领该村后，易于藏匿。

从汉奸之多谈到乡村工作[*]

上海抗战爆发后不久，8月28日《申报·夕刊》有这样一段消息：

石洞（罗店附近海口，即小川沙口）平时泊有渔船一百四十余艘，此辈渔民，于沿江水陆交通非常熟悉。战事爆发后，彼辈受当地汉奸之煽惑，由敌方维持其生活，故全部渔船，一律资敌应用。石洞口敌军利用熟习港汊地理之渔民为向导，故登陆较其他各港为便利，且石洞小港汊甚多，港之正面有我重兵抵御，而敌从侧面小港左右活动。

8月26日《大公报》长江通讯中也说，浙江有许多沿海渔民引导敌军在偏僻港汊中上陆。此外，在报纸上每日发表的关于破获汉奸机关的消息中可以看到：在充当汉奸的人物中，有很多是上流社会人士（他们而且都是汉奸的领袖和组织者，如28日各报所载南京警备司令部枪毙的18名汉奸中，有许多还是政府高级官吏），但是劳苦大众出身的，尤其是乡村和都市中的流浪无产者亦是不少。

由于汉奸活跃问题，使我想起了北伐时的情形。当年，党军的对手是帝国主义的走狗和封建残余的统治者——北洋旧军阀；论理那时的北洋军阀以同为中国人的资格，要在当时的党军内部及党军所统治的地域内收买些内奸，总比异国的敌人收买汉奸要容易

[*] 本文原载《抗战半月刊》，1937，1（2）。

些。然而,当年的党军却没有像今天一样发现这么多的内奸。反之,党军所到的地方,老百姓总是群起响应,而且党军的交通运输、向导、谍报工作,有一大半都是由老百姓自动担任的。

然则,为何如今在抵抗日本帝国主义强盗的对外战争中,反会发生这许多的汉奸团体呢?说是民众没有爱国心吗?但是绝对大多数的人民对日本帝国主义的侵略行为确是异常忿慨的。从近日来上海市民在街头上屡次怒打汉奸的情形看来,民众对汉奸更是异常仇恨。28日《申报·夕刊》的同上通讯中有一节说:

"罗店北盛家桥一带,乡民以我守军忠勇奋发,为国牺牲,箪食壶浆,自动送至前线慰劳;而该地汉奸,大表不满,纵火焚烧,一日之间,已全村荡然。"

从这消息中看出,乡民是如何爱护前线的抗敌将士,因而也同样受到了汉奸的摧残。

汉奸之多,完全是由于我们忽视群众宣传缺乏群众组织的结果。在北伐时代,军队还没有同敌人开过仗,革命党人的宣传员和组织员就已经深入到了敌人的后方。在军事工作未达到之前,政治工作早已有了坚强的基础。敌军统治下的人民,知道北伐军是为了他们的利益而奋斗,是解除他们的痛苦的救星。因此在北伐军未到之前,就为北伐军做谍报工作并扰乱敌军的后方;在北伐军已到之后,就为北伐军帮做运输交通等工作,帮助新政府肃清谍探内奸和一切反动分子。现在救国抗敌的宣传太嫌不普遍,广大的群众组织更感缺乏。

然而在这时期中,敌人却没有忘记在我们国内做它的"群众工作":宣扬"王道",提倡复古,散放"真命天子出世"的妖言,看中了民众的痛苦和不满而颂扬"皇军"的"吊民伐罪"的"功绩",夸张军备实力养成恐日心理,——这些就是敌人的政治宣传工作;以威迫利诱的办法,勾结我国的上层分子,收买无知愚民,成立汉奸团体,——这便是敌人的群众组织工作。敌人的政治工作早已先于军事侵略而深入了我们的内地。

在这情形下，如果每一万人中有一个人被敌人诱引去当汉奸，在四万万五千万的人口中就可以组成四万五千人的一个汉奸队伍！而其余的四万万四千九百多万的散漫无组织的民众，却正好是掩蔽这汉奸队伍的"青纱帐"！这样，就是有了很机警的警务机关，也很难铲除这批没心肝的无耻的匪徒了。

如今已经有好多汉奸落了网，被处了极刑，这是绝对应该的。然而极刑的制裁只是一种消极的办法，并不能根本防止汉奸的产生和活动。防止汉奸活动的最有效的办法是发展民众运动，加强宣传工作，建立民众团体。

中国四万万五千万人口中，有三万万五千万是农民；因此发展民众运动主要的也就是扩大乡村工作，发展农民运动。在抗战期中，都市工商业日渐衰落下去，大批工人和小市民由都市中退到乡村中去，因此也更增加了乡村工作的意义。

防止汉奸活动，其实还只是发展民众运动的一点消极作用而已；而它的积极意义更大。未来的全国性的抗战，主要将在我国的广大的田野中进行。同士兵们接触最多的老百姓是农民。在沪战爆发后一星期，本文作者刚从内地到上海，火车经过了我军的防地，在靠近最前线的地方，我看到士兵和农民的密切的生活：士兵就驻在村庄里，兵士坐在农民家里，村口只站着一两个哨兵，场上晒满了衣服、尿布，高射炮架在村前的玉蜀黍田中，农民还在菜园里翻土，（上海近郊农民种蔬菜的很多）。女人、孩子们立在门槛前望着我们的列车。乘客们见到农民这种悠闲的态度，没有一个不喊奇怪的。其实，谁个不怕死，谁个愿意尝炸弹的滋味。只因没有钱，搬不进租界，离开那块田地就要失去衣食来源；因此，不到炮弹落在门前，农民就绝不肯背井离乡，于是他们便成了前线士兵的最好伴侣。不用说，如果这里的农民中，有二三个汉奸混入，把防军分布情形告诉敌人，甚至在那里做破

从汉奸之多谈到乡村工作

坏捣乱工作,那我们的军队一定要大吃其亏;反之,如果,这里的农民是觉悟的,是有组织的,那就可以帮士兵做许多事情,(如挖壕沟、搬子弹、造饭、引路等等)使得后方士兵可以多得到些休息,使前线战士可以用全力对付敌人。

而且,农民既是国内的主要人口,那也就是军队需要补充时的主要候补者。如果在他们未入伍前就给以适当的政治的和军事的教育;那么,他们在入伍以后,很快地就可以成为最坚强的最勇敢善战的士兵。

然而,不幸得很,我们的农民至今还是一盘散沙,至今还没有受到抗敌救国的政治教育。他们非但不能自动地有组织地来帮助政府肃清汉奸(个人的注意力不够,而且个人的告发也害怕汉奸报复),不能协助军队布防作战;而且连对于路过的军队也不能给予热烈的招待。

本文作者就在此次回上海的时候,一路遇见了好几列车的开赴前线作战的军队。在靠近苏州的某一小站上,我们的列车同一列军车并列着停在月台上。从我们同士兵的谈话中知道,他们从原驻地开拔以后,因赶路关系,已经三天不曾造饭。而且因为刚遇到暴风大雨,使他们身上的衣服已经一日夜没干燥了(他们坐的是没蓬头的货车)。可是士兵们没有半点怨恨的样子;他们仍旧很有精神、很兴奋,一些也不像在数小时之后,就有可能为了民族的独立而在前线牺牲自己的性命的样子,使我奇怪的是一路上停靠了很多大小车站,没有看见一个地方会煮一锅热饭、烧一壶热开水给士兵吃的;也没有看到一个地方曾经有一个民众团体的代表向开到前线去的士兵致过一句慰问之词。好像这些士兵不是为了全国同胞的自由而去同日帝国主义的军队作战,好像他们并不是为了国家民族的独立而到前线去跟敌人肉搏。我觉得人民这种冷淡的态度真对不起这些战士。

然而是民众不爱国,不关心祖国的命运,或是不知道这些士兵是为了他们而去牺牲吗？当然不是的。

　　一路上我们遇到好几列从上海开出的拥挤不堪的难民车。窗子上、车顶上、机关车的汽锅旁挤满了人；那种逃难的情形也够苦了，然而同他们一起停在月台上的时候，只听到他们怒骂日本空军的残酷，如何轰炸和扫射南站的难民，或是兴奋地叙述闸北我军的高射炮击落了日本的飞机；但没有一个埋怨抗战的。当我们的列车在黎明时刚驶进嘉兴站的时候，三架敌军的轰炸机忽在上空出现，迎着我们的列车飞来。车站四周的高射炮便对准着开炮。旅客们也忘记了危险，把头伸在窗外观战。有一次高射炮发出的火光从三架敌机的中间射出，好像已经打中了一架的样子，这几乎使得全车厢的旅客都高兴得大叫起来。

从汉奸之多谈到乡村工作

　　然而这些热情的民众和英勇的士兵之间，好像永远隔着一层厚厚的墙壁，永远不能相贯通似的。或者更确切些说，他们之间缺乏一条互通声息的沟道，使得他们的同样的抗敌爱国的热情不能汇流一起，以至于在表面上看起来，就好像是两塘不相连接的死水。这个互通声息的沟道便是民众组织。

　　日本军阀每当派遣军队来中国作战的时候，总是轮流指派各学校的小学生、妇女团体或其他法西团体的代表，执着小太阳旗到车站码头上来"欢送"他们的父兄丈夫或儿子到中国去当炮灰，以资鼓励将士的勇气。在这些地方也足以证明了帝国主义军队也注意到了自己的政治工作。

　　我们是被侵略者，是半殖民地的弱国。我们想制胜敌人，不能全凭物的因素（枪械、财政），而也要凭人的因素（抱有牺牲决心的战士和人民）。所以论理我们更应注意民众运动；然而事实上，这方面也缺少严重的注意。

　　时势已经非常迫切了，希望全国上下快快来注意这件重要事业——民众运动；尤其希望注意到农村中的民众运动。全国乡村工作者更应坚决地担任起这工作来。

资本主义各国经济状况（特译稿）[*]

在 5 月间，伦敦、纽约、巴黎和其他许多世界大都市的交易所遇到了"暗晦"的日子。证券价格和批发物价跌落的风潮波及了全世界。据出版界的指示，大多数资本主义各国市场上的这次变乱是世界经济危机的最低点被克服以后的五年之内最猛烈的一次。

各种有价证券的交易所市价在最近期间平均跌落 15%～20%，恢复到了去年秋天的水平。在最近半年来由于投机狂热，昂贵得特别厉害的某几种商品的批发价格在最近半年内跌落 30% 有余。

还在投机式的"景气"（"Boom"）最高的时候，全世界的经济刊物便指出过，最近半年来，物价和交易所行市的狂热式的跳跃不能完全说是工业生产量增加后的"自然结果"。在本年初，资本主义世界的整个工业生产量还不过达到了危机前的水平而已。在资本主义总危机的条件下决定景气循环的资本主义经济的内部力量是行动得非常不平衡的。

交易所景气的破裂发生在这样的条件下：这时候，许多国度——瑞士、荷兰、比利时、捷克斯拉夫、奥大利、波兰——的经济还正在开始脱离萧条的景况。在法国，直到 1937 年第一季的

---

[*] E. Kchmelaitskaya 著，孙冶方译。本文原载 6 月 30 日《真理报》，译文刊登于《文摘》，1937，2（2）。

末了，投机式的，涨落和破裂的浪潮方才平伏下去（这种涨落和破裂在去年秋天因佛郎跌价的关系是特别厉害）。证明这一点的事实就是法国市场上的通货膨胀式的物价高涨的停止，以及二三月间开始的银行和储蓄柜（储蓄银行）的存款的增加。直到最近二三月间，大批机器订货才影响到五金工业和机器工业的开工数量。工业生产有了显著的高涨，可是比了危机前的水平总还相差18%～20%。

在美国，在1937年的上半年，整个说来，工业已经达到了危机前的水平。不过，这只是一个总的平均数，在各个不同的工业部门中是发展得很不平衡的。例如，食品工业的每月平均生产量比1929年还低12%，水泥生产低25%，机关车生产一共只有危机前的水平的1/5。但是同时，煤油生产量已经超过这水平的18%，皮革工业超过13%……

同过去一样，发展最快的是汽车制造业。汽车的需求在五金市场上起有主要作用。五金业以及与此有关的部分，差不多已经接近于美国条件下的生产力的常态的利用程度了。

但是关于景气的分析都一致地指出，美国的固定资本的更新过程还在初步阶段中。关于这一层营造业的状况很可以作为证明的。美国领袖的经济杂志 Aonalist 指出：

"在三个最大的钢铁消费者——汽车、铁路、营造业——之中，营造业是最落后；因为营造工程至今还没有越出风平浪静的境地。"

营造业的前途对于估计美国以后的工业发展起有重大作用，不错，五金工业、棉织业和其他许多部门都还有很多订单还未曾交货。如果在夏季中，工业界能够保持已经达到的开工水平，那么就很足以证明工业的上升了——最近的美国景气评论这样谨慎地指出。

可是在美国布尔乔亚氾的领袖界，普遍地流行着一种怀疑：

资本主义各国经济状况（特译稿）

就是目前所形成的开始上升的这个环境充满了各种不测的事件。有一个使人很不安的事实：就是工业生产虽有发展，可是九百万的失业工人还没有找到事情。据有权威的研究者的估计，就是要使失业人数减少到1929年的水准，也至少要使工业生产比过去的"繁荣"时期再发展20%。

然而，实际情形不断告诉我们，预期的工业发展情形是多么有限。物价的飞涨不断地抵消了工资基金的增加。今年春季只是稍稍扩大了耕地面积，可是刚才改善了一些的农产品物价和工业品物价之间的关系又要受到被破坏的威胁了。

这怪不得统治阶级要那么不安心地注意着资本主义经济中的每个表面的动摇。

最大规模的固定资本的更新过程，毫无疑义地是发生在英国。英国的工业第一个恢复了危机前的水准；虽则英国的危机前的水准跟其他各国相比较是最低下的。除了经济力量的水准以外，如今更加上了巨大的军备建造计划，然而巨大的需求碰到了英国工业的较落后的技术水准。在英国当1929年危机之前，资本主义合理化的浪潮比其他各国是最软弱的。

在英国的出版物上，天天发现有诉说重工业的生产能力已经用尽和订货时期的久长等的说话。然而，毫无疑义地，英国的生产资料市场上的紧张情形有一部分是自觉的垄断政策所造成的。垄断企业以人工方法阻止生产力的发展，这样就可以保证自己高额的利润。

在1935~1936年，在英国重工业市场上，主要的需求者是住宅建筑业。在今年，住宅建筑的意义已经占次要的地位了。代之而起的，除了军事订货以外，便是工厂的建筑和改造，这主要是在新的工业部门中，即人造丝生产、化学工业和马达制造等，落后的程度是最大的。最值得注意的就是：在英国的旧的工业部门中（在煤业和纺织业），失业工人占到全体保险工人的10%~

15%。在造船业中，甚至占到25%以上。但是同时在机器建造业方面，失业工人只占6.1%，在汽车飞机制造业中占4.6%。需求的增加迫使政府在税则政策上多少软化了一些。减低的最多的是黑色金属的关税；在危机年代，黑色金属的关税是增加得最厉害的。需求的一般增加也反映到了英国的出口贸易。统计材料指出，出口贸易比去年增加了14%（以物量计）。

在英国，经济循环比其他大多数资本主义国度发展得最快；这怪不得交易所景气的破裂在第二季中间就开始感觉到了。英国的货币市场先于其他各地就对一切突击和动摇发生了特殊的"敏感"；有价证券的行市的跌落在这里是特别厉害。

被雇佣的法西（斯）主义的文丐们高唱着军备竞争对经济发展有"好"影响的论调，但是把自己的国民经济放在"军需景气"的压榨下的那些国家的经济状况恰好否认了这种论调。甚至伪造的德国的景气官报都被迫着承认，法西（斯）主义的意大利的实际经济情形完全跟那些关于即将到临的"繁荣时代"的夸大说话是不相符的。大家知道，法西（斯）主义意大利的经济统计是早就被禁了的。在出版物上发表的只是些非常不可靠的关于货币流通量的材料，以及完全神话式的，由政府规定的"物价涨落"数字。柏林景气研究所的经济评论散放着关于将来在阿比西尼亚投资的"光荣前途"的安慰人心的说法；但指出在意大利国民经济中，"有工作的人数，还比1929年少1/5"。

法西（斯）机关刊物对于日本——德国的战争发动者的盟友——的情形说得更确定：

"日本的经济走入了非常危急的阶段。这个国度的对外贸易的膨胀显然是迟缓化了。因此，不仅大部分的工业是发生了销售的困难，而且贸易平衡的负额（入超额——译者注）是大大地增加了。在目前，日本只能以输出黄金来弥补这亏空。"（《柏林景气研究所的半年报告》，第77页。）

至于说到法西（斯）主义德国的自身的情形，那么连"统一化"的统计制造者也没法修补那个日益扩大的破洞。法西主义者所高唱的"达到"危机前的水准，在目前的环境下——当其他许多资本主义国度也已经达到这水准的时候——是更不足为奇了。然而要知道在德国是付出了怎样的代价才"达到"这水准的呢？疯狂般地发展抬高了工业生产量的数字。可是这个军备发展不仅使劳动大众的生活陷入了饥寒交迫的境地，而且把德国的国民经济引入了最深刻的危机的绝路。

空前的军备负担不仅加深了早已存在的轻重工业间的裂痕。法西（斯）主义的刊物被迫承认，在从前发展最快的部门中，发展速度必然要迟缓起来；"因为原料的不足在过去仅限于进口货，而如今是开始蔓延到本国出产的东西了。"（《柏林景气研究所半年报告》，5页）

在1937年间，好几次政府命令几乎完全停止了直接制造军用品的工厂以外的一切经济部门的建设。在最近，不仅是营造业，而且连机器制造业都受到钢铁等材料的极度的限制。这就是说，军备已经成了固定资本实际更新的障碍了。财政的、粮食的、原料的、对外贸易的和其他一切的危机也是愈加深刻化起来了。

大家知道的德国工业家的宣言一方面固然是想影响政府政策，但主要的是想向世界市场申诉。德国布尔乔亚氾想向世界市场，尤其是货币市场，探询是否能够在需要时给予它帮助。帝国布尔乔业氾在这里，最主要的是想拉拢那些对于侵略行为最宽容的国度。

十月革命的教训[*]

十月革命给予全世界革命运动的教训太大了。

因为十月革命是人类历史上第一次胜利的社会主义革命，十月革命的胜利在地球 1/6 的面积上建立了一个苏维埃社会主义共和国联盟，在那里，正在胜利地建设社会主义——建设社会主义的经济和文化，建设社会主义的社会制度。

然而，十月革命给予我们中国的反帝反封建的民族革命运动的教训要更大。

因为，十月革命发生在经济落后、农业人口占优势的俄罗斯。十月革命虽则是无产阶级的社会主义革命，然而在这以前，先经过了长期的资产阶级性的民主主义革命阶段。在 1917 年十月革命以前，先有同年二月革命的胜利、1905 年革命的失败以及 1905 年以后近十年的黑暗的反动时期。在 1905 年以前，更有无数次大规模的原始的农民暴动。十月革命是这些胜利和失败的民主主义革命运动的直接继续。十月革命可以给我们许多宝贵教训，1905 年革命的失败和 1917 年二月革命的胜利也有许多教训值得我们学习。

1917 年二月革命以前的俄国还是一个半农奴制的专制国家，二月革命推翻了贵族地主领导的沙皇政府的统治，然而二月革命并没有解决资产阶级民主主义革命的中心任务——土地革命。但

---

[*] 合著《中国与苏联》中的第 7 章，原载《民族解放丛书》，光明书局出版，1937 年 11 月。

是二月革命的主要意义却不在这革命的本身，而在于它成了十月革命的序幕，在于革命运动并未停止在资产阶级民主主义革命的阶段上，而急转直下地踏入了第二个阶段——社会主义革命。二月革命遗留下来的任务直到十月革命胜利以后才得到了彻底的解决。

我们也曾经有个1911年的革命（辛亥革命）和1925—1927年的大革命。我们也曾经推翻了清政府和北洋军阀政府，在表面上革命是胜利了。然而我们没有能够解决我们革命的中心任务：反帝国主义侵略的民族解放和根除封建剥削的土地问题。所以在本质上，我们的革命与俄国1905年的革命相比，可以说是失败了。这原因就在于我们的革命还没有达到最后的胜利，就在这阶段中止了。

1927年的俄国二月革命为什么不曾中途夭折，而能直接"转长成"十月社会主义革命呢？这里除了种种客观的原因以外，主要的原因就是革命性最彻底的工农大众成了革命的主力军，使得别的社会阶层的动摇或退出革命，不至于牵动全局。所以争取工农势力的发展和他们在革命中的领导地位之取得是争取革命彻底胜利的主要保证，也是十月革命给予世界革命运动的第一个教训。

俄国本来是一个工业落后的国度，产业工人在全国人口中占少数，最大多数的人民是农民小资产者。这本来是俄国无产阶级社会主义革命的一个弱点，然而俄国的无产阶级及其政党因为能够运用正确的土地政策，却把这个弱点变成了革命势力的最大源泉之一。革命前，俄国的农民处在地主贵族的半农奴制的束缚下，他们需要解除这束缚，更需要耕种的土地。贵族地主当然不能成为农民的解放者，不能给他们土地，资产阶级也只能给他们一些口惠，而不能实际上满足要求。然而无产阶级提出了土地革命的口号，给了农民们自由，更给了他们土地。这样就把千百万农民大众团结在革命的旗帜之下，增强了革命的势力，也就是孤立了革命的敌人，而使无产阶级成了革命的领导者。这是俄国的多数党所以胜利的关键，也是少数党、社会革命党以及托洛茨基派所以失败的原因。彻底解决土地问题，是保证十月革命胜利的重要条件，也是十月革命给予世界革命运动的第二个教训。这教训对于我们中国的民族解放运动更有重大的意义，因为中国是更落后的国度，农业人口在这里占人口的绝大多数，所以土地问题的解决和农民大众的动员对于民族解决运动的前途更具有决定的意义。当然，土地问题之解决方式在革命运动发展的每个具体阶段是并不完全一致的。例如，在抗日民族统一战线的现阶段，以没收土地来解决土地问题的方法是不适用了。

十月革命的教训

俄罗斯帝国是一个包括民族最多、最复杂的国度。在革命前的俄罗斯帝国，民族问题是它的一个弱点，然而它却成了十月革命的另一个力量的泉源，成了今日的苏联所以如此巩固的主要原因之一。俄罗斯帝国的1.7亿人口中，大俄罗斯民族还不到7500万，其余1亿左右的人口全是被压迫的民族，换句话说，全是俄罗斯帝国的敌人。十月革命把这些民族解放了出来，革命后的苏维埃政府继续尊重革命的民族政策，而且在事实上履行了这些政策，于是这一亿左右的被压迫民族（除了少数上层分子以外），便成了十月革命的拥护者，成了苏维埃政权基础之一。十月革命所标榜的和革命后苏维埃政府所遵守的民族政策的内容，简言之就是：大俄罗斯民族放弃自己在非俄罗斯民族所居住的各区域内的一切"权利"和"要求"，事实上承认这些民族有成立独立国家的权利；这些民族与俄罗斯民族可以自主地订立军事经济联盟；援助落后民族经济和文化的发展（没有这种援助，那么所谓"民族的平等"只是一句空话）；彻底解放各民族中的农民和其他劳动分子，把土地和政权都交给他们，同时，苏维埃政府更在事实上证明自己对于"民族自决"这一基本原则的忠实，例如承认了芬兰的独立，撤回了驻在波斯的远征军，放弃了在中国的一切帝国主义特权等。所以民族问题的彻底解决是十月革命胜利的主要原因之一，也是十月革命给予世界革命运动的第三个重要教训。十月革命的领袖列宁曾经说过："压迫其他民族的国民是不能获得自身的解放的。"在这里也可见俄国革命家对民族问题的重视程度了。中国国内的民族虽没有苏联那样多而复杂，然而民族问题却是当前抗战期中的一个严重问题，因为敌人正在利用我们国内各民族间的不大圆满的相互关系，来挑拨民族纠纷，分散我们的抗战实力。我们在今天更应重申孙中山先生的"国内各民族一律平等"的革命主张，并以革命精神在事实上履行这政策。

十月革命给我们的教训太多了，我们要把这些教训都举出来，那简直是举不胜举。总之，俄国十月革命所以能够胜利，就是因为俄国的革命的阶级及其政党，尤其是它的领导者处处能够了解大众的最迫切的要求，并且能够采取适当的革命政策，来满足这些要求，只有这样才能使大众热烈地来拥护革命，而革命的政党和他的领袖才能成为千百万大众的革命领袖。

例如，十月革命中，除了民族解放和土地革命以外，民众还有一个更迫切的要求便是和平。于是争取和平或对德奥休战，便成了俄国革命者所提出的主要要求之一。在今天的中国，和平也是四亿五千万同胞的一致愿望，因为他们的和平生活是被日本帝国主义者所破坏了。然而这和平却不能以对日休战来求得，反之，只能抗战才能恢复我们的和平生活。所以，在中国任何政党，任何政治家要得到全国四亿五千万人民的拥护，就应该领导他们进行彻底的抗战。

列宁是俄国革命的领袖。因为他能够了解大众的要求，而且能够提出最适当的政治口号来达到这要求。所以俄国的革命大众都拥护列宁做领袖，而列宁自己也最能信任革命大众。每到革命的危急关头，列宁便向大众说话，要求他们起来支持革命。例如十月革命胜利后,苏维埃政府要求俄国军队的总司令向联盟国军司令提出议和,并且下令部属停止军事行动。但是总司令拒绝了这要求。于是列宁便利用无线电向国内和外国的人民和士兵直接发表了革命政府的停战宣言。这样不仅中止了前线的战争,而且推翻了俄国总司令。列宁是常常用这种战术来同他的政敌作战的。

十月革命的教训

十月革命胜利后到今天已经二十年了。革命后的苏联又经过了四年多的内战(1917—1921年)。国内经济曾经完全被破坏。可是内战结束后苏联劳动者即以极快的速度恢复了自己的国民经济,到了1928年就已经恢复了战前的生产力。此后,又经过了两个五年计划的努力,才把一个落后的农业国度改造成了世界第一等的工业国度。苏联在这十余年来的经济的、社会的和文化的建设中,当然更有许多宝贵的经验可以供我们借鉴。然而在这里,我们最不应该忘记的教训便是:今日苏联的胜利的社会主义经济建设是以1917年的胜利的社会主义的政治革命为前提的。没有二十年前的十月革命便不能有今日的社会主义建设。在不久以前,有许多人在日帝国主义者的侵略军队占领了我国一半版图,在反帝国主义的民族解放运动和铲除封建残余的民主主义运动未达到胜利之前(即在政治前提不存在的场合下),奢谈国民经济建设,都是忽视了十月革命的这一重大教训。

因苏联经济建设的成功想到我们当前的任务[*]

自从苏联的第一个五年计划完成之后，就是苏联的仇人也不再否认它在经济建设方面的成功了。虽则国社党的报纸有时因为造谣成了习惯，偶然还要登载些乌克兰地方大荒年、饿死多少人之类的消息。然而大家知道这已经是公开的说谎。资本主义国家的外交家是最势利不过的，要不是苏联的国力充实了，李维诺夫的话绝不会被他们重视。近年来，不仅苏联在国际政治舞台上的地位增加了；而且连它在世界经济体系中所占的比重也一天一天地增加了。苏联的对外贸易委员部成了世界各国资本家最欢迎的阔买主，这是最使他们嫉视而又无可奈何的事情。

如今第二个五年计划又要完成了，气魄更伟大的第三个五年计划就快要开始实行。全世界各国人民正在准备着新的庆祝会：庆祝苏联一亿七千万劳动大众的新的胜利。

苏联是我们中国人民在争取自己的自由解放的苦斗中最忠实可靠的友人，也是我们的先驱者。苏联的新胜利更鼓动了我们斗争的热情，更坚定了我们牺牲的决心。在过去，在我们中国，有许多人只知道苏联经济建设的胜利是一亿七千万人民"埋头苦干"的成绩，而不知道这更是俄国三次大革命中无数英雄战士的鲜血培植起来的果实，他们不知道这是苏联人民推倒了皇室贵族

---

[*] 原载《救亡日报》"苏联革命二十周年纪念特刊"星期日第4版，1937，11，7。同时收录于胡愈之编《苏联革命与中国抗战》，上海书店，1937，11。

的统治，铲除了英法资本操纵下的克伦斯基政权，驱逐了十数个帝国主义国家的武装干涉的队伍之后，才能建立起来的，换句话说，苏联经济建设的成功是具有它的政治的前提的。

在过去，在我们中国也在很多人在没有具备必要的政治先决条件下，想像苏联一样来建设自己的国民经济。日本帝国主义的大炮惊醒了许多人和平建设的迷梦。如今我们大多数的中国人民都已经彻底地了解到：我们要有和平的建设，至少需要先铲除阻碍中国和平建设的第一个恶魔——日本帝国主义者。

所以，我们在庆祝苏联第二个五年计划成功的时候，更应该为争取对日抗战的彻底胜利而努力！

因苏联经济建设的成功想到我们当前的任务

中国抗战与国际关系*

目 次

前言
一、日本侵略中国第一阶段的国际形势
二、日本侵略中国与列强利益的矛盾
三、列强应付日本侵略中国的政策
四、日本的孤立与中国抗战前途

前 言
—— 对于最近国际间几件重要事件的分析

国际间的关系是错综复杂的,是千变万化的,普通一篇关于国际形势的论文,经过一两个月之后,便失去了它的时间性,没有阅读的价值了。列明的这篇论文登载在苏联1937年年底出版的《太平洋》季刊上(三、四期合刊。The Pacific Ocean No. 3~4),作者写这篇文章至少是在三个月以前。然而我们在今天把这篇论

---

* [苏联]列明著,孙冶方译。黎明书局1938年3月出版。

文介绍给中国读者,并不能算是多余的事情。因为第一,作者这篇文章不是分析当前国际间的某一事件,而是说明"九·一八事变"以来,日本整国国际形势的演变经过,所以时间性较长久;第二,作者对于国际关系的某些预测,直到最近才从事实上得到了证实。所以我们在今天来读这篇论文,非但不觉得它过时,反可以看到作者的"料事如神"。例如,作者在这论文中说:"法西斯蒂的独裁为了德、日集团的政策,为了冒险政策,为了共同发动新的世界大战的政策,是要把德国资产阶级的某些个别集团的经济利益(指对华商业利益。——译者注)作为牺牲品的。"这句话在一星期之前,或许会被许多人疑心是作者的国籍或党派所造成的成见。可是自从国社主义的德国正式宣布承认"满洲国",而且公然表示了它的"宁愿日本胜利"的心愿以后,恐怕就是希特勒的中国朋友们也不便再把国社主义的德国当作"与国"看待了吧。

中国抗战与国际关系

在侵略中国的现阶段中,日本的国际环境是日益趋于恶劣了——这是本文作者列明在分析"九·一八"以来,日本对外关系之后,所得到的一般的结论,也是不可否定的事实。但是抗战增加了人民对于民族前途的关切,引起了广大群众对于国际时事的密切注意。世界上任何一角发生了任何事变,许多爱国同胞们便会联想到该事件对于中日双方的国际环境的影响问题,即对于抗战前途的影响问题。

最近在国际间发生了两个重要变动。第一,德国的肃军以及接着发生的希特勒政府的承认"满洲国"和德、奥关系的紧张。第二,英国外相艾登的辞职和英、意谈判的开始。在这几件事发生以后,国内发生了很不同的各种估计。有的人对此表示了失望,有的则表示了忿慨,有的因此而对抗战前途发生了不必要的悲观,有的则发生了毫无根据的乐观。我们在这里对于大家所关心的这几个问题不得不约略分析一下,看一看这几件事情的发生是日本的国际环境改善了吗？抑或是仍旧没有变动那总的趋势？

国社党的肃军工作是法西斯统治者的内部矛盾深刻化的表现，国防军领袖的撤职，只是把这矛盾的总爆发暂时地压制下去了而已。希特勒为要保持这"胜利"，不得不借助于别种"妙计"。照纳粹主义统治的旧例，便只有找寻新的国外的刺激，加紧对外侵略，故意造成紧张的国际局势，以分散人民对国内问题的注意力，并用暴力维持国内的"统一"。撕破《凡尔赛条约》，恢复军备，进兵莱茵河区，退出国联，以及近年来希特勒在国际间闹的一切拿手好戏，都是在这种场合下演出的。承认满洲国和德、奥合并问题的提出，只是这一连串拿手好戏中的一幕而已。如果全世界民主主义势力不联合起来帮助德意志人民铲除这野蛮的统治，那么这样的好戏一定还有很多将继续上演。

在某种意义上说，希特勒承认"满洲国"，对于中国的抗战前途是极有帮助的。因为正如《大公报》记者所说的一样："由此以后，中国外交政策，可迅速予以合理化及简单化；换言之，中国今后将切实与国际反法西斯各国联合，以代替仍将与德国合作之希望。"不用说，从此以后，希特勒政府也不能再戴着"友邦"的假面具，替急于想结束战争的日本帝国主义者来向中国劝降了。为了中华民族的前途，这是比什么都宝贵的。

其次讲到奥国问题。德、奥合并，建立大日耳曼帝国，本来是纳粹侵略计划中的重要项目之一。在过去，这计划之未能实现，除了英、法的反对以外，意国的阻挠，的确也是重要原因之一。但是如果过分地夸张了德、意两个侵略国对于奥国问题的冲突，那是有害的。最近有些人希望此次能够因奥国问题而促进德、意的矛盾，以至于整个侵略阵线的瓦解。这是很不实际的一种设想。不错，德意帝国主义在中欧问题上是有冲突的，但是正如德帝国主义为了自己的政治野心，宁可牺牲自己的局部经济利益一样，整个侵略阵线也会因于自己共同的侵略计划，而暂时缓和内部的冲突的，事实上，目前侵略阵线各国为了加紧对民主国家的进攻，相互间只有比任何时期都团结得紧密些（当然，并不是已经完全消灭了内部矛盾）。我们不自己努力团结国际间爱好和平的人士，共同向敌人进攻以争取最后胜利，而去希望侵略者阵线自己崩溃，那是对于抗战前途极有害的一种等待主义。

最后，关于艾登辞职和英、意谈判的问题，也有两种相反的，然而是同样不可靠的意见存在。一种人以为，英国的对意谈判，是为了缓和西欧的局势以便集中力量来对付日本，所以这谈判是有益于中国抗战前途的。另一种人以为，英、意谈判是表示英国对侵略集团的投降，甚至就是表示英国加入侵略的阵线，这样，对于中国的抗战前途当然是一个严重打击。

说英国的对意谈判，就是对侵略阵线的投降，那是不错的，但是如果说这就是英国自身之加入侵略阵线，那未免太夸张了一些。这种说法大概是德、意、日侵略者通过自己的宣传机关海通同盟等通讯社发表出来的自己主观上的愿望而已。侵略阵线的主要目的，是想用武力来重新分割世界。在这重新分割中，大英帝国在世界各部分的利益处处有受到威胁的可能，它的统治有被完全动摇的可能。如果英国的统治者不是疯子，那么绝没有加入侵略阵线的可能。

不过英国的对意谈判，至少是表示英国对侵略阵线的妥协，那是不可否认的事实。而且这种妥协也绝不同某些人所想象的一样，仅是对侵略阵线中某些国家的妥协，仅是为了缓和西欧的局势以便集中力量对付日本。这妥协是对于整个侵略阵线的妥协。英国已经决定同意国开始谈判了，但同时也准备着同德、日两国举行谈判。艾登的代理者便是于去年亲自赴柏林访问希特勒的哈利法克斯。新任英国驻华大使寇尔到中国之后，英国出任调解中日战争的传说又随之而起。这就证明张伯伦的政策是极受柏林和东京欢迎的。事实上，侵略阵线的《防共公约》的真正任务也就在于互相牵制民主国家的行动。想来英国的统治者还不至对于希特勒、墨索里尼害"单思病",想拉拢他们来反对日本。所以我们对于最近英国外务大臣的变动,应该保持相当的戒心,而绝不能存有任何奢望。

英国的外交政策,至今还是徘徊于和平阵线的集体安全制和侵略阵线之间。它仇视侵略国家劫掠它在世界各地的经济的、政治的和军事的利益。它又嫉妒苏联的强盛,恐惧殖民地半殖民地的民族解放运动的扩大。所以英国的外交家便想在集体安全制和侵略阵线之外找寻第三条出路,即用扩充军备的方法,达到以独自的实力维持自己的利益。

本来,全世界的爱好和平的民族国家能够一致团结起来,它们的力量是很足以对付侵略阵线的。但是因为英国要走上面所说的以自己单独的实力维持自己利益的第三条路,所以它便处处感觉到自己的力量的单薄,时时刻刻想同侵略者妥协。英国最希望的当然是能够使侵略者的锋芒转向反苏联的方面去,如果万一不能达到此目的,它便希望在牺牲一定弱国利益的条件之下,同侵略者订立暂时的和平,诱惑弱国(如西班牙、中国)继续向侵略者屈服。等到自己(英国)的实力足够独力应付的时候(至少在反侵略阵线中能够保持绝对的支配权的时候),再起来同侵略者算账。不用说,英国的这个计划是一种梦想,它比中国过去的长期抵抗的政策不见得高明多少。

然则,英国这次对侵略阵线的妥协对中国抗战的影响如何呢?我们可以说,这影响的大小完全取决于我们自己。我们可以完全不受这妥协的影响,也可以因这妥协而使中国抗战受到了致命重伤。因为根据上面的分析,英国要完全加入侵略阵线是不可能的。它只能向侵略阵线妥协,至多也只能劝诱中国向日本投降。可是我们是否接受这种劝诱,这决定权完全操在我们自己手里了。如果我们接受了这劝诱,那么中华民族的独立不用说将就此断送。反之，我们如果不接受这条件，而继续抗战下去，那么英国对我们也是无可奈何的。例如，自从抗战以来，英国对于维持法币是出了不少力气的，英国如果要拆中国抗战的台，尽可以从这面着手。法币一旦被动摇，中国自然会遭受严重的金融困难。但是只要我们抗战的决心不变，敌人仍旧无法使我们屈服。而在英国方面，则不仅将因此把过去维持中国法币的心血完全抛弃，受到极大的经济损失，从此丧失了自己对中国的经济控制权，并且徒然为自己的竞争者——日帝国主义——造成了机会。想来英帝国主义者是不会走这条路的。

只有我们自己才能决定自己的命运。为了民族解放和国家独立，我们必须抗战到底，必须建立革命自主的外交。只有这样才能从国际政治中的受动者变为主动者，才能摆脱外来的一切引诱和束缚，甚至进一步积极地去影响国际政治——促进世界和平阵线的团结。这并不是一种幻想。例如英国而论，张伯伦所主导的对侵略阵线妥协的外交路线，还没有成为最后的定局。因于艾登的辞职，已经掀起了全英国以至全世界的抗议。如今英国国内民主分子正在酝酿着改选国会的运动（因为在这改选中，民主势力在英国也有取得胜利的希望）。中国的抗战的坚决心和灵活的革命外交，可以促进这运动的胜利，至少也能使张伯伦不敢再进一步地向侵略者妥协。

中国抗战与国际关系

冶方　1938年2月28日于九龙半岛

一、日本侵略中国第一阶段的国际形势

日本帝国主义者照例总是趁它的帝国主义竞争者的势力无暇顾及太平洋战场的时候，来进攻中国。譬如，在世界大战期间，整个世界分裂为两个交战集团以后，日本便占了山东，而且以

"二十一条约"去束缚中国。又如在1931年，利用世界经济危机的环境，趁世界各主要资本主义政府（主要是美国政府）正在全力注意经济危机之克服，而西欧各国正在企图挑拨反苏联战争以解决经济危机的时候，日本便占领了满洲。最后，在对华侵略的现阶段中，日本是利用西欧各国正以全力对付德、意两国在西班牙的武装侵略和地中海上法西斯海盗事件的时机。日本的侵略是英、法两国所倡导的放纵法西斯侵略者的政策所促成的。这种放纵法西斯侵略者的政策，使国际联盟在战争挑拨者面前成了软弱无能的机关，促成了意阿战争时所施行的经济制裁之失败，演成了西班牙战争中可耻的"不干涉"把戏。不过在这一次，日本帝国主义对于分散太平洋战场上列强势力的因素，未免估计得太高了，它没有估计到近年来国际环境中所发生的变化。结果，日本在国际关系上所遭遇到的困难，比它所预料的要严重而复杂得多。

我们不免要把现在的环境同日本侵略中国的第一阶段开始时候的环境（即1931年年末）相比较一下。试问1931年时的环境如何呢？

日本帝国主义由于国内和国外的特征，在找求摆脱危机的出路的时候，先于其他帝国主义而走上了战争的道路——走上了以战争解决危机的道路。在那时候日本进攻中国的环境是很顺利的：当时资本主义生产跌到了最低点，使资本主义的内外矛盾极度地尖锐化了起来；西欧的资本主义国家面对着自己国内的危机，同时又面对着苏联的斯大林主义"五年计划"的伟大胜利，于是便拼命想从反苏联战争的道路上找寻自己的出路（据1930年的"工业党"审判案中所发现的阴谋，反苏联战争的爆发日期，本来就预定在1931年间的）。结果，在当时形成了那样的一种局面，没有一个国家对于日本的侵略能给予任何有力的反抗。

虽则在1931年，日本的对华侵略亦有可能威胁到不列颠的利益,然而英国不但没有阻止日本的侵略,并且反而给了它很多援助。当时英国的这种立场是由于很多因素促成的。第一,在当时的不列颠外交政策中,反苏联的色彩很浓厚。日本帝国主义占领了满洲,在远东边境上开辟了一个反苏联战争的战场,使苏联陷入东、西两面夹攻的境地——日本帝国主义的这种活动是同不列颠帝国主义的反苏联计划极相符合的。英国以为日本的侵略将限于满洲领域以内。而满洲方面的不列颠的利益是比较不重要的,并且在英国看来这利益也不至于怎样被侵犯。英国希望这侵略被引导到反苏联的方向去。

英国的这种立场也为恐惧中国民族解放运动的心理所决定;英帝国主义向来把这运动看作自己在亚洲方面(首先是印度)的殖民地统治的威胁。英国鼓励了日本在中国的侵略,它把日本看成是能以武力摧残中国革命运动,而且把不列颠的亚洲领土同这种革命影响相隔绝开来的唯一的国家。

最后,除了上述因素以外,更要加上英、美冲突的尖锐化,这种冲突可以在1932年渥太华帝国会议的决定中看出来。由于这原因,英国便竭力同日本吊膀子,想拉拢后者来反对美国。以上各种原因合在一起便决定了英国的立场。这种立场在1931—1932年时,成了对于日本侵略政策的,事实上的,而且是非常积极的援助。英国不仅自己不曾抵抗日本,而且还打消了当时美国方面所发起的抵抗日本侵略的企图。例如,美国曾经在1932年1月7日,以《觉书》送予中日双方。在这《觉书》中提出了不承认以武力造成的局势和条约的"史汀生主义",重新声明了《凯洛公约》和《九国公约》中所规定的中国"门户开放和机会均等"的政策。美国邀请英国起来附和这个示威举动,然而英国对于这种柏拉图式的示威都不愿意加入。英国政府在2月11日致美国政府的覆文中,说明自己拒绝参加此示威的理由就是:日本已经答应在满洲遵守"门户开放和机会均等"的原则了,所以不必再发表怀疑日本诺言的声明。当然,英国的回答并不是表示不列颠政界人士真的信任了日本的诺言。这只是表示英国在事实上已经放弃《九国公约》,并且在这意义上对日本已经做出了重大的让步。这可以从官场对于英国覆文的说明中看出来。《泰晤士报》在解释不列颠政府拒绝参加的原因的时候,曾经指出:"中国领土的神圣不可侵犯性是一句空话;南京的政权从来没有普及于全中国;对于中国这样的'无组织的国家'是不能用通常的尺度来测量的。"《泰晤士报》1932年2月11日的社论说:"维持中国行政主权的神圣不可侵犯性,绝不是外交部的直接任务,在月前,这种神圣不可侵犯性还不过是一种理想而已。这种神圣不可侵犯性在1922年就不曾存在过,而在如今也仍然没有存在。自从《九国公约》签字以来,中国政府从来没有把自己的实际政权普及于自己的广大领域的每一部分。"

英国政府为了替自己放弃《九国公约》的行动辩护,就说中国是"无组织的国家"。它所提出的这个理由就为日本深加赞同,因此在日本给美国的覆文中就完全抄了进去,而且成了日本帝国主义的一切外交宣传的根据,以便替自己的侵略行为做辩护。

英国同样又坚决地破坏了美国的第二次发动。美国主张《九国公约》的签字国,尤其以英、美、法三国为主,应该向日本发表一个宣言,说明遵守此条约之必要。史汀生在他不久前出版的一本著作[1]中曾经详细说到当时他如何去找寻英国的外交大臣西门,如何同西门通电话并企图说服他,使他相信英、美一致行动的必要。英国不肯走这一招,于是又破坏了一次压迫日本的企图。

至于说到法国,那么在1931—1932年,才刚开始转变它对于苏联和集体安全制的态度;直到后来才跟苏联订结互不侵犯的条

---

[1] Henry Stimson, *The Far Eastern Crisis.*

约。可是在日本侵略中国的前一阶段的开始时期，法国一点也没有阻拦日本。在这里，法国是同英国采取一致行动的。在当时，甚至还听到法国将以借款或其他形式的援助给予日本的传说。在当时，法国对于美国的发动决计谈不上什么支持。

在1932年1月7日的通谋中，史汀生对于不承认主义做了以下的说明："美国政府认为自己有责任同时通知中、日双方下列事件，即美国政府不能允许任何事实形势之确定为合法。美国政府对于两国政府及其代表所订立的条约和协议，凡是足以损害到美利坚合众国及其公民的权利的，连涉及中国的宗主权和行政完整或领土完整之独立——即有名的'门户开放'政策所包括的各种权利的一切条约和协议在内，都不拟加以承认。凡是所采取的手段是违背中日双方和美国所共同参加的《巴黎公约》的一切协议和义务的，那么由此而造成的局势，不论为条约的形式或协商的形式，美国政府绝不预备承认之。"但是不要以为美国的发动是很强硬的；不要以为美国曾经用过有效的手段来制止日本的侵略。美国正忙于应付国内事件，除了发表宣言拥护"门户开放"原则外，不曾有进一步的动作；并没有想到经济制裁的手段；而且在最初一个阶段中，甚至是反对国际联盟派遣李顿调查团的。不过就是这样用外交压力来拥护《华盛顿条约》的原则，——只要不被英国所破坏——对于阻止日本侵略中国的工作也能发生很大的实际意义的。

不过，大家知道，甚至于就是美国的这种极有限的提议，也因为英国的过失而没有能够得到别国响应。预定的英、美、法三国维持《九国公约》的联合行动未能够实现，不过只是发表了1932年2月23日史汀生致参议员葆拉的一封信，在这信里，史汀生详细地发挥了"不承认主义"。这种形式的发挥——致信参议员——明显地表示出美国的孤立状况。这种孤立状况并不是由于过分的决心或是极端的行动所造成的。相反地，这是由于美国对于拥护自己所宣布的主义不够坚决和不够彻底的缘故，是由于美国不曾利用一切可能以取得国际间的支持的缘故，促成美国孤立状态的最严重的因子，便是苏联和美国之间的正常关系之缺乏——苏、美间的关系是到1933年才恢复的。

至于说到国际联盟，因为英、法两国在里面是起有决定作用的（当时苏联还没有加入），所以它的地位基本上是被这两个国家的政策所决定的。不过在这里应该注意到的便是美国对于同国联合作的问题，在态度上有了非常重要的转变。美国是没有加入国际联盟的国家，而且在这以前，总是竭力使自己同国联相隔离的。如今美国同自己的抵抗日本侵略的企图相配合着，在战后历史上第一次积极地同国联实行合作，而且寻求后者的援助。

史汀生的谈判，他的亲往日内瓦，美国代表之出席19国委员会旁听并获得发言权，美国代表之参加李顿调查团——这些都是美国准备同国联合作的外表现象。其实，美国对于国联的正式的和非正式的压力，决定了国联在远东纠纷中的一大部分立场。在那一个时期中，国联的决议往往明显地受到美国的影响。

1932年3月11日的国联会议，通过了一个类似美国"不承认主义"的决议，内中宣称："凡是侵害国联会员国的领土神圣和政治独立，而且违背《国联会章》第十条的一切占领，国联会员国将不承认为有效。"接着更说："国联会员国必须不承认用违背国联盟约和《巴黎公约》的手段所造成的一切现状和条约或协议。"国际联盟一方面宣传"不承认"的原则，而同时又推行延宕、耽搁的政策，并且避免对中日冲突做出任何具体的决定。直到1933年2月24日，国联行政院才通过了19国委员会根据调查团的材料所起草的报告。国际联盟想在侵略者和被侵略者之间，在日本独占中国的欲望和其他帝国主义列强的利益之间，找寻一条妥协的道路。国际联盟的决议，虽然也承认日本占领满洲为不合法，而且向会员国建议，不论在法律上或事实上都不要承认满洲国的现存制度；可是在各方面却迎合了日本的要求。例如，在决议案中指出，既不能承认满洲的现存制度，也不应再恢复原来的状态；在满洲应该设立一个有广大自治权的管理机关，并且应该顾及日本一切的特殊"权利"和利益。

差不多在这宣言通过后两个月，——1933年3月27日——日本退出了国际联盟。大家不要忘记，国联决议案之通过，差不多是在"满洲事件"发生后一年半的时候，即是说，在这时候日本的胃口是扩大了，而且已经不以占领满洲为满足了，它已经用武力占领了热河、察哈尔和中国北部，而在进一步觊觎平津区域。请不要忘记：日本是得到国联主要会员国（首先是英国）在当时所执行的（而且后来继续在执行着的）放纵侵略者的政策所鼓励的（在"不承认主义"的空头决议案掩护之下）。

中国抗战与国际关系

所以，在日本侵略中国的第一个阶段中，日本不曾在其他国家方面遇到什么严重的抵抗；美利坚合众国虽则曾经企图阻止日本的占领，可是不曾得到其他资本主义国家的有力支持。

另一方面，当时的中国是孤立的。一切帝国主义国家是一致反对它的，就是偶然有些限制日本侵略的企图，也往往只是为了保证各帝国主义国家在"平等立场"上共同来瓜分中国而已。苏联是一向热烈地同情中华民族的解放斗争，而且从各方面来帮助这斗争的；然而在"满洲事件"的初期，中国政府同苏联之间是连通常的外交关系都没有的（1929年中苏绝交以后，直到1932年才复交）。

除了这事实以外，造成中国孤立状态的主要因素便是：对日本占领者不曾给予有力的抵抗，中国政府对日本占领者的不抵抗政策，对于国内反日民族解放运动的镇压等；——总之，就是在全世界面前显示了中国的弱点，因此增加了侵略者的力量，并且妨碍中国从帝国主义者的争夺对象而变为国际政治的主体的一切政策。

以上便是日本侵略中国的第一阶段的初期的国际形势。

然则，在1937年的情形又如何呢？

二、日本侵略中国与列强利益的矛盾

日本侵略中国的新阶段使太平洋上的形势——尤其是英、日间的矛盾和日、美间的矛盾——尖锐到了极端。

在前一阶段中，英国和美国都还以为日本的侵略计划只限于占领满洲（日本对于自己的帝国主义竞争者曾经给了类似的诺言）；可是如今日本却在占领整个华北（河北、察哈尔、绥远、山西、陕西五省）和京沪区域了。满洲和华北五省包括中国的1/4的人口，1/5的领土，9/10的铁矿，1/2的煤藏和2/3的铁路。京沪区域是中国内地扬子江流域的门户，在这里集中有外国投资的决定部分和中国整个对外贸易的一半以上。失去了满洲，失去了华北五省，再失去了京沪区域，那么中国就不成其为国家了。日本想把华北五省变成为第二个"满洲国"这样的东西。它这计划同瓜分中国的其余部分的计划是不可分离的。这是把整个中国完全沦为日本殖民地的第一步。所以，不管最近日本军人的军事战略目标如何，现在的问题已经牵涉到中国独立的存亡问题了。

如果在前一个阶段中，日本是单独出场的，所谓是独挡风波的。可是在如今，不论在英国或是在美国，都已经清楚知道，日本的侵略不是一种孤立无援的行为，而是日、德、意三侵略国的集团，为了重新分配世界而进行的挑拨"大规模战争"的整个计划中的一节，侵略中国的战争是执行日本帝国主义的巨大掠夺纲领，并建立日本帝国主义在全亚洲以至于全太平洋的统治的一个阶段。这好比德、意法西斯武装侵略者的干涉西班牙，只是完成德意志的"大号欧罗巴"建立计划和意大利的"第二罗马帝国"建立计划的一个阶段而已。法西斯侵略者集团所发动的重新分配世界的战争，如果以太平洋战场而论，那么除了反对苏联以外，首先就是反对英国、美国、法国和荷兰。中国香港、印度、澳洲、新西兰、马来各州、菲律宾、荷属东印度和法属安南等都已经感受到日本侵略行动的直接威胁了。不列颠帝国的殖民地和自治领地是侵略集团的最近目标，也是最肥美的食粮，而且也并不限于亚洲而已。

在前一阶段中，许多资本主义国家的政策都是以一个共同的打算为根据的。即它们都认为日本的侵略将向反苏联的方向进行。促成它们做如此设想的原因之一，就是苏联在远东方面还不曾有充分的军事实力。然而在目前，大家都明白，情形是完全更改过了。苏联的远东变成了社会主义和苏联国防的坚固的百攻不破的要塞。而且大家都理解，苏联和日本如果发生战争，那么这战争绝不是"局部的"战争，而是全世界的战争。

中国抗战与国际关系

有些帝国主义国家，更以为中国的民族统一过程将在日本的炮火下停止的，可是这种设想也是破产了。相反地，在日本刺刀的侵犯之下，伟大的中国人民的民族解放运动扩大而且发展了。1937年的中国已经不是1931年的中国。它给了日本侵略者有力的反抗，而且这反抗将随着抗日民族统一战线的巩固而增强起来。在目前，每个人都明白，如今在中国所进行的已经不是什么"小规模战争"了，也不是什么"殖民地的征讨战"了；这个前途已经是大规模的拖延时间的长期抗战了。在这战争中，中国的财源是不会枯涸的，而且只要中国能继续作战下去，它是不会失败的。今天中国人民的反对日本侵略者的英雄作战，已把中华民族提到了全部前进人类的最前线了。中国人民同西班牙人民一样用自己的血，在保护全世界的进步、民主以及和平的事业。中国是不屈不挠地走向民族统一的道路去，而且能够铲除自己前进路上的一切障碍和阻挠。资产阶级民主主义各国的社会大众，开始领会到这里所发生的一切伟大的历史变动。这些因子都使得这些国家的统治阶级，对于对付中国的民族解放运动不得不采取比较复杂的态度；这尤其是当这粗暴的武力侵略的政策，显明地遭受破产的时候。以争取民族独立和国家机构民主化的斗争为基础的民族统一过程，把中国从国际政治的客体变成了国际政治的主体。

最后关于领导的资本主义国家（首先是英、美二国）的直接的经济利益，再说几句话，因为这些利益在日本侵略的新阶段中已经受到了侵犯。在过去，日本在满洲的侵略只是威胁到了英、美两国的局部利益，可是如今威胁到了英、美在中国的整个经济阵营，威胁到了英、美的整个中国市场。可是，这些列强在中国的经济利益是非常大的，如下表所示。

外国人在中国的投资

		英	美	日	法
1902年	单位：百万元	260.3	19.7	1.0	91.1
	在外国人投资总额中所占百分比（%）	33.0	2.5	0.1	11.6
1914年	单位：百万元	607.5	49.3	219.6	171.4
	在外国人投资总额中所占百分比（%）	37.7	3.1	13.6	10.7
1931年	单位：百万元	1189.2	196.8	1136.9	192.4
	在外国人投资总额中所占百分比（%）	36.7	6.1	35.1	5.9
1935年满洲不在内	单位：百万元	1000	200	500	—
	在外国人投资总额中所占百分比（%）				

注：1931年以前的材料根据 Remmer, Foreign Investments in China. 的材料。1935年的材料是根据美国的远东经济调查团的材料。我们并不对于此材料做进一步的研究，我们只是利用它以比较列强的经济地位。

所以，在外国人的在华投资当中，英国占有主要的地位。在

1931年时，外国在华投资中有37%是属于英国的；可是在1935年，英国投资所占的比重（满洲不在内）更大了——比日本大两倍，比美国要大五倍。英国全国的对外投资总额大概有6%是在中国。美国在中国的投资并不多，只占外国人在华投资总额的6%，大约占美国全部对外投资的1%。在远东各国中，美国的投资有7.5亿元到8亿元，即是占美国全部对外投资的6%。不过，在远东方面，美国投资的迅速发展是很值得我们注意的。在1912年，美国在远东的投资共有0.6亿元，到1930年差不多有10亿元，后来在1935年时，较1930年减少了2亿元到2.5亿元，这种减少大概同日本的对华侵略是有关联的。在美国对远东各国的投资中，中国占第三位，在日本和菲律宾之后。

各国在中国对外贸易中所占百分比（%）

		不列颠帝国	美国	日本	德国	法国及法属安南
1913年	出口	37	9	16	4	11
	入口	57	6	20	5	2
1929年	出口	29	14	25	2	6
	入口	35	18	25	5	2
1936年	出口	31	26	14	6	6
	入口	21	20	16	16	4

所以，在中国的对外贸易中，不列颠帝国也是占最主要的地位，但是如果光以大不列颠而论（即英国本国。——译者注），在1936年，它在中国出口中占6%，即在美、日两国之后占第三位，在进口方面所占比重为12%，即在美、日、德三国之后占第四位，同中国的贸易大概只占整个英国对外贸易的1%或2%。大不列颠的整个对外贸易有10%～15%是在远东方面（苏联除外）。中国领海内的商船吨位有2/5是英国的。在对外贸易方面，合众国所占比重的迅速发展也是足以使人注意的。在中国的出口贸易

中，美国所占的百分比从1923年的9%而增加到了1936年的26%；在中国的入口贸易中，美国所占的百分比从1913年的6%而增加到了1936年的20%。对中国的贸易大约占美国出口额的3%，占进口额的4%。同整个远东（即同日本，中国，菲律宾，英属马来，荷属印度，法属安南，暹逻，苏联的远东）的贸易1931—1935年间占美国入口的24%，占出口的15%（在1910—1914年间占入口的11%和出口的5%）。各国经济利益在地理上的分配是如此的：英国的经济利益集中在华中和华南，但是同时在华北方面也有重大的利益；然而美国的利益则差不多完全是集中在华中的。应该注意到的，就是英国银行在中国对外贸易方面和工业、铁路等方面的投资是具有领导作用的。

从这里得出怎样的结论来呢？

今天日本在中国的侵略，首先就触犯到了英国的利益。巨大的英国投资和不列颠帝国在中国的商业利益有直接被毁灭的危险。由于日本封锁中国海岸，由于日本飞机对英国财产之轰炸，英国资本家已经遭受到巨大的损失。这损失总在数千万英镑以上。日本人的占领华北，又是对英国利益一个严重的打击。同时，日本的侵略在今天就已经打击到了重大的而且日益增强的美国利益，这尤其是打击到了美国的商业利益。美国的远东贸易比英国更为重要，而且这贸易是不断在扩大着，所以中国市场之丧失，对美国更加感到痛苦。

但是在估计列强在中国的经济利益的时候，是不能以今天的经济统计为标准的。足以决定英、美对中国态度的主要经济动机就是：具有4.5亿人口的中国是最伟大的未来的潜在市场。在目前，日益扩大的生产机构经常不能全部开工，对外贸易的总额是在减缩下去，而且新的经济危机是一天复一天地接近起来。在这种情形之下，中国市场之引起英、美两国的注意，不仅是从今日的观点出发的，而且是从明日的观点出发的。1937年7月8日，英国总理大臣张伯伦发表了一篇演说，充满了关于即将爆发的经济危机的警告。他在这演说中指出，对于英国可能开辟的新市场主要就是在中国。他认为只有扩大中国市场才能阻止可能到来的"不景气"。在张伯伦发表这篇演说的日子，日本人就在卢沟桥开始了进攻，而这进攻就展开了日本对华侵略的新阶段。

中国抗战与国际关系

美国资本主义亦是从这观点来看中国问题的。美国资本主义把自己看成是最关心解决中国问题的国家，而且是最被日本的侵略和掠夺计划所牵动的国家，史汀生在自己的著作中指出，"满洲事件"特别牵动到了美国："我们对于集体信任的关心受到了打击。这打击是特别感觉得出的，因为在我们美洲刚刚有骚扰发生。"在另一处，他更写道："从遥远的历史前途来看，如果不以数十年为期来估计未来的可能性，而以数世纪为期来估计，那么很显然地，美国未来的太平洋关系的重要决定者（即使不是主要的决定者）将是居住于日本各岛的彼岸大陆上的四万万五千万中国人民。"很显然地，在新的经济危机即将到临的威胁之下，中国市场问题对于美国，其意义比对于英国绝不会减低而只有增加。

新阶段的日本侵略，给了某些英国人士的观念一个有力的打击；本来这些人以为在日本监督之下，英国的经济地位还有保住以至于扩大的可能。满洲的日本统治和华北的日本走私等经验告诉我们：日本人对于自己在外交宣传中非常漂亮地宣布的，与其他列强共同"合作"这一句话其价值如何。当然，在英国和美国，个别的资本主义集团，可以受到日本人在中国所尽的管家人的作用所诱惑的，同样也有若干资本主义集团，它们利于同日本发生经济联系（譬如，美国同日本的贸易比美国同中国的贸易大过二三倍，美国在日本的投资亦比美国在中国的投资大二三倍；英国的对日输出少于对华输出，可是从日本输入的数额却多于从中国输入的数额）。因此亦就发生了与这一类集团相适应的外交趋势。但是从大的经济利益和未来的前途看来，日本的市场当然比不上中国市场。英、美两国的统治者对于这一点是不会不知道的，更何况这些国家在中国的经济利益是同远东方面整个经济的、政治的和军事的利益的总和，不可分离地联系在一起的，也就是同整个太平洋问题连在一起。

三、列强应付日本侵略中国的政策

以上所列举的因素，都表明太平洋冲突的发展已经到了一个新阶段。自然，日本从英国方面获得援助的可能性已经失去了；因为在这新的阶段中，日本的侵略已经直接威胁到不列颠的利益了。于是就发生了最近三四年来英国远东政策中的一切变化：例如，以罗斯为首的中国经济考察团的作用，对于中国币制改革的财政援助，供给债款以从事铁路建筑，并开发在战略上极为重要的海南岛，参与中国陆、空军的军备扩充工作，不列颠帝国在太平洋战场的加紧的军事设施等。日本对中国的新的进攻和日本空军对中国平民的野蛮的轰炸，引起了全英国的抗议。抵制日货以及对日实施经济制裁的运动正在进行着；参加这运动的有英国社会上的各方面的人士，而且并不是限于在野党而已。在 1937 年 10 月 4 日的工党临时大会上，通过了一个决议案，要求对日本实施经济的和财政的封锁。但是在英国政府方面，仍旧不顾舆论的要求继续执行着非常谨慎的政策。对日妥协的趋势在英国外交路线中多少还有些反映出来。根据报纸的传闻，这种妥协的具体办法便是：英国同意让日本在满洲和华北自由活动；这种同意的交换条件便是日本需要担保英国在华中、华南的利益。

保守的英国资产阶级的反苏联倾向和阶级动机——对中国的民族革命运动的恐惧心——也常有发现。英国政府相当坚决地反对对日本施行经济制裁和经济封锁。在 1937 年 10 月的保守党临时大会上,工党的决议案《关于对日本施行经济财政制裁问题的决议案》引起了激烈的反对。保守党人的借口就是说:"工党将把英国牵入战争旋涡中去了。"1937年10月7日调整国防大臣汤麦斯。殷斯盖泼在自己的演说中亦反对经济制裁,主张"保持冷静",而1937年10月27日总理大臣张伯伦在众议院演说中,讲到当前的华盛顿《九国公约》签字国会议的任务的时候,曾经声明:"如果以关于经济制裁和应用武力的谈话来开始会议的工作,那是不聪明的。"他说首先应该"争取问题的和平解决",不要以"尚未发生的假设的情势"来分散注意力。他们反对制裁的理由是什么呢?

1. 制裁带有战争的冒险,可是英国对于战争还没有准备好,因为它(英国)的军备扩充计划还没有完成,它在太平洋上的作战可能性还不充分。

2. 英国不能从其他国家得到援助,尤其不能从美国和法国方面得到援助,法国自己的实力不能离开欧洲。

3. 阿比西尼亚的经验表示出了制裁之无效。

这些以"希望即思想的父亲"这一原则为根据的,理由都是用来为英国的对日拉拢、等待、妥协等政策做辩护。关于这些理由的错误,留待后面来说。值得注意的是,在英国的自治领,如像澳大利亚、新西兰和加拿大等地方,虽则日本侵略的威胁可以说是现实地感觉得到的,可是这里的当局方面也有极端谨慎和主张等待的趋势。这一种趋势主要是伦敦方面对侵略者的恐惧心理和伦敦方面对自治领的指使所促成的;虽则在1937年的帝国会议上已经表示出,自治领是预备以全力支持英国去保护欧洲和远东方面的"生存线"的。但是无论如何,我们不能不指出把如今与1931年和1932年相较,在英国的远东政策中,已经发生了极大的变动,而这些变动在日本侵略中国的新阶段中,是极端不利于日本的。

中国抗战与国际关系

10月5日，罗斯福在芝加哥发表的演说，表示出美国远东政策的新趋势。他在这演说中激烈地反对一般的侵略行为，尤其是反对日本的侵略行为。罗斯福曾经直接指出："现在的恐怖行为和国际间无法纪的状态"，是几年以前开端的，即从日本侵略满洲的时候开始的。不过，在罗斯福的演说中，新颖的地方并不在于他谴责了侵略者，这在他和国务卿霍尔的前几次演说中就有过了。罗斯福的演说词中，不仅谴责了侵略者，而且——这是最重要的——更号召大家采取具体行动，一致反抗侵略者，并且对于扰乱世界上90%的居民的和平自由，和安全的那10%的人口建立检疫制度。罗斯福说："当疫病蔓延起来的时候，社会上便订立一种协议，并且对于病人建立一种检疫制度，以预防全社会被传染。战争——不论正式宣战与否；也是种疫病。"罗斯福在自己的演说词中，同样也进一步放弃了美国的中立政策。他直接宣布说，中立不足以使美国免除战争；如果战争在世界的另一角爆发了，那么"希望谁也不要幻想美国还能够避免这战争，而西半球还能够不受到袭击，并且还能够安静地和平地享受文明的福利和道德"。

在罗斯福的演说发表之后，接着便发表了美国国务院的正式声明。在这声明中把日本宣布为侵略者和条约破坏者，——这在战后的美国外交实践中还是第一次。在这声明发表以前，美国派遣代表参加了国联之下的解决中日纠纷的23国委员会，而且发起召集《华盛顿条约》签字国的会议。毫无疑义地，在现阶段上，美国的社会舆论感觉到美国的和平和安全，所感受到的威胁是从采取一致行动的整个侵略阵线所发出的威胁。西班牙的德、意武装干涉和地中海的海盗行为同日本的对华侵略有显然的内部联系，法西斯的"盖史太保"（国社党秘密警察。现译"盖世太保"，下同）所雇的美国代理人的破坏行动，同日本在美国的间谍和破坏工作者之间也有内部的联系；——这些事实都极其鲜明地象征着侵略者集团给予美国的威胁。法国的陆军机关报 *Prance Miliaire* 写道："美国在不远的将来会感觉到自己处在德、日两国共同向巴拿马进攻的威胁下。"当然，远东的事件尤其侵犯到了美国的利益："自从约输·海和门户开放以后，美国在远东的传统政策是以下面一个前提为根据的，这前提就是：美国在这一区域中的利益——不论是现存的还是潜在的——是那样的重要，以至于为了维持和保护这利益，值得采取积极的外交手段；在必要时甚至值得采取积极的军事行动。"❶

在日本侵略行动的新阶段中，问题不仅在于"保护美国在远东的利益"，更在于保护美国本身的安平了（美国在现阶段内无疑是愿意保持和平的）。美国社会上逐渐有更多的人了解到，中立法这一个破烂的围屏是挡不住战争的威胁的。尤其在适应到太平洋战场上来的时候，对于日本侵略中国的战争，甚至就是中立法上的那个有名的保留条文——依照"付现购货"的原则，可以从事军事原料的贸易——都是不利于中国的。大概就是因为这缘故，所以 1937 年 9 月 14 日，罗斯福只是下令禁止某部分军火运往中、日两国，但是没有完全实施中立法，虽则中立派对此是坚决要求的。部分的禁止军火出口同样亦不利于中国，因此引起了中国政府的抗议。

在这里，顺便指出：美国是日本最大的军事原料的供给者。在 1932 年，输到日本去的军事原料有 280 万金元，可是在 1936 年便输往 1500 万金元，而在 1937 年 5 个月中便有 2200 万金元（主要是钢和铁），在 1936 年日本在美国购买飞机 100 万元，中国在美国购买的军需品——主要是飞机——在 1937 年有 800 万金元（见：*New York Time* 5.9，1937）。孤立主义者和集体安全的反对者在拥护自己的中立主张时，除了其他许多"非战主义"的理

---

❶ *Far Eastern Survey*，297. 1937。

由以外，更指出：中立法的实施，给予中国的影响并没有给予日本的那样大。但是显然地，中国比日本更需要努力改进自己的军事技术。所以，如果对于侵略者不树立一种特殊的对付办法，那么中立法的实施，在结局是有利于日本的。

远东的和平和安全，不是用中立法的途径可以建立的，而是要用反侵略的集体安全制的途径来建立的。所以罗斯福的演说词证明了美国外交政策上的重大变动。皮相的观察者不在具体的经济政治因子的相互关系中来分析，而从事于外交概念的空洞游戏；他们把1933年以后（即英国拒绝采取共同行动之后）的美国外交政策，看作放弃远东的政策。这些人说美国把远东撇开了，让菲律宾自己去决定自己的命运了……然而事实上，绝对不是这么一回事。虽则在某一部分社会人士之间，孤立的趋势是增加了，然而美国还是加强了自己在太平洋上的活动，这有以下事实足为证明：同苏联确立邦交，同中国订立白银协议，参加中国的整顿军备工作，开办横跨太平洋的伟大的航空线（旧金山—火奴鲁鲁—瓦克岛—关岛—马尼剌—中国香港—中国澳门之线，以及预定中的旧金山—火奴鲁鲁—新西兰一线）。参加中国的航空铁路建设，强烈反对日本关于海军比率的要求，最后便是罗斯福所推行的扩充海陆空军的大计划。

日本对华侵略的新阶段，使日、美间的矛盾尖锐到了极度。在美国也提出了对日实施经济制裁的问题。1937年10月中旬，在美国劳动协会的临时代表大会上，通过了一个决议案，要求对日实行经济封锁。根据报纸的消息，有关系的政府机关已经非正式地研究过经济制裁的可能性问题。关于美国国内的反日情绪、反集体安全制的影响的扩大，可以把舆论研究所的统计材料作为说明。在10月初，该研究所的600名调查员所访问过的无数人中有59%支持中国，1%支持日本和40%的人主张中立。赞成对日抵制的有37%。可是在六个星期之前，还有55%的被访问者是主张中立的。

当然,我们不能太轻视了孤立派的力量,他们如今正在向罗斯福的演说下总攻击呢。同时,我们也不能把这演讲的实践意义估计得太高了。不过,有一点是无可怀疑的:在美国的外交政策中已经发生了变动(这是苏联和平政策的影响日益扩大的反映,也是苏联的和平不可分割和集体安全制的纲领得到国际间公认的反映);这变动增加了全世界和平拥护者的力量,并且表明日本关于美国将采取消极行动的打算是弄错了。在日本帝国主义的外交赌博中,这打算本来是一种重要的本钱。

日本侵略主义者和他们的欧洲方面的同盟者,企图把法国从太平洋的国际政治因素中拉开来。他们估计法国因为忙于应付欧洲事件,而且经常在法西斯的德意志威胁之下,没有空暇顾及远东的事情。可是,他们这种估计又失算了。大家知道,法国在太平洋方面拥有不少利益,而且日本对中国的新的侵略行动,日本占领者的侵犯海南岛,对于中国南海的侵略计划,对中国南部各大城市的轰炸,——这些事实都使得日本的侵略地带直接接近于法国的利益范围,尤其是直接要接触到安南了。今年8月间,法国银行给了中国一大笔信用贷款以发展中法商业。这当然不是一件偶然的事情。

不用说,在法国的外交界,也有不少人主张对远东问题采取不干涉政策,反对法国在远东采取积极行动,甚至也反对英国在这方面采取积极行动;这些人认为,远东事件可以分散英国对西欧的注意力,因而在德国对法实行袭击的时候,使法国减少了一个同盟者。但是,如果法国是愿意保持和平的,那么为了它的真实的利益,就应该对于任何地方所发生的侵略行为,都给予集体的打击。如果法国能够逐渐领略到:在这一区域对侵略者做了让步,也就是使另一区域的侵略者增加了自己的势力,同时如果在欧洲方面的外交路线能够更坚决而且直接地走向集体安全制的路上来，那么法国的意义和威信，不仅在欧洲方面，而且在远东方面也要扩大起来的。总之，英国的政府要人是在推诿说，英国不能采取积极行动以反对日本的侵略，因为它得不到美、法双方面的支持；同样美国的孤立派也说，美国也不能采取积极行动，因为美国不能取得英法的支持……其实这都是互相推诿的说法。毫无疑义地，因为法国是比较需要集体安全制的一个国家，所以它是巩固远东和平的一个潜在的重要因素。

既然日本的侵略行动，在它的新阶段中是直接地威胁到了美国和不列颠帝国，那么英、美接近和英、美合作的趋势，自然是增强起来了。虽则有许多最重大的世界矛盾，分裂了这两个资本主义强国，可是上面所说的英、美合作的趋势，是逐渐更明确地表现出来了。在一方面，成为世界和平的有力支持者的苏联是在发达和巩固起来；在另一方面，是成立了企图重新分割世界的法西斯侵略者的三角同盟（这个重新分割世界的计划，首先就要侵犯到苏联、不列颠帝国、法国和美国）——这事实就决定了国际舞台上实力的更动和重新结合。一方面，有侵略国集团存在；在另一方面，又因为各种不同的原因，而都愿意保持现状和维持和平的国家存在——外交战的基本的分界，就是沿着这条路线划分开来的英、美合作的趋势，表现在最近的不少事实中，这就是：缓和金镑和美金的相互斗争的货币协议，关于谋取造舰计划的一致和共同抵抗日本的海军比率要求的海军协议，经济谈判［其中有一部分是牵涉到英国相当放弃哇太华（现译"渥太华"，下同）会议的优先关税制问题的］，航空合作和太平洋上英、美航空线的衔接等。菲律宾的独立，在某种限度内是把抵御日本侵略行动的菲律宾防御问题，从单纯的美国问题，而变成了英、美两国的共同问题。所以菲律宾的独立，绝不能解释为美国之退出西太平洋，而是英、美两国在这一方面谋取相当合作的一种步骤。据外国报纸的报告，在英、美两国之间，关于在远东方面如何进行合作的具体问题，已经进行过谈判；据 Nation 杂志的报道，因为有发生对日经济制裁的可能前途，在美国政界已经郑重地讨论过英、美舰队合作的问题。又据 Nation 的报道，美国海军部认为英、美两国海军的共同力量，凭借这两个国家在太平洋上的根据地，有可能对日本施行封锁。不管此种英、美合作的前提，已经成熟到了什么程度，在美国方面，大家的确已经了解到，今朝侵略者直接对付英、法两国的威胁，到明朝不免就要输到美国身上来的。赖蒙特鼻逸尔在英国皇家国际研究所关于"英美能否接近"的问题做了一个报告。在这报告中说：

"逐渐有更广大的美国人似乎已经深信，如果法西斯蒂国家和日本能够在欧洲和东方建立起自己的统治，那么这些国家不免又要把自己的目光移向西半球——拉丁美洲、加勒比海，甚至坎拿大（现译"加拿大"，下同）——去了，这样就要侵犯到美国的切身利益了。从这观点看来，不列颠帝国（法国较次）是北美的第一道防线，如果这一道防线被冲破了，那么如今那些只是抽象地反对战争的美国人，将把要求美国参战当作自卫手段看待了。"❶

当然，要使英、美合作有利于和平，还得使这种合作是建立在各国集体安全制的原则上的，如果这合作是建立在某些反动的英国政治家所提出的原则上的，那么这合作还是无补于和平事业的。不过，只要有英、美合作的趋势存在，也就足以证明太平洋强国的日本的孤立程度了。

四、日本的孤立与中国抗战前途

日本的外交宣传企图掩饰日本孤立的事实，而把最近期间日

---

❶ *International Affairs* No. Ⅰ, 1937.

本对华侵略期内所成立的德、日和意、日的"亲善"作为证明。日本天皇因为这次柏林方面对日本皇弟秩父宫举行了热烈的欢迎，所以打了一个谢电给希特勒。据东京报纸消息，在德、日商行之间，关于以德国机械供应日本军事工业的事情又有许多新的巨额交易成立。据同一报纸消息，希特勒和墨索里尼已经决定召回中国军队中的航空军事顾问。日本的大臣们向墨索里尼表示过谢意。因为墨索里尼在1937年10月6日，在Popolo d'Italia发表了一篇论文，对日本的侵略行为表示过同情，而且曾经称这种侵略是"自卫手段"。日本军人的兽行和野蛮，以及日本外交界之厚颜无耻，例如称中国为……"侵略者"，引起了全世界的厌恶和愤慨；可是得到了法西斯蒂的海盗和外交家的赞赏。1937年11月6日，德、日、意三国之间，在罗马订立了三国《防共公约》。的确法西斯蒂的德国和法西斯的意大利，不仅在口头上帮助日本的侵略行为，而且在事实上帮助了它；如像日本军人之帮助德、意对西班牙的侵略一样。对于这一点是没有人会怀疑的。在中国的侵略行为和在西班牙的武装干涉——这是《日德条约》和《德意条约》实际应用，是侵略者的三角同盟的实际行动。

　　然而恰正就是在这个实际行动中，侵略者的"轴心"就发现了自己的一切内部的裂痕、矛盾和弱点。此中的实例之一，便是日、德的合作使德国资本在中国的经济利益受到了打击；而德国在中国的经济利益是相当重大的。不错，1931年德国在中国的投资要比1914年少到三倍，只有8700万元，可是德国在中国对外贸易中所占的比重是要比世界大战前高出许多，尤其德国在中国进口中所占比重是要比战前增加三倍有余。德国在中国对外贸易中，在美、日两国之后，占到第三位。近年来，德国的资本也想侵入中国的铁路建设、航空事业和军事工业中去。过去，在1936年夏秋季之间，据外国报纸上的消息，中、德两国对于中国原料和德国制造品之交换，曾经成立过一亿中国银圆的大交易。在

1936年年底，德国的奥督·伏尔甫和泛林尼脱·史带威克这两家商行，曾经同中国订结了四千万华币的铁路建设借款的条约，在新阶段中的日、德"亲善"使德国的某几个资本集团在中国的利益感受到了威胁，同样，它们想深入中国市场（未来的潜势力最大的市场）的打算也遭受到了威胁。因为这关系，或者更因于德国资本家之间，对于援助日本侵略的外交政策有反对派存在的缘故，所以在外国报纸中流传着一种消息，说法西斯蒂的德国对于日本侵略中国的行动是保持否定的态度的。有人指出，德国所感兴趣的只是日本侵略行动中的反苏联倾向，因于日本之深入中国，德国非常担忧日本对于苏联远东边境的压力将削弱了。然而在事实上完全不是这么一回事。法西斯蒂的独裁为了德、日集团的政策，为了冒险政策，为了共同发动新的世界大战的政策，是把德国资产阶级的某些个别集团的经济利益作为牺牲品了。Neue Zürieher Zeitung对于德、意两国的态度曾经作如下估计："到现今为止，德国和意国都是故意替日本对中国的攻击，替日本的战争方法，找寻——而且已经找寻到了——各种各样的辩护理由，这理由或者就是广泛无限的反'赤'斗争的概念，或者简直就是主张强权，以日本的黩武国家对于积弱的中国的胜利来确定纯粹暴力的原则。这样也就可以巩固法西斯蒂的和国社主义的侵略思想，就可以用历史的实例来证实这些思想，因此也就可以影响到欧洲事变的发展。而且太平洋上的继续不断的、日益发展的紧张状态，差不多可以把大不列颠的全部军事实力束缚在东亚洋面上，这样就可以替意大利在地中海上造成了种种有利的条件，替德国也造成了自由行动的机会，使后者可以为自己的特殊利益而活动。"❶

德国对于远东事件的论调，对于罗斯福演说的激烈批评，以

---

❶ *Neue Zürieher Zeitung* 7. X, 1937.

及其他事情都是十分明确地说明了德、意法西主义对于日本侵略行为的援助，以及欧洲的战争挑拨者的打算。上面所引的对于日本侵略行为的趋向的估计也是没有根据的，德国和意国的法西主义，所以支持日本在中国的冒险行动，正因为这冒险行动是挑拨世界大战和反苏联战争的一部分工作。法西斯蒂的报纸把日本占领华北五省，看作将来反苏联战争时的后方的必要保证。关于这一点，日本的军人对于自己的欧洲的同盟者曾经给了相当的诺言的，例如，日本军人的一个代表在同 Manchester Guardian 报的驻东京访员的谈话中曾经说过：

"因为华北政治机构的变动和亲善的蒙古自治国的可能出现，我们的对苏作战的左翼是大大地增强了，——这也是极重要的事情。"❶

德国的报纸高兴地报告着一则新闻，据说在对华作战的掩护之下，日本差不多把自己的陆军完全开拔在亚洲大陆方面了。据说日本的大批的，而且是最精锐的军队，恰正是安排在满洲方面的，即安排在苏联边境方面的。日本军人所打算的闪电般的迅速短促的战争是没有成功，中国人民是联合起来同日本占领者作殊死战了。——这些事实当然打破了德、日双方的预定计划，引起两方面的极大恐慌，加深了侵略者集团中的内部矛盾和弱点。

毫无疑义地，日本有欧洲方面的法西斯蒂侵略者可以作为朋友，然而这还是不足以否定日本处于外交孤立状态中的事实。在资本主义世界的最主要的强国之间，日本是孤立的，然而只有这些国家才能给日本以必要的财政的、经济的和其他种种必要的援助。法西斯蒂的德国和法西斯蒂的意国是军事原料极感贫乏的国家，这两个国家在准备战争和进行战争的当中，消耗了自己的一切财源。所以这两个国家，不能对日本供给怎样有力的财政经济

---

❶ Manchester Guardian 28. IX 1937.

援助。地理上的隔离使得军事技术上的合作也很困难，至于直接的出兵援助更谈不上了。同样，德、意两国在太平洋战场上也没有任何海军或空军的根据地，足以供给日本利用。德、意所能给予日本的唯一援助，就是在世界上不同的地域，共同挑拨战争。这一个事实——世界各地的战争发动者之间的不可分离相互联系——正足以警告一切爱好和平的国家：战争的危险是如何重大，而苏联所提出的和平"不可分割"的纲领，又是如何的正确；这样也就是加强了日本的外交孤立。

日本在太平洋上的战略地位，也是大大地改观了。第一，如同以上所指出的一样，从苏联国防的观点来看，它的极东方面的情形是根本改变过了。*Foreign Affairs* 载道：

"苏维埃俄罗斯以一等军事强国的姿态，重新出现于太平洋上。在华盛顿会议的时候，它还没有被其他列强所承认，它不是这会议的参加者，它也没有签订《华盛顿条约》。但是从1931年起，苏联就在远东建立了最强大的军队。它建立了世界上最强大的空军……而且这些成就都是以最惊人的工业的进步为基础的。同时工业化的进步也不仅存在于欧洲部分的俄罗斯，而且也存在于苏联的远东。换句话说，如今俄罗斯是以武装齐备的姿态，完全回到太平洋上来了。除此以外，俄罗斯更拥有广大的工业富源，如今日本比任何时期更应该把苏联当作太平洋舞台上的因素看待。"❶

第二，在这里必须指出，英国武装的迅速发展，已及澳洲。新西兰和加拿大的武装的迅速发展。新加坡军港之完工，投放大批资本以扩大并巩固香港，并且企图把香港变为新加坡第二。在澳洲和新西兰以及太平洋上其他的不列颠领土上建立许多新的根据地。最后就是在英国积极参与之下进行的荷属东印度的防御力

---

❶ *Foreign Affairs* No. Ⅰ, 1937.

之增加。——这些都足以证明，英国地位之增强，以及它对于防御日本侵略行为的重大准备。包括一百艘军舰——内中有五艘战斗舰——的英国太平洋大舰队的建造计划，将要更激烈地改变势力的对比，而这改变是大不利于日本的。

第三，必须指出美国的大规模扩充军备。在建造中的军舰有一百艘以上；而且美国大概不愿意放弃对日本舰队维持5∶3的比例（英国也是如此。在英国，建造中的军舰有148艘）。在最近期内，把某种空军建造计划完成之后，美国的空军将有第一线的飞机4200架。因为日本之破坏《华盛顿条约》，美国已经开始巩固阿留申安群岛、关岛和菲律宾根据地的防御。

第四，使日本的战略地位恶化的重要因素（诚如德国报纸所指出的一样），还有预定中的，而且局部地已经实现的，美、英、荷三国在南海区域中，以及一般太平洋战场上的合作。

在这里，对于经济制裁问题也稍稍说几句。反对经济制裁的人（尤其是在英国）特别强调的理由，便是说远东方面的战略形势是极不顺利的，或是说，如果日本以战争回答制裁的时候，英国没有充分的力量足以防御日本。从上面所叙述过的形势中，我们可以看出，这些理由都是非常勉强的。不论在军事方面，抑或是财政经济的富源方面，英、美两国对日本占有决定的优势；所以连那些发了狂的日本军人，都不敢向英、美双方同时挑衅。

至于说到经济制裁的效力问题，那么把阿比西尼亚作前例，或是说日本根据"阿比西尼亚事件"的经验，已经充分地预备好了对付制裁危险的手段等说法都是不值批评的。阿比西尼亚的经验是不足为凭的。因为对付意大利的制裁在实施的时候是缺乏自信而且并不彻底的（尤其没有实施有效的煤油制裁），同样也因为战争出乎意外地太短促了。制裁是给了意国很大影响的。如果军事行动能够继续下去的话，制裁是能够起应尽的作用的。关于这些我们在意军总司令巴独里奥的书里面就可以看得出来的。在这本书里,他叙述着墨索里尼是如何热狂般催促他,又如何在制裁未生效力之前企图迅速终结阿比西尼亚战争。日本在中国的战争是一个长期的拖延时间的战争,关于这一点是任何谁也没有怀疑的。充分彻底地执行的制裁,更由于日本经济的独特的特殊性,可以非常有力地影响到日本。大家知道,日本的财源是非常贫乏的。日本没有充分的军事原料;尤其是煤油、棉花、铁、锡、镍、水银、树胶、羊毛、铁矾土、锑、钼、钒麻、锌、铅和其他许多重要物质,主要是依赖入口货的。只要有三个国度——英、美、荷属东印度——能够实施对日制裁,就可以给日本严重的打击。这三个国度占日本输入品总额2/3以上,和输出总额的2/3左右。日本从这三个国度,差不多输入90%的煤油、85%的棉花、70%的树胶、75%的磷酸盐、100%的羊毛、70%的铅、85%的锌、75%的锡、70%的铁、80%的铝和其他等,这三个国度占日本2/3的出口货,所以这三个国度如果不购进日本货,那么这损失是不可弥补的,而且将使日本失去了购买原料军火及在国外市场上活动所必需的财源。这怪不得日本对于实施经济制裁的可能性的争辩是那么提心吊胆地注意着,而对于国外的对日抵制运动,又是那样痛苦地反应着。

我们在一方面,指出了在对华侵略的新阶段上,日本外交形势和作战形势的无疑恶化,在另一方面,不能不指出中国外交形势比较日本侵略的前一时期中的改善。中国外交形势改善的最重要的因素,便是对于苏联的"亲善"和1937年8月21日,即在日本侵略最疯狂的期间,《中苏互不侵犯条约》的签订。这个互不侵犯条约是以维持和平和保证集体安全制的原则为基础的;它显示出苏联各个民族对于争取自身独立的伟大的中国人民的友谊的同情。

中国人民为了争取自己的独立和反对新的世界大战的一个主要发动者而斗争。正因如此,所以中国人民不只是为了自己的事业而斗争，同时也为了全体进步人类的事业，为了民主和和平而斗争。这保证了各国的劳动大众和全世界上的和平友人的援助。

至于说到关心和平的各列强对中国的态度，我们在上面对于这些列强的态度的分析中，指出了近年来各国列强的远东政策中所发生的许多重要变动，这些变动，无论如何不是有利于日本的。

但是，虽然日本侵略行为的新阶段对这些列强造成了严重的直接的威胁，然而同侵略者拉拢的政策，仍旧继续存在着。这政策首先是英国推行的。英国想以牺牲中国来促成对日本的妥协。1937年10月3日开幕的华盛顿九国公约签字国的布鲁塞尔会议，显明地表示出这政策已经走到绝路上去了，因为苏联之参与使这会议没有变成侵略者的工具，没有变成掩护日本侵略行动的屏障。这会议驳斥了日本破坏《九国公约》的行为和日本在中国的劫掠，这会议否定了日本军人的可笑的论据；这论据就是说：《九国公约》已经不能成立了，因为这公约已经……被日本的刺刀撕碎了。日本之拒绝参加会议，也就是象征着日本在太平洋上的孤立。不过，等到提起制裁侵略者的具体办法的时候，资本主义列强却又觉得还是不声不响地结束了这会议吧。只有苏联一国表示了明确的、鲜明的反抗侵略者和拥护中国民族的态度，而且更声明道，凡是足以促成关心远东和平的各列强的一致有效行动的任何具体建议，苏联都愿意给予支持。

日本的侵略者梦想着依照西班牙的前例，在中国重演"不干涉"的滑稽剧，即是梦想着照西班牙的前例，以封锁中国人民来代替对日经济封锁。为了全体和平的利益（这事情如今有极重要的部分要在中国求得解决），要使得中国不再重复"不干涉"的把戏，而且要使得中国人民在为了自己的公正的事业，为了自己的独立而斗争，从事反对侵略和战争的黑暗势力的时候，应该给他们（中国人民）全部支持和同情。

中国军队反对日本占领者的四个月作战的事实告诉大家，日本帝国主义者虽则以巨大的兵力和机械军器开进了中国北部，可是将要遭受到紧张的抵抗。由于亲日分子的出卖和反叛，日本军人占领了重要的战术的和经济的中心，日军可是也遭受了重大的失败，这主要是八路军赐给他们的。游击队在日军占领的后方发动了大规模的活动。八路军俘虏了数千名日本士兵和军官，这证明中国军队在军纪和政治觉悟方面都远胜于日本军队之上，这对于中国抗战前途是具有重大意义的。

中国抗战与国际关系

青年的理论研究问题[*]

抗战的巨浪不仅把千百万青年卷进了民族解放的实践工作；而且引起了千百万青年对理论研究的兴趣。一般青年对于理论研究的兴趣可以说是空前的，他们的理论水平和政治认识比十余年前大革命时代的情形已经进步很多。如果说"没有革命的理论便没有革命的实践"，那么有了充实的理论，将使我们的民族解放运动更能有声有色地展开，而且能迅速达到最后胜利的阶段。所以，青年对于理论研究的兴趣也可以说是此次抗战中的一大进步。

但是在这进步的现象中，同时也发现了两种缺陷。

第一，有些青年对于理论的研究，已变成了脱离实践工作的学院式的研究。他们往往非常热心于读书会，研究型的活动，而忘记了民族解放的日常工作。这样不仅是忘记了我们研究革命理论的终极目的，而且就是对于理论研究的本身而说，也不是妥善的方法。因为革命的理论是实践的反映，也可以说是实践中的产物。离开了实践而去研究理论，结果对于理论是一定不能有透彻的理解的。我们看到有不少脱离了革命的实践而研究革命理论的学者教授们。他们对于社会科学的经典和掌故是背得烂熟的，然而他们的知识对于革命的实践很少——或者完全没有——什么帮助。不仅如此，这些脱离了实践工作的学院式的研究者，对于革

---

[*] 本文署名孙一洲，原载《青年大众》，1938，1（3）。

命理论的见解往往是错误的。他们的歪曲理论往往给了革命的实践很不好的影响。当然，我们的民族解放运动不需要这样的学院式的理论家。

第二，因为现在有些青年对革命理论的研究有脱离实践的学院式的倾向，这对他们的研究程序和书籍的选择上都产生了影响。好些人以为，辩证唯物论是科学社会主义的基本方法学，所以他们的理论研究也便从这里开始。我在杂志上看到一篇指导青年理论研究的文章，它为青年们开了一大批书单，而这书单也便是从辩证唯物论开始的。我敢担保，如果一个对于社会科学理论并无修养的人依照了这样的程序去研究，结果就是不使他的研究胃口完全丧失，也将使他的功夫完全白费。固然，辩证唯物论是科学社会主义理论的基本方法。然而唯其如此，所以辩证唯物论也是一切社会科学著作中最难理解的一门。一个对于社会历史尤其是革命运动史不曾有过初步的研究，对于社会的发展历史和现社会的机构没有一个基本的概念，对于社会运动毫无经验，甚至对于普通人生虚世的经验尚很缺乏的青年，要从辩证唯物论开始他的理论研究，他必然是毫无所得的。

所以，我以为一个初学的青年开始理论研究的时候，应该先注重于一切实际政治问题的研究——如抗战形势和一般时事的分析，持久抗战和统一战线的检讨等。然后再进一步研究近代中外历史（尤其是革命运动史）、社会发展史、政治经济学等。等到对于以上各种学说有了一个基本概念之后，才能开始研究辩证唯物论。要等到把握住了辩证唯物论的基本方法，然后再回过头来对于上述各项科学做个别的深入的研究。这种由具体问题的研究而逐渐进入抽象理论的研究，才是初学者研究理论的正确道路。

总之，我们对于目前一般青年热心于理论研究的倾向当然认为是好现象。但是，第一，我们应反对脱离了实践的学院式的研究；第二，我们应反对从辩证唯物论开始的研究程序。

武汉失守以后[*]

中国最后一个军事、政治、经济、交通、文化的中心——武汉三镇——又告失守了。中国不能在保持武汉的条件下，把抗战转入第二阶段，这当然是中国抗战的一种损失。然而这损失不是意外的，也不是不可补救的。武汉的失守是早在意料中的。

武汉的失守绝不会影响到长期抗战的继续，而只是证明了中国还不能阻止敌人的进攻，还不能立即转入抗战的第二阶段——双方势均力敌的相持阶段。

然而保卫武汉的第三期抗战和此次中国军队从武汉的撤退已经为争取抗战第二阶段的到来奠定了巩固的基础。

我们不能否认日本对于这次武汉的陷落是抱着极大希望的。尤其是在武汉失守之前，日军乘慕尼黑会议后国际形势之逆转和华南方面防务之空虚。在大亚湾登陆，于旬日以内，由淡水攻惠阳、博罗直下广州。同时更在政治上勾结国际间的和中国国内的妥协势力，策动所谓"和平"运动；在"反共""反蒋"的口号之下，破坏中国内部的团结，摧毁中国的抗战基础。换句话说，日本想以政治阴谋的手腕达到它的速战速决的目的。日军的进攻华南，主要的就是想增强武汉失陷时对于中国抗战的精神上的打击（当日军进攻华南时，武汉已在危急中）。

当广州失陷的前后，日本的政治阴谋似乎是收了些成效。当

---

[*] 本文署名孙一洲，原载《译报周刊》，1938，1（4）。

时谣言很多，到处人心惶惶。有的说英法对日已有谅解；有的说中国内部已发生裂痕。好像武汉一失，抗战就要结束似的。可是中国军队从武汉撤退了（而且撤退得似乎比我们所预料的还早一些），而日本军阀所祈望的一切反都流产了。满天阴霾从此一扫而空，人心倒反安定了些，抗战又以更稳重的脚步向前迈进着，日本方面早先安排好的一个政治阴谋又烟消云散地失败了。就以这一点而论，也不能不说是中国抗战的一个大胜利。

武汉失守以后

这胜利是以抗战发动后 16 个月以来，一切政治的和军事的进步为基础的。如果没有这些进步，那么随着全国最后一个大都市的失陷而来的内部动摇以及对于抗战的打击必然是非常严重，甚至会使中国无法克服此难关。

这 16 个月以来的一切进步也在这次武汉的撤退工作中显著地表现出来。过去淞沪的撤兵以及首都和徐州的放弃，虽然都是在中国军事当局的预定计划中的，然而从没有这次武汉撤退时那样从容和有秩序。虽则过去在京沪和徐州的大战中，日本也不会达到击溃中国主力军的目的，然而中国方面在撤退时所遭受的兵员辎重的损失还是很大的。但是在这次武汉会战中，中国却能预先以武汉的物资和人力有计划地移向内地。当日军还未侵入武汉边缘，而此种侵入已绝对无法避免的时候，中国军队便由武汉安全地退出了。当日军追踪而来的时候，一切可用的物资和人力早被中国军队所带走或毁坏了。

胜利地进兵固然不容易，但要这样胜利地撤兵，更不是容易的事情。所以不论从政治上说亦好，抑是军事上说也好，武汉撤兵的本身就不能不算是我们的一种新的胜利。

其次，即以保卫武汉的第三期抗战的经过而论，中国方面的进步也是远胜于第一、第二两期的抗战。

以兵力的消耗而言，在过去第一、第二期作战中，即中日战争开始后，最初 10 个月间，日军方面的死伤总数有 40 万人；可是在第三期作战中,即保卫武汉的5个月英勇斗争中,日军的消耗也有35万左右。在最初10个月中,中国和日本的死伤数是1与3的比例;可是自从第三期抗战开始以后,就逐渐改为1与1之比了。

以日军占领的中国土地面积而论,日军在一、二期抗战中,占领了冀、察、绥、晋、鲁、苏六省和浙、豫、皖三省的一部分。可是在第三期抗战中,日军只是占领了沿长江的一条狭道和广东省的一角而已。同时中国在第二期抗战之末和整个第三期抗战的时期,中国军队又在日军占领区的后方收复了许多失地,在那里建立了许多抗日政权。这里主要的有冀察晋边区政府,冀中、冀东、冀南的区域,晋东南若干县份,苏北、皖南和鲁省的一部分地方。更重要的是抗日游击队的活动在这时期中已侵入了热河、察哈尔等东北伪政权势力所统治的地方。这种在敌后方展开游击运动的工作在下一期抗战中将占到更重要的地位。

此外在第三期抗战中,中国方面在政治上也有重要的改进,如统一战线的巩固,政治的民主化等。尤其是国民参政会的成立,可以说是第三期抗战中的一个最重要的收获。

在经济上,中国抗战虽然已经延长了16个月,但中国的财政基础在最近却是更巩固了。对外贸易的发展,巨额的出超,外汇统治后法币基础的巩固等——这些都是中国经济政策成功的重要证明。

中国第三期抗战中所获得的这些胜利,尤其是武汉退兵的成功使一切悲观主义者、失败论者的胆子壮了起来,削弱了妥协者的社会基础,使他们失去了妥协的借口,也就是使日本军阀想以政治阴谋达到速战速决的计划遭了打击。

中国军队不待日军攻入武汉的最后一条防线,便以敏捷的行动退到了更有利的新的阵地,准备给日军以更大的消耗实力的机会。这也是无形中告诉了妥协论者:你们不必那样高兴吧!我们正在准备更有力的抵抗哩。武汉的撤兵等于是对那些热衷于调停的妥协论者的头上泼了一盆冷水，于是他们不得不暂时偃旗息鼓另谋出路了。

揭露日本的一切政治阴谋，肃清中国内部的动摇妥协分子，在新的阵地上阻止日军的前进，使抗战迅速转入第二阶段——这是摆在全中国人民面前的一个基本任务。

要完成这一基本任务的条件是已经具备了的。

第一，根据过去16个月的经验，我们相信抗战前途是可以乐观的。从最近全国舆论界对于妥协运动的一致反对声中，我们可以知道，坚持抗战到底、巩固统一战线已成了最大多数人民的共识。谁想来动摇抗战，分裂统一战线，或破坏最高领袖的威信，谁就会遭受全国人民的唾骂。因为大家都知道，只有扩大并巩固民族的统一战线才能争取到抗战的最后胜利，同时也只有继续坚持抗战才能使民族更趋于统一团结。全国人民的这种一致的普遍的觉悟正是预示着中华民族的光荣前途。

第二，根据中日双方的现在的实力对比，我们也相信完成上述的基本任务是可能的。

现在日军在华北五省的有11个师团，30余万兵力，在长江两岸的有22个师团以上，60万兵力。在华南上陆的兵力，最初只五六万名。但现在占领区域扩大，防线延长，粤省军队已在北江和西江的新阵地上站定，在陆军和中央军协助之下将给进攻日军以还击，同时粤省民众武装已开始活动。所以日军要想保持这块便宜得来的占领区，或再向前进攻，那么至少要把这里的兵力增多2~3倍。据陈诚将军估计，目下日军在中国境内作战的部队至少已在百万以上。日本全国动员的最高额不过300多万，能立刻动员作战的不过150万左右。所以目前战局几乎已经动员了日本的全部兵力，这怪不得日军在华北竟不能抽出4万人以上的部队去进占风陵渡和垣曲或回攻冀察晋边区了。现在中国主力军已

武汉失守以后

从武汉退到离长江较远的内地去，日本海军已不能从长江中发施它的威力了。如果光靠陆军向内地深入进攻，则牺牲将更巨大，所需兵力也更多。换句话说，日军的战略进攻将到达最高限度，过此则不能再前进了。所以目前中国方面应在各地发展大规模的游击战，牵制日军，使后者不能抽调大军做战略上的进攻。在这大规模的游击战争中，中国应尽量消耗日军，培养自己的实力，使得根本改变中日双方的实力对比。一待时机到来，就可以大举反攻，把侵略者驱逐出中国领土。

我们的估计并非过分乐观的空想，否则就无从说明日本军何以如此不能忘情于和平阴谋的缘故了。板垣所说的"不辞打到重庆昆明去"的话只是嘴硬骨头酥的恐吓而已！

展开全面战争[*]

据20日报载路透社重庆电："中国最高军事当局现遣劲旅分入各沦陷区域，在日军后方做大规模之攻击。俟华军抵其目的地后，此项总攻击即将开始云。"同日报纸又向读者报告华军攻入广州近郊以及在豫皖晋绥日军占领区后方华军胜利消息。这些消息象征着中国抗战的一个新局面就快到临了。

从抗战的整个局势而论，中国在主要战场的华中区还未能阻止日军的前进，但是日军的进攻已是非常艰苦。自日军攻入徐州到华军自动放弃武汉为止，日军只是占领了长江两岸的一条线。现在日军主力又沿粤汉路一条线继续向南进攻，但遭遇的困难是更多了。前锋刚到岳阳，后方咸宁崇阳一带又屡次被华军切断。到目前为止，日军仍停滞在岳阳以南二三十里的地方。至于华北方面，在武汉陷落前数月间，日军进攻即已终止，而且华方流动部队已在这时期内克服许多地区。在华南方面日军自大亚湾登陆以后，在旬日间曾连陷淡水、惠阳、博罗、增城、广州等重要城市。但是，日军的这种廉价的胜利只是招致了近日间的空前的溃退。从大体上说，日军的战略的进攻还未终止，但是离这终止点是已经不远了，目前中国方面的战略任务就是在完全终止日军的战略进攻，先在全国各地的战场上争取到一个相持局面的形成，以做反攻准备。换句话说，目前的任务就是在争取抗战第二阶段

---

[*] 本文署名孙一洲，原载《译报周刊》，1938，1（7）。

的到来。

但是，我们早已说过，要阻止日军的战略的进攻，其责任不仅在中国正面作战部队的堵截，而且更在被占领区域内的流动部队的游击战争。广大被占领区域内的游击战争，虽然是抗战第二阶段的主要战争形态，但在争取抗战第一阶段转入第二阶段的过渡期中，游击战争的重要性也已经比较抗战初期增加了许多。为什么中国失去了这许多地区而抗战的前途非但不令人悲观，而且反使人觉得更接近于最后胜利的时期呢？唯一的理由便是中国已经用空间换得了时间。日本已经因点和线的占领而陷入了中国的全面抗战的火坑中。如果中国不能在广大被占领区域中发动普遍的游击战争，使日军仍能集中主要兵力用于战略进攻，那么中国所已经失陷的地域只是白白失掉的。中国即使也把自己的主力集中在正面前线以抵抗日军，其结果也必然失利。

蒋介石说明中国军队的放弃武汉是为了"放弃核心而着重于全面之战争……使我军作战转入主动有利之地"。蒋介石又曾以抗战一贯方针昭示全国同胞："所谓一贯之方针者，一曰持久抗战，二曰全面战争，三曰争取主动。"日军愿意同中国作点和线的争夺，愿意在这争夺中歼灭中国的主力。这是日军的主动。中国要避免这种点和线的争夺，避免主力的决战，争取自己的主动，便只有扩大全面的战争。所谓全面战争也便是被占领区域内广大的游击战争的展开。中国只有发动了全面抗战争取到了主动地位以后，才能坚持持久抗战；也只有持久抗战才能达到最后胜利，完成民族解放战争的任务。

发动全面的游击战争和取得主动的地位，虽然是早已定下的方针，但这任务在全国范围内，尤其是在东南各省，似乎还没有很理想地完成。

现在中国军事当局已经遣派劲旅到各沦陷区域中去。这举动当然是为了实现最高领袖所昭示的上面三个基本方针。我们相信这些劲旅开入各沦陷区之后，将能领导沦陷区人民展开广大的游击战，实现全面战争的方针。为了这些部队能顺利地完成这任务起见，我们有两点意见贡献。

第一，脱离了国家总后方，深入敌人占领区的部队，他们的唯一的依赖者便是广大沦陷区的人民。这些部队能否顺利地完成自己的任务，就要看他们能否同沦陷区人民建立良好的关系。部队在沦陷区域中不仅应该做到"不扰民"就算满足，而且一定要能够同人民打成一片，成为人民的保护者。部队能保护人民，人民也就能拥护部队。这样的部队在沦陷区域中将如栽在沃地中的种苗一样，很快地繁殖起来，成为广大的游击战争的领导者。否则，这部队将如栽在沙漠中的嫩芽，经不起烈日一晒，便要枯萎而死的。

展开全面战争

第二，在沦陷区域中的部队不仅应该注意对人民的关系，而且应该注意各武装部队间的相互关系。如今在沦陷区域中的武装部队并不是没有，在许多地方而且是很多的。但他们往往相互间因于宗派的成见，或因于过分重视了小我的利益，以致不能精诚团结，甚至相互倾轧，减少了整个民族的抗战实力，为日军造成了各个击破的机会。

蒋介石的告全国国民书中，特别指出中国抗战的革命意义。而巩固内部的统一和动员广大人民的参加便正是一切革命战争的基本特点。

向上海文艺界呼吁[*]

今天中国的抗战是全面抗战——很多人早已如此指出过,蒋委员长在武汉失陷后的《告全国国民书》中更明确地向我们如此昭示着。所谓全面战争,不仅是指军事方面的普遍发动敌后方的游击战争,并且指军事以外的财政经济上的、政治上的以及文化上的普遍动员而说。在全面抗战之下,不论你是金融家抑是经济家,是实业家抑是劳动者,是文化人抑是非文化人——你们同前线的将士只有所站的岗位的不同,却没有基本任务的不同。这是在争取民族解放的总任务之下的分工合作,相互间有着密切的联系,某一岗位上的工作成绩的好坏可以影响到抗战全局,也可以影响到其他岗位上的工作成绩。尤其在文化界内部各部门之间,互相的关系更密切。在这里,不仅有互相督促和互相指正的权利,而且有这样的义务。

因此,作者本人虽则不是一个文艺作者,但以同一文化战线上一分子的资格,也想向文艺岗位上的战友们说几句外行话。

在上海文艺界方面关于"鲁迅风"问题的论争已经延长了一个半月之久,关于这论争的文章已经发表有数十篇之多。作家们费了无限精力,占了各报副刊不少宝贵的篇幅,可是这论争给予一般读者的印象恐怕只是意气用事和私人攻讦而已。大多数参加论争的作家似乎把论争过程中提出来的理论原则问题的检讨搁置

---

[*] 本文署名孙一洲,原载《译报周刊》,1938,1(9)。

一边，根本不曾企图来解答它。

鹰隼先生在 10 月 19 日《译报大家谈》发表的（为鲁迅先生逝世 2 周年纪念所写）《守成与发展》和 10 月 21 日的《题外的文章》那两篇短文是此次论争的起源。鹰隼先生在《守成与发展》中开头便写道：

"'鲁迅风'的杂感，现在真是风行一时。鲁迅有……'怒向刀丛觅小诗'的苍凉悲壮的诗文，诸多鲁迅式的杂感，也便染上了六朝的悲凉气概……"

向上海文艺界呼吁

抗战以来每当看到"鲁迅风"的杂文，我总这样想："如果鲁迅不死，他是不是依旧写着这样的杂文，还是跟着抗战的进展而开拓了新的路？"

我的答复是属于后者的。

我想鲁迅的杂文绝不会再像过去禁例森严时期所写的那样迂回曲折，情绪上也将充满着胜利的欢喜。

他的新杂文将是韧性战斗的精神，胜利的信念配合着一种巴尔底山的突击的新形式，明快，直接，锋刀适合目前的需要。

换句话说，鹰隼先生认为我们的伟大的革命文学家鲁迅的杂文至少是以六朝的苍凉气概、禁例森严期的迂回曲折、缺乏韧性战斗精神和胜利的信念、不够明快直接为特点的。

因此鹰隼先生在《题外的文章》中便直接向巴人先生质问道：

"（一）目前文坛上模仿鲁迅风气是不是甚盛？

（二）这种倾向的增长对发展前途是不是有害？

（三）如果有害，我们是不是应该表示抗议？以及更基本的？

（四）如果鲁迅还在，是不是依旧写这样的杂文？

然后巴人先生可进一步地反省，自己近顷的文章有无有意识或无意识地模仿鲁迅的所在。如果我的抗议是应该的，巴人先生不妨'有则改之，无则加勉。'"

可见在鹰隼先生的心目中，模仿鲁迅的有害，以及我们对于此种模仿鲁迅风气应该提出抗议是一个不容怀疑的非常肯定的前提了，他所要同巴人先生争论的只是后者是否有意无意地走上了这条"有害"的道路的问题了。

显然，鹰隼先生在这里所提出的问题就是我们的最伟大的革命文学家的文学遗产中重要部分之一——杂文——的重新估价问题。但是在这一个半月的论争中，似乎没有谁曾经抓住鹰隼先生所提出的这个中心问题。不是把意气和情感作用的话模糊了问题的中心，便是拿些似是而非的论据来互相驳辩。例如拥护鲁迅风的杂文的人普通总是拿孤岛的特殊环境作为提倡鲁迅风杂文的理由。这理由在表面上看来是很有力的。其实，这同反对鲁迅杂文的人至多不过五十步与百步的差别而已。因为这理由无非是证实了鲁迅杂文的生命在时间和空间上只等于孤岛的生命而已。

显然，用这种理由来为鲁迅杂文辩护的人是同反对鲁迅的人一个样儿没有理解鲁迅的伟大处。

在我模糊的印象中，记得若干年前苏联文艺界中也曾有人怀疑到那位善以尖刻的笔调讽刺农奴时代的黑暗腐败社会的伟大作家果戈里（现译"果戈理"，下同）的作品在今日的自由平等的社会主义社会中的意义。但是苏联最大多数作家的意见却认为果戈里的文笔不仅是暴露黑暗的农奴社会的有力武器，就是在今天社会主义的社会中仍旧是揭露一切内外的敌人——帝国主义、富农、资产阶级分子、托派反革命匪徒以及各人意识中或多或少地保留着的旧时代的残余——的最厉害的工具。

鹰隼先生在七八年以前曾经提出过鲁迅先生的主要文艺作品——《阿Q正传》——在今日的价值问题来检讨。当时鹰隼先生认为阿Q在今日的中国已经死亡了，也便是说《阿Q正传》在今日的中国已经成了历史上的故迹了。可是当时的文艺界一致地指出了鹰隼先生的这种抹杀或降低鲁迅作品的现实革命意义的企图。七八年来在中国更出现了无数阿Q型的人物，证实了《阿Q正传》还是今日的中国所需要的文艺作品。因此使鹰隼先生不得不放弃了自己对于这伟大作品的轻视观点。

今天鹰隼先生又提出了鲁迅先生杂文的重新估价的问题来讨论，我们相信文艺界对于这问题会同七八年以前一样给予鹰隼先生一个明确的否定的答复的。因为鲁迅先生的杂文不仅是这位伟大的革命文学家的文学遗产的最重要部分之一，而且正是在他的杂文中，这位不屈不挠的革命战士最直接明快地"朝着他所经历过来的腐败社会进攻，朝着帝国主义的恶势力进攻。他用他那一支又泼辣、又幽默、又有力的笔，去画出了黑暗势力的鬼脸，去画出了丑恶的帝国主义的鬼脸……"正是由于自己的杂文，我们这位伟大的文学家便招致了一切革命敌人——帝国主义者、军阀、托派、汉奸等——的仇视和痛恨，他们甚至在鲁迅先生死了以后还不肯放过他，还处处想趁机毁他一下。

向上海文艺界呼吁

但是一个半月以来的文坛论争的确使我们相当地失望，大部的精力都花在意气论争上去了。因此我们应向上海文艺界提出如下的呼吁。

第一，希望上海的文艺界不要浪费你们的精力在无意思的意气论争上。在今天你们应负起民族解放战争中文艺阵线上的战士的责任，我们有权利也有义务互相劝阻自己的战友不做无谓的精力浪费。

第二，希望我们的文艺界能趁这机会更进一步来发扬我们的伟大革命作家的文学遗产的光芒，我们不仅希望学习这位伟大作家的人不要"有则改之，无则加勉"，而且希望有更多的人来学习鲁迅，我们希望我们的文艺作家能以鲁迅先生一样的泼辣尖刻的笔来画出侵略者、汉奸、托派、妥协论者的丑脸。我们不仅需要《阿Q正传》这样的小说作品，而且需要鲁迅风的杂文。我们深信鲁迅先生的杂文的意义绝不能以孤岛的特殊环境为限，这种风格的杂文诚如祝敌先生所说的一样是"白刃战中最厉害的工具",只要社会上还需要有革命家存在的时候,鲁迅风的杂文终将为革命家手中的一种有力武器。

第三,在这次论争过程中,充分显露出了文艺界内部的缺乏统一战线。我们认为理论原则上的论争是不能放松的,但是态度应该尽量客气,感情作用和意气用事只会使论争扯到远处去,使我们的讨论得不到正确的结论来。要知道我们的论争都还是一条战线内的论争,我们都面对着一个共同的敌人,我们的论争无非是为了求得一致的结论,若因此而松懈甚至分裂了我们的队伍,那真是太不值得了。

孙一洲致《译报周刊》编者

前期本刊曾发表孙一洲先生《向上海文艺界呼吁》一文，兹以该文恐有容易引起误会之处，承作者来函补充，特将原函刊载如下。

编辑先生：我在第九期《译报周刊》发表的《向上海文艺界呼吁》那篇文章中，曾经有这样一句话："正由于自己的杂文，我们这位伟大的文学家便招致了一切革命敌人——帝国主义者、军阀、托派、汉奸——的仇视和痛恨，他们甚至在鲁迅先生死了以后还不肯放过他，还处处想趁机毁他一下。"我这话当然并不是指参加此次"鲁迅风"论争的任何人。因为我在这一段以后，向上海文艺界提出的三点具体意见中的最后一条便明白地指出："要知道我们的论争都还是一条战线内的论争，我们都面对着一个共同的敌人，我们的论争无非是为了求得一致的结论，若因此而松懈甚至分裂了我们的队伍，那真是太不得了。"既然算做一条战线内的论争，当然没有把论争的一方列入民族敌人的队伍中去的道理。

我特别要提出民族敌人反对鲁迅先生杂文这一件事来无非要促起鹰隼先生和其他反"鲁迅风"杂文的朋友们的注意。因为他

---

* 孙一洲为孙冶方笔名，本文写于1938年12月8日，原载1938年12月14日《译报周刊》（上海）第10期。又载《1913—1983年鲁迅研究学术论著资料汇编（第二卷）》第1057页。

们虽则在主观上可以说，他们所反对的是"鲁迅风"的杂文而不是鲁迅的杂文。但是我们不能否认这次反"鲁迅风"的论争，至少在客观上是带有抹杀或低估鲁迅先生杂文价值的意义的。为恐我的那篇文章引起了无谓的纠纷——这是与我写这短文的本意适得其反的——特声明如上。并且希望能借贵刊的篇幅将此信刊出。

再者，我上次那篇论文是三日（星期六）晚仓促间写成的（为要赶上付排），我记得在原稿上还写有日期。但据说：文艺界方面在四日已经专为这问题召集了一个座谈会，论争双方都有人出席参加，已经得到一个结论。这样，这次论争已走上了正常的轨道。我们希望座谈会的结论能在杂志或报纸上发表。

敬祝

撰安！

孙一洲上
十二月八日

民族解放和民族统一[*]

自"七七"以来，最高统帅总是无情地驳斥了一切中伤抗战和歪曲国策的人们。但是对于某些"胸有成竹"的人，这种驳斥总是不生效力的。或者是因为他们"聪明"过分的缘故吧，他们总怀疑发表在报纸上的言论，或许还不是最高统帅的全盘意见。因此当有人歪曲了国策，宣称"和平之门未闭"的时候，有些人便想道：这或许是最高统帅授意的吧？做这样想头的人，自以为是比人观察得更深一层了，其实只是看到了自己在梦中的幻觉。这样的幻觉——反映着自己主观意志，即反映自己愿望的幻觉——是对于最高统帅的一种侮辱。蒋介石在本月13日国民党纪念周会议上已经向全国以及全世界宣布："中国抗战之前途与日俱进，益见光明"，所以要求全国国民"每人决不容有丝毫妥协思想留于脑际"（见13日海通重庆电，及14日美联电）。这种简明的但是坚定不拔的声明，粉碎了一切自作"聪明"的臆测，扫荡了各种各样的对抗战前途没有信心的软骨虫的悲观论调。这是蒋介石此次演词中的第一要点。

其次，蒋介石根据西安事变和平解决的经验以及18个月抗战的总结，昭示全国道："惟抗战始能维系全国之统一，有精诚团结之国族，则强敌虽悍，不足畏矣。"强调民族统一对于民族解放战争的意义是蒋委员长此次演词中的第二要点。

---

[*] 本文署名孙一洲，原载《译报周刊》，1938，1（11）。

"惟抗战始能维系全国之统一"——这真理已经由过去18个月的经验证实了。我们在这里应认清的是：抗战所以能维系全国的统一，原因并不在于战争本身的威力，而在于抗战是全国人民的要求，是全国人民的意志。政府领导了抗战，也就是政府实行了人民的要求，实现了人民的意志。因此任何破坏抗战的分裂运动便会引起全国人民的一致反抗。

但是怎样才能够促成全国更进一步的精诚团结，以达到抗战最后胜利，完成民族解放的任务呢？

最近中国共产党扩大的六中全会所通过的决议中，向国民党提出了国共长期合作的具体建议。诚如该决议案中所说的一样，"国共两党合作是抗日民族统一战线的基础，是抗战建国大业完成与胜利的保证。因此建立国共两党的长期合作不仅是国共两党同志的热望，而且是我全中国人民和一切中国朋友的希望"。但是对于成为抗日民族统一战线基础的国共长期合作问题，却有很多人表示着怀疑态度。我们不能不承认，对于国共合作前途的怀疑是巩固统一战线的一种障碍。因为对于代表中国社会的两大基本势力的国共两党的合作表示怀疑的人，对于促进统一战线显然是不会有所努力的了。抱有这种怀疑态度的人显然是出发于下面几种错误的观念。

第一，由于对整个抗战前途失去了信心，因此对于统一战线的前途自然就不会乐观了。

第二，单从某一方面或某一负责人的主观意志的可靠与否来判断国共两党的合作以及整个民族统一战线的前途。而不了解主观的意志，是被客观的现实决定的。历史的演进往往是违背了好些人的主观意志的。正如当初抗日民族统一战线的形成曾经违背了好些人的主观意志一样，今后统一战线的扩大和巩固，也将由客观的现实所决定。

第三，单从已经存在或已经发生的局部的现象中来判断事实，而忘记了可能发生的趋势。只是从统一战线内部过去所存在的缺点和摩擦来判断民族统一战线的前途；而没有看到克服和消除这些缺点和摩擦的可能性。

我们觉得，至少有下面几点可以使我们对于国共合作和整个抗日民族统一战线的前途表示乐观。

第一，中国抗战的前途愈益光明。对于最后的胜利有了自信心，那么自己的队伍当然是更密切了。

第二，存在共同的目标。在抗战期间，争取民族独立，驱逐强敌便是两党合作和整个民族统一战线的共同目标。在抗战胜利以后，新的三民主义共和国的建立也仍旧能够成为两党合作和整个民族统一战线的共同目标。三民主义的新中国的建立，在国民党方面说来，这是党的主义的实现，也是走向孙中山总理所说的大同社会去的第一步。在共产党方面说来，民主主义革命任务的彻底完成，是达到最后理想的必经阶段。民主革命愈彻底，新社会的建立愈美满，那么便愈加接近于共产主义社会或大同社会的最后理想。

第三，中国的抗战是长期的。在这长期抗战中，国共两党的合作因实际工作而更密切。因此说，抗战过程中的合作造成了战后合作的基础。

第四，10年来国共两党分裂后，所造成的血的教训已为两党党员及全国最大多数的同胞所接受。这血的教训也足以保证此次合作不再走上过去的覆辙。

国共合作不能代表整个抗日统一战线，但不能否认，这是统一战线的基本内容。所以为了争取抗战胜利，争取新的三民主义共和国的实现，我们必须首先争取国共两党的亲密合作。

蒋介石已经昭示我们："惟抗战始能维系全国之统一，有精诚团结之国族，则强敌虽悍，不足畏矣。"——每一国民应该牢牢记住这段话！

进步的一年*

上海的同胞已经是在孤岛的环境下，过着第二度新年。在过去一年中日本帝国主义者曾"占领"了中国的不少城市和交通线。但是千百万中国的流动部队和人民武装仍旧控制着这些地区，中华民族不承认这些国土已经失陷，而只是把这些地方改成了游击区。所以虽则我们的处境是更艰难了，而我们未来的处境有更恶化的可能；但是我们对于未来的瞻望是更乐观了。抗战中的中华民族好比是通过隧道的列车，虽处于黑暗中，但每个乘客听着车轮辘辘的声音，没有不相信这列车是载着他们冲出黑暗向光明的前途迈进。反之我们的敌人则好比是船底有着漏洞的巨轮，虽则今天还是浮在水面的庞然大物，但是明天它就将沉在无底的深渊中了。

过去一年来，中国在政治军事等各方面的进步，正是证明这伟大的民族是在向着自由解放的前途猛进着。在所有这些进步中，尤其要算政治上的进步有最大的意义，因为一切进步都建筑在政治的进步上。没有政治上的进步，其他各方面的进步都是不可能的。

政治上的进步表现在三方面：（1）抗日统一战线的继续巩固；（2）政治的民主化；（3）抗战时期国内施政方针的确定。去年3月底，领导政府，站在国内第一大政党地位的中国国民党召集了一次全国临时代表大会。这大会对于中国政治的推进起了很

---

* 本文署名孙一洲，原载《译报周刊》，1939，1（12、13）。

大的作用。在这大会上通过了一个《抗战建国纲领》，确定了抗战期内外交、军事、政治、经济、民众运动、教育等各方面的施政方针，同时这次大会决定了国民参政会议之召集。《抗战建国纲领》上规定各点的彻底实施虽然还有赖于全国上下的努力，但是在过去一年中已经有了极大成就是不能否认的事情。例如政治机构的刷新、对于失职官吏的严厉处罚等这些正是一年来政治发展中的新趋势。国民参政会在召集的方法和职权的限制上虽然还不是由普选产生的最彻底的民意机关，虽则它不是一个立宪机关，但是因为它包括了国内各党派（当然是抗日的党派）和各阶层的人物，所以它对于实际政治的影响比中华民国历史上任何一次民意机关还要切实而强大些。去年一年间，国民参政会的两次召集，对于政府行政方针曾贡献了许多具体方案，对国内一切悲观妥协的情绪给了严厉的指正，而第二届召集时所通过的要求政府切实保证人民言论出版自由、废除书报检查制的决议，对于今后中国政治的民主化这一点上具有更重大的意义。

进步的一年

在国内各党派之间的摩擦虽然未能完全消灭，但主要的两大政党——国民党和共产党——之间的合作在这一年来是更加亲密了。敌人一切挑拨离间的阴谋遭到了完全的失败，国民革命军新编第四军的成立，是国共两党进一步合作的结果。自从这一部队开到前方参加作战以后，对于展开长江下游的游击战争是有重大意义的。

最后，足以表示中国抗战中的政治进步的便是人民抗战意志的坚决和民族自信心的提高。全国舆论的统一达到了从来未有的程度，这也是过去舆论统治时代绝对不能达到的事情。每一次歪曲国策的人们发表他的妥协悲观的论调的时候，总是招致全国一致的痛斥。这种统一的坚决意志的形成将是保障民族解放战争的最后胜利的主要因素。

中国在军事上的进步也是惊人的。在这一年来，中国获得了无数次的胜利，这中间最重要的台儿庄的大捷，南浔路前线马回岭的胜利，冀察晋边区日军五路围攻之被粉碎等。然而军事上最重要的进步还是表现在战略上的彻底变更。中国军队已能从正面的硬打而变成了侧面的袭击，已经以运动战甚至游击战代替阵地战而成了抗战的主要战略。由于战略上的进步，使中日双方的兵员牺牲已从3∶1的比例变成了相等的甚至相反的比例。这种战略上的转变，在武汉的撤退中，尤其在此后的作战中达到了最大的成功。在武汉的保卫战中消耗了敌方数十万兵力之后到没有再死守的价值的时候，中国主力部队便在继续保持对武汉外围的控制权之下，安全地退到了新的阵地。结果使日军的占领武汉，不仅是扑了个空，而且反陷入了被包围的局面。从武汉放弃以后，中国军队更灵活地采取了运动战战略，更普遍地在各战场上，在敌人后方发动了游击战争。最近蒋介石更声称在抗战的今后一个阶段中，将以游击战争为基本战略。这两种战略的采用，使日本帝国主义者的百多万大军陷入了中国军队的重重包围中，他们处处被牵制，时时遭受到袭击；但是没法找到中国方面的主力所在地。不久前，日本华南总司令安藤的挑战书充分地反映出了日军对于中国这种新战略的焦急态度。

　　上面所举出的政治的和军事的种种进步只是过去一年来各种进步现象中的一部分，然而这些进步对于抗战前途都是具有决定意义的。我们看到了这些进步的现象，也就好比是听到了列车前进时的辘辘之声，证明了我们是在向着光明的前途迈进。

　　当然我们相信光是这些进步还不足以使我们取得最后胜利。然而这些进步群众的本身已足以保证未来一年中将能取得更大的进步，以进入自由解放的世界。因为中国的抗战是必须继续下去的，但抗战继续下去，则政治、军事以及其他各方面也必然将继续进步下去。中华民族进步解放的列车已经开动了它的引擎，时代的巨轮已经转动了。谁要是成了它的前进的障碍物，谁就要被碾毙，被当作渣子而在抗战的洪炉中被淘汰出去。

驳斥汪精卫叛国通电[*]

1938年年底，汪精卫因叛国阴谋失败，不得不逃亡河内并且发表了一篇荒谬的通电，主张对日本讲和。从此，一个在中国政治舞台上混了30多年，而且曾经以革命家身份扮演过若干幕有声有色的场面，但是每次当紧急关头便出卖了自己的战友，因而向来被人看作是投机政客和妥协分子的汪精卫，就同1938年的除夕一样，永远跟抗战和进步中的中华民国诀别了。

汪精卫好像是很凑趣似的，他赶着把自己这个无耻的通电在除夕报纸上发表了出来。要是迟了一天，大家在大年初一的报上读到这样一篇臭东西，岂有不喊大触霉头之理。可是因此之故，汪精卫也就以自身的没落象征了随着旧时代消逝的一切腐败落伍因素之淘汰，同时也预示着随新年而来的一切进步和抗战的光明前途。大家都把割除毒瘤来譬喻汪精卫的出走，认为他的出走非但不足以影响抗战，而且反足以使中枢决定国策和指挥抗战的时候少了一个牵制阻挠的力量，使中国抗战愈加坚决，使中国的进步愈加迅速了。

但是只有这样的认识还是不够的。汪精卫的被淘汰不仅是推动了中国政治的进步，而且本身就是已往18个月抗战中中国政治的进步，尤其是中国第一大政党——国民党——进步的结果。

1925年中山先生在广州组织大本营时，因革命委员会人选问

---

[*] 本文署名孙一洲，原载《译报周刊》，1939，1（14）。

题曾对汪精卫下过一个很贴切的批评。当时中山先生不主张汪精卫加入革命委员会，因为他"长于调和现状，不长于彻底解决。现在之不生不死局面，有此二人（指汪及胡汉民）当易维持。若另开新局，非彼之长"（见《孙中山全集》第4册，《历年书牍函电》）。可见在中山先生目光中，汪精卫从来不是一个革命家，而只是长于调和"不生不死局面"的机会主义者妥协分子。在"七七"抗战以前，中国的政治局面正是中山先生所说的那种"不生不死局面"。但是在"七七"抗战以后，中国的政治，非但已经"另开新局"，而且是在不断地迅速进步着。尤其是国民党自身，它的政策已经发生了更急剧的变更。在这样的一个崭新的局面下，汪精卫非但不能再来负维持之责，而且一天复一天地只觉得这个新的进步的政治环境对于他的投机妥协的本性起着不可调和的压力。这样终于使他自动出走，成了时代的渣滓。国民党中央已经决议把汪精卫永远开除党籍，这更证明国民党已毫不顾惜自己排泄出来的渣滓而大踏步前进了。

中国在18个月抗战中已经获得的进步，以及将来必然还能获得的更大的进步，正是预示着中华民族解放战争的光明前途。谁要怀疑抗战18个月来中国政治的进步，尤其是怀疑中国国民党的进步，那么他对于抗战的最后胜利绝不会有坚决的信心的。因为抗战的胜利是以强大的统一战线为保证的，但是离开了国民党，尤其是没有国民党的进步和发展，统一战线是不能想象的。

汪精卫的出走以及被开除党籍愈加使我们相信民族解放的革命战争是一种抗毒素，它不仅能排除外来的毒菌（敌人），而且将清洗自身的一切毒素。

但是如果把汪精卫的逃亡和被开除党籍看得太乐观，以为这样一个大毒瘤被割掉以后，抗战的阵营从此便澄清，中国内部便再无动摇妥协的投机分子存在，那也是极大的错误观念。

第一，汪精卫的群众虽然并不多，然而也不能说他完全没有自己的爪牙。在他的爪牙中间，有的虽然已经暴露了自己的面目，无法再混在抗战阵营中从事阴谋破坏工作；但有的则因为见到自己的首领已失败在先，不敢再显出自己的本来面目来，因而未曾被大家发现。我们对于这些还隐藏着的阴谋分子应继续进行我们的揭露工作（当然在这种肃清队伍的工作中，应十分审慎，不能中了敌人的离间计）。

第二，汪精卫的影响绝不能以他直接指挥的爪牙的多少为限。我们说汪精卫的求和主张只代表他个人意见，这句话的意思只是表示汪精卫并不能代表政府或国民党的某一机构说话。然而这并不是说，汪精卫的主张在中国完全没有任何社会基础，事实上，人民中间对于抗战的局部的动摇，以及任何妥协苟安的情绪都可以成为汪精卫的政治资本。有些人并不是汪精卫的党徒或爪牙，但是他们对于汪精卫的某一部分意见表示同意或是表示了一点动摇。这样的人在今天虽则并不同汪精卫的党羽发生联系，但是这种人在观念上是接近于汪精卫的这种观念，发展下去，必然会走向同一条叛国的道路上去的。所以克服这样的动摇妥协的观念是一件很重要的工作，我们必须根据去年12月26日蒋介石在纪念周上的演词，对于近卫所提出而为汪精卫所接受的三个媾和条件在群众中间做一番透彻而普遍的驳斥，指出这些所谓条件后面所隐藏的阴谋。

驳斥汪精卫叛国通电

任何含有毒素的理论或主张，总是用很美丽动听的词调来做掩饰的。多才善辩的汪精卫更是擅长此道。他利用人民在抗战期间所感受的苦痛，利用上层分子对于"共产"的恐惧心理，来进行他的动摇抗战、破坏统一战线的阴谋。因此汪精卫在他那个劝我民族投降的通电中，利用这两个弱点，提出了"善邻友好""共同防共"和"经济提携"等三个和平条件。

在善邻友好的一条中，汪精卫说近卫已经"郑重声明日本对于中国无领土之要求，无赔偿军费之要求。日本不但尊重中国之主权，且将仿明治维新前例，以允许内地居住营业之自由为条件，交还租界，废除治外法权，俾中国能完成其独立。"这些中国主权独立完整等字眼，的确是很漂亮好听的字眼。可惜太漂亮了，漂亮得简直使人难以置信了。汪精卫既然肯为近卫的郑重声明做担保，我们倒要问一声汪精卫难道日本自"九一八"事变以来对我们屡次发动侵略战争，前后花了百多亿军费，死伤了近百万人，动员了全国一切的力量，只是为了尊重中国的领土主权的完整，交还租界，废除治外法权吗？那真是未免小题大做使人难于置信了。正同蒋介石所指出的一样，隐藏在这些漂亮字眼背后的真意，就是要吞噬整个中国。待中国被它一个吞噬以后，所谓"交还租界，废除治外法权"等自然毫不成问题了。日本人不是自称对东三省是无领土野心的吗？"满洲国"不是早就要收回治外法权的吗？然而这除了对其他各国的既得权利给一种威胁以外，有谁相信这是"满洲国"领土主权的独立完整呢？我们相信除了王克敏、梁鸿志再加上汪精卫一流"中国人"以外，谁也不愿意有这样的"独立完整"。

至于允许日本人居住营业自由，也就同蒋介石所说的一样，就等于中国人丧失自由，等于中国丧失警察权和经济权。至于所谓经济提携更是承认日本经济侵略、排挤别国在华势力的别名，聪明如汪精卫者对于日本军阀的这些漂亮字眼背后所隐藏的阴谋是不会不知道的。他所以仍旧把这些条件向中央提出，作为可以对日开始谈判的条件，无非是因为他已经存心想出卖祖国，存心想对他的主子屈服而已。

在汪精卫通电所提出的三项条件中，比较能诱惑一部分人同情的，恐怕还是"共同防共"一条。关于此点，不久前国家社会党领袖张君劢也曾有过类似的建议。但是在事实上诚如蒋介石所说，防共也仍旧是亡华的代名字。有些至今还害着"恐共病"的人们，或者以为汪精卫的这一项建议（当然，实际上是广田近卫的建议）的本身倒并不坏的，只可惜不易成功。想这样做法的人，其实真是上了日德意法西斯侵略者的大当。

汪精卫主张接受近卫的提议，"以《日德意防共协定》之精神，缔结中日防共协定"。从逻辑上说，国际间防共协定的对象第一应该算是苏联。但从18个月抗战经验中，中国已经深深地理解到苏联是真正的患难朋友，它在精神上和物质上给予中国的伟大帮助是谁也不能否认的。然则如今中国竟背弃了这位患难朋友不算，而且还回过头来联合着自己的敌人来对付它，这岂不是帮了自己的敌国来离间自己的盟友吗？这是为日本帝国主义的利益呢，还是为了中华民族自己的利益呢？

驳斥汪精卫叛国通电

况且在事实上，如同李维诺夫所说的一样，共产主义这名词在防共公约签字国代表口中，这只是一个地质名字而已，这是煤、铁、石油和一切富源的代名词而已。因此在过去中国、西班牙、捷克等成了被"防"的对象，而今天则连英、法自身的利益都成了它们的被"防"对象了。对着共产主义的苏联，防共公约的签字国反只敢远远地狂吠着。日本帝国主义者曾屡次向苏联挑衅，想试探工农红军的实力。但自从后者在张鼓峰一役给了日帝国主义者一个毫不容情的教训以后，便如蒋委员长所说的一样，"它的驻苏大使重光葵向苏联外长如此卑躬却步而最后终于屈服了"。

所以，在事实上，所谓共同防共协定已成为德意日三法西斯侵略国家共同对付民主和平国家的军事同盟。中国如果参加了防共协定，非但将失去苏联一个朋友，而且将被迫着成为法西斯侵略集团的附庸，而与一切民主国家敌对了。所以加入防共协定无异于是断绝了自己的一切朋友，而去认贼作父，无异于伸长了自己颈项去让敌人宰割。一个稍以民族利益为重的中国人决不会同意参加所谓防共协定的，但在出卖民族利益、专以讨好主子的汉奸卖国贼看来，这确是中国应走的惟一外交路线，因为据汪精卫的爪牙、某国际问题专家认为："英美法苏援助不可恃，中国必须以德意之助力谋取中日冲突之和平解决"云云。

在共同防共的总任务下，在对内方面，汪精卫要求中国共产党"彻底抛弃其组织及宣传，并取消其边区政府及军队之特殊组织"。这一要求的提出在原则上是更能取得一部分"恐共病"者的赞助的，但在事实上，这更是上了日帝国主义者及汪精卫之流的大当。因为如果照了这路线去做，那必然又要把各党派各阶级合作的统一战线的局面取消，恢复过去的一党专政和阶级分裂的局面了。过去10年间惨痛的内战经验已经证明这一条路是走不通的了。

至于边区政府和八路军的存在已为中央政府所承认合法。边区政府是整个中国政权的一部分，受中央政府的节制；而八路军是整个国民革命军的一支队，受最高统帅的指挥。在这里已不能说是不合中华民国法律制度的特殊组织。汪精卫在此全国精诚团结一致抗敌的时候，提出取消边区政府及八路军的问题来，我们先不问是否适合时宜，也不问共产党及八路军是否同意。但从国防观点上来说，这也是很有害的。在今天，谁也不能否认，八路军在华北的国防上的意义。我们甚至不要说取消八路军的问题，即使把八路军中的共产党干部抽了出来而把这军队改组一下，就足以使这军队的战斗力大大降低，以致使它不能负起国防的责任来，因为谁都知道今天的八路军及其战斗能力是不能跟共产党相分离的。

当然，我们这些话是不能同汪精卫谈的，因为他是以中国停止抗战，即中国投降日本为讨论的前提的。等到已经决定停止抗战并对日投降的时候，不要说八路军及其战斗力是多余的，就是一切抗日军队都成为多余的了。但是每一个不愿投降日本，不愿停止抗战的人们，在谈论到国共合作问题的时候，却不能不把民族抗战的实力问题作为考虑的基础，我们先不问各人自己的立场和背景如何，凡是解决的办法，足以增强统一战线内部摩擦、减弱民族实力的都应一律避免。

我们不能否认，民族统一战线成立以后，共产党的影响和威信是扩大了，但同时国民党的影响和威信也扩大了。这是国共两党最大多数领袖和党员忠于抗战、忠于统一战线的结果。如果两党之中有一个党的领袖都像汪精卫一样不忠于民族，不忠于统一战线，或者都像他那样小心小眼，我们相信这政党一定会像汪精卫一样没落而被淘汰的。所幸两党最大多数负责人都以民族利益为重，所以我们看到中国这两大政党都在抗战中巩固强大起来了，正因为这原因，使我们整个民族的力量也一天复一天地强大起来。

驳斥汪精卫叛国通电

总之，汪精卫的通电中所主张的一切意见，只能算是少数民族败类的意见。中国如果依照汪精卫这通电中所提的条件与日本讲和，那么除了促成中国灭亡、使中华民族子孙沦为日本军阀的奴隶以外，绝不会有别的结果了（这连《字林西报》也如此指出了）。这怪不得法文《上海日报》要说汪精卫所提倡的和平是"东洋货"，这怪不得日本飞机愿意把他的通电印了出来在上海空中义务散发，而汉奸报纸《新申报》要称扬不止了。

可是在中华民族的子孙中间，这样的败类并不多，因此汪精卫终于成了"潮湿的爆竹"。陷于泥淖中的日本军阀对汪精卫的"和平"阴谋是寄托着极大希望，他们本来想借这"爆竹"的力量把他们从泥淖中浮起来的，结果是湿了这个爆竹不算，还带倒了他们的内阁。

我们相信日本军阀的这个政治阴谋失败之后，为了挽救自己的泥足，势将孤注一掷，动员他们所有的人力物力来做最后一次冒险进攻。因此，我们的任务是：彻底肃清自己队伍中的动摇妥协分子和叛徒奸细，并准备迎击日本军阀的新的进攻。

世界革命导师列宁逝世15周年纪念*

1月21日——这是苏联人民的一个沉痛的纪念日,也是全世界劳动大众的一个沉痛纪念日。因为15年前的今日,历史上第一个社会主义国家的苏联失去了它的创造者,世界革命运动失去了一个最伟大的导师。这便是列宁。

列宁是一个伟大的马克思主义的革命理论家。他根据帝国主义和无产阶级革命时代的实际材料进一步地发挥了马克思主义的革命理论。列宁的数千万言的遗著成了国际革命运动的重要武器。列宁的著作所包括的方面很广:有的是关于社会主义的一般的问题的;有的是关于革命策略的问题的;有的是关于哲学的;有的是关于经济问题的。他的最重要的著作有下列几种:《什么是"人民之友"以及他们是怎样跟社会民主主义者作战的》《俄罗斯社会民主主义者的任务》《俄罗斯资本主义的发展》《两个策略》《进一步退两步》《左派幼稚病》《帝国主义》《国家和革命》《唯物论和经验批判论》《无产阶级革命和叛徒考茨基》等。

但是列宁不仅是革命的理论家,而且是革命的实践家。他的一生完全贡献给了无产阶级革命。他为了革命工作坐过监狱,曾经被流放在西伯利亚,曾经流亡在国外。他一手建立而且锻炼了一个布尔什维克共产党,训练了一个无产阶级革命的先锋队。他创立了世界革命的大本营——第三国际。他更建立了人类历史上

---

* 本文署名孙一洲,原载《译报周刊》,1939,1(15)。原题为《世界革命导师逝世十五周年纪念》。

第一个社会主义国家。

列宁肃清了一切革命敌人和机会主义妥协分子对于马克思主义的歪曲。在列宁主义理论中，关于革命的同盟军问题占有非常重大的地位。反革命的机会主义者托洛茨基主义者所不谈的农民问题和民族问题是列宁主义的极重要的组成部分之一。因为列宁是真正的革命实践者，所以对于他，珍惜和团结革命的每一份力量被看作是革命过程中一个重大的问题。列宁把农村中的劳动大众看作是无产阶级革命的一个主要同盟者；而把反帝国主义的民族解放运动看作是世界无产阶级推翻帝国主义统治的社会主义革命的一个组成部分。因此他始终关心着中国的民族解放革命运动。他从19世纪末便坚决反对沙俄对中国的一切侵略和压迫。他对于1911年中国的辛亥革命曾寄予极大的同情。他曾写过文章分析中国革命的动力，他把中山先生所代表的一派势力称为革命的急进派，而把袁世凯所代表的势力看作是革命中的保守派。不用说他在当时就对于中山先生所领导的一派革命势力抱着极大希望的。

世界革命导师列宁逝世15周年纪念

十月革命后的苏联政府，根据了列宁主义的原则，第一个以平等立场与中国订立了外交关系。此后在中国1925—1927年的大革命中，苏联人民更给了革命的中国以极大的援助。如今，中国又处在艰难困苦的民族解放运动中，而它在国际上的最可靠的友人也仍然是以列宁主义为立国基础的苏联。

当着我们的最可靠的友邦的国父——伟大的列宁——逝世15周年纪念的今日，我们将以继续巩固两国团结作为中苏两大民族的共同任务。

"一·二八" 7周年[*]

1932年1月28日,中华民族在上海发动了抵抗日本帝国主义侵略的第一次战争,到现在已是7周年了。这一次抗战只持续了一个多月便失败了,结果是使中国又接受了一个屈辱的条件。但是这些并不能否定"一·二八"抗战的光荣的历史意义。

7年前的"一·二八"抗战是中国此次伟大的民族解放战争的序幕。"一·二八"抗战的失败,只是鼓动了人民对于抵抗侵略的勇气,只是唤起了全国对于民族解放的自信心。在"一·二八"战役中,中国只是以十九路军为主的少数部队——而且在军备上并不是最优秀的部队——对于世界一等强国的海陆空军的联合进攻,对于经过长期准备而且存心起衅的侵略者给了有力的还击。在"一·二八"战争中,中国军队不仅以显然劣势的兵力抵抗了一个多月,而且在这时期内建立了许多惊人的功勋。要不是政治上的种种原因,我们相信"一·二八"的抗战可以成为胜利的民族解放战争的起点的。"一·二八"的抗战虽然是失败了,但是打击了中国内部的不抵抗主义和失败主义,英勇的抗战军人以自己的血肉写下了第一篇最有力的反失败主义情绪的檄文。"一·二八"的抗战告诉了全国人民,对于帝国主义侵略者不仅是应该抵抗的,也不仅是可以抵抗的,而且是抵抗而可能获取胜利的。

---

[*] 本文署名孙一洲,原载《译报周刊》,1939,1(16)。

"一·二八"的抗战不仅鼓动了人民抵抗侵略的勇气，而且给了全国人民许多重大的教训。

第一，"一·二八"抗战的失败教训我们，没有政治上的统一，没有全国民族统一战线的建立，抗战是不能持久的，是不能取得胜利的。当"一·二八"抗战爆发的时候，表面上中国已经统一，但是在事实上，一方面存在中央政权和地方政权的对立，另一方面存在中国两大政党和它们各自所代表的社会阶层的对立，而且后一种对立在当时采取了内战的形态。因此"一·二八"的抗战便成了少数部队的局部抗战，使日军可以采取各个击破的办法来消灭抗战力量。这样抗战当然是不会胜利了。

第二，"一·二八"抗战在淞沪遭受了初次失败以后，中国便接受了屈辱的《淞沪停战协定》，这样就使得抗战不能再继续下去，使敌人得到了休息的机会，以从事第二次的侵略，使中华民族多受了5年半的国难。中途妥协只是招致了更大的屈辱。

第三，"一·二八"抗战的失败告诉我们，日帝国主义的侵略是无止境的，同时，侵略者是最无信义的。《淞沪停战协定》在我们看来已经是一种屈辱的条约，但侵略者却并不以为满足。"八一三"的时候，日本帝国主义者认为进一步侵略的时机已经到了，于是它便撕毁了亲自签订的条约，又发动新的战争了。

中国人民在受了这样的教训之后，便逐渐地觉醒了。全国逐渐从对立和分裂进步到了团结和统一。到"八一三"第二次淞沪抗战爆发的时候，中国已经不是"一·二八"时代的中国了。"八一三"的淞沪抗战已从局部的抵抗而扩大成了全国的民族解放战争，淞沪的撤退非但不再成为中途妥协的理由，而且成了持久抗战的起点了。

如今日本帝国主义经过了中国1年半以上的抗战的教训，已逐渐知道它今天的对手已经不是6年以前的对手了。为了解救它的危局，便想来分裂中国的内部，用挑拨离间的手段来分裂中国抗日民族统一战线，更想结合民族败类如汪精卫之类的汉奸来发动中途妥协的运动。但是经历过"一·二八"失败和以后许多次教训的中国大多数人民已经不会再中日帝国主义的奸计了。统一的中国是分裂不了的，神圣的民族解放战争是不能中途妥协的。经历过两次淞沪抗战的上海人民将以最大的热忱来拥护这神圣的战争，坚持民族的统一，反对一切破坏抗战、策动中途妥协的叛国运动。

反战反法西斯主义[*]

法西斯主义是资本主义总危机时期，财政资本的统治感受到极端动摇以后，撕破了议会制度民主政治的假面具，公开用暴力和恐怖手段来维持自己统治的一种独裁政治。它最初出现于世界大战后的意大利。但是当时国际资本主义的经济政治的动荡没有像今天这样普遍和猛烈。当西欧各国的政治经过了一次大动摇以后，财政资本家感觉到自己的力量还足以在议会制度的民主主义假面具下保持自己的统治。因此，法西斯运动也未曾普遍地在西欧取得胜利。但在1933年德国国社党取得政权以后，国际形势便起了重大变动。1929年起的世界经济危机剧烈地打击了资本主义制度，财阀的统治一天一天地动摇起来，西欧各国的法西斯运动风起云涌，法西斯主义的政权又相继在各国取得了胜利。于是法西斯运动便成了国际政治的一个重大要素。更因为法西斯主义是不能同对外侵略政策相分离的，因此法西斯主义运动发展以后，国际间从此又多事了。"法西斯主义——这就是战争"（季米特洛夫话）。从此国际间便分成了专门挑拨战争的法西斯侵略阵线和利于维持现状、不愿战争的民主和平阵线。

中国的抗战是国际整个反法西斯反侵略战争的一部分，这次抗战有全体反法西斯反侵略的民主和平国家作为自己的友国。这是中国民族解放史上空前未有的顺利的国际条件。我们怎样灵活

---

[*] 本文署名叶非木，原载《译报周刊》，第1卷第16期，1939，1。为《反战反法西斯主义》中译本（季米特洛夫著，东方出版社1938）一书的介绍。

地利用这一国际环境以争取最后胜利便是抗战中许多重要政治问题之一。这也就是说明了中国人民在抗战期间对国际问题的注意空前增加的原因之一。但可惜的是直到今天为止，许多人对于希特勒上台以后形成的国际间的这一种新局势，还没有透彻的认识。在敌人和汉奸托派的挑拨离间之下，至今还有人不能认清中国抗战的友敌。张伯伦的妥协外交政策的每次活动就使得许多爱国志士发慌，深恐和平阵线各国将联合法西斯侵略国来镇压中国抗战。希特勒和墨索里尼为了挽救日本军阀的末运，来离间中国的友邦，分裂中国的内部，破坏中国的抗战的时候，便有迷了心的人，居然甘被诱惑，主张所谓"荣誉的"和平。这些人大抵是没有认清近数年来国际间两大营垒的划分，没有了解法西斯主义的普遍进攻之下所形成的新形势。

　　我们现在所介绍的这一本书就是说明德国国社党上台以后国际间的法西斯主义进攻和反法西斯统一战线斗争的一本著作。这本书的内容包括1935年8月第三国际书记季米特洛夫在第七次全世界代表大会上的报告和结论，以及他在以后一个时期内陆续发表的演讲词和论文。这些报告和论文说明的问题有三方面，第一便是法西斯主义的实质和法西斯主义的进攻所造成的新局势，第二是反法西斯统一战线的内容和策略问题，第三是共产党的任务。在讲到反法西斯主义统一战线的时候，季米特洛夫曾简略地分析欧美几个帝国主义国家中统一战线的具体形势和中心问题，曾经提到殖民地半殖民地的反帝统一战线；尤其是中国的抗日民族统一战线，此外更有专门的两节讲到统一战线与青年和妇女的问题。

　　季米特洛夫的这些演讲词和论文虽则是三四年以前发表的，但是对于中国的读者还是一本新鲜的读物，这不仅因为中译本的发行还是最近的事情，而且因为今天在中国抗战中所遇到的问题有许多是季米特洛夫这一小册子所解答的问题。季米特洛夫的报告到今天还是被世界法西斯反侵略运动的先锋队所奉为行动指针的。

抗战建国的好榜样

中国在过去19个月的抗战中不用说已经给了敌人很严重的打击。但是在另一方面，我们也不必隐讳，可以承认在这19个月之中，中国自身所遭受的破坏也是非常厉害的。数十万士兵的牺牲，数百万平民的死亡，无数工厂住宅被毁，无数田地被荒废，有千百万人民过着颠沛流离的生活。而且我们相信，抗战再继续下去，这种破坏是还要加深扩大的。这是中国人民的空前的大劫难，每个稍有人心的人想到这样凄惨的景象没有不毛骨悚然的。侵略者和汉奸也就利用人们对于战争的这种恐惧心理来策动所谓"和平"运动，诱引中国人民接受亡国屈辱的条件。因此，在卢沟桥抗战爆发后不多时，汪精卫便故意曲解焦土政策，夸大抗战的破坏力，想用这种话来吓退拥护抗战的民众。例如他在前年7月底所发表的关于焦土政策的演词中曾说过："我们必定要强制我们的同胞一齐牺牲，不留一个傀儡种子，无论是通都大镇，无论是荒村僻壤，必使人与地俱成灰烬。"——所谓抵抗便是能使整个国家整个民族为抵抗侵略而牺牲——现在汪精卫的假面具已经被撕下。抗战爆发后到今天还不满19个月，历史已经充分地证明了当初说什么"一齐牺牲"

"俱成灰烬"的人恰正是最阴险的傀儡种子，而他所说的话也是完全为侵略者的危言耸听的恫吓而发。

---

* 本文署名孙一洲，原载《译报周刊》，1939，1（18）。

19个月以来愈打愈烈的中国抗战已明白表示出"傀儡种子"的这种恫吓并没有发生多大功效。但是因为抗战的结果要发生重大破坏是不可避免的事实，所以有些人就发生了这样的见解："现在侵略者已迫着我们不得不实行抗战，因为除此以外已经没有别的生路了。但是抗战的结果又怎样呢？那时候，我们即使不至于'一齐牺牲''俱成灰烬'，恐怕也要精疲力竭，难于恢复今日的元气了。我们要消除少数人心中的这种狐疑，可不必从远处引经据典，发挥什么高深的理论。在我们眼前便放着绝好的抗战建国榜样——这便是苏联社会主义建设的成功。"

苏联产生在经过了3年多的世界大战的破坏之后。它的前身本来就是一个落后的农业国度，在新政权成立以后，又经过了三四年的内战和帝国主义列强联合武装侵略的大破坏。到1921年战争在大体上结束的时候（完全结束在1922年），全国国民经济几已完全停顿。当年全国生铁产量只有11.63万吨——即战前产额的3%，有若干产业部门则完全停止了出货，全国农业的生产额降到了只有战前的半数左右。但是战事一结束，前线的炮火一停，全国人民便在新政府领导之下，从事国民经济的恢复。到1927年时（即战事结束后5年间），苏联的国民经济在大体上已经恢复到了战前的水准。此后经过两届五年计划的奋斗，整个国民经济便发生了一番彻底的改造。一个落后的农业国家一跃而成了欧洲第一、世界第二的工业先进国，在1937年年底，苏联的工业生产比战前帝俄时的工业水准增加了7倍。全国社会主义经济部门在工业方面占到了99.8%，在农业方面占到了98.6%，在贸易方面占到了100%，全国人口94.4%已直接从事于社会主义经济，或与其有密切关系。由于经济的发展，人民生活也大大地改善了，仅仅在第二届五年计划内，苏联工人的实际工资便比以前增加了2倍以上。苏联国民经济的这种发展速度是任何资本主义国家所望尘莫及的。例如资本主义各国的总生产量经过了1930年和1933年的经济危机，在1937年年中只勉强达到了1929年水准的95%～96%，而到1937年下半年又踏入了新的经济危机的阶段。至于苏联呢？全国国民经济仍然是加速度地在发展着。据最近报纸上所发表的莫洛托夫在苏联共产党十八届大会上提出的关于第三届五年计划的报告纲要，苏联在第三届五年计划期内所规定的任务，不仅要在工业发展率上继续保持世界第一的位置，而且将在生产总额上追上资本主义最先进的国度（即美国）。共产主义将在与资本主义的竞争中取得最后胜利。

苏联承继着落后贫乏的帝俄的产业，又经过了七八年的世界大战和国内战争的破坏，但在短短的十数年中不仅医治好了战争留下来的创伤，而且建立了一个世界上最繁荣最发达的工业国度。苏联在最近10年内的经济建设的成绩，已经超过了帝俄时代数世纪的发展总和。这事实正足以鼓励了抗战中的——也即是破坏中的——中华人民，使后者了解到战争的破坏并不可怕，而且这破坏反而成了为未来的建设清除地盘的必要工作。从这意义上说破坏愈彻底（当然不是汪精卫式的一齐牺牲，俱成灰烬），我们的未来的建设也将愈加顺利。因为在革命（抗战）的过程中，一切物质的破坏，必然将陪伴着一切旧的腐败的社会制度的崩溃。而后者的崩溃，却足以解除生产力的一切束缚，使后者得能自由发展。革命（抗战）时的破坏好比是病人施手术时的流血，这在病人是一种损失，然而这是施行手术时不可避免的现象。为了病人的新生，医生决不会顾惜手术施行时的流血；同样我们为了中国的新生，也决不能顾惜抗战时期的破坏。

抗战建国的好榜样

租界当局和居民对日方恫吓应有的认识[*]

最近，日本方面借口上海租界上汉奸被刺案件，向租界当局接连送了几次抗议。日本方面的用意，无非是借此压迫租界当局，扩大日本人的警权，以备日后进一步来实现他们占领租界的旧梦。最近半月以来，中外报纸对于日本人的这一种企图已经有过种种驳斥。日方抗议的不成理由是显然的事。

第一，上海的治安在今天看来并没有什么值得使人忧虑的地方。即以汉奸的被刺而论，这责任不在租界当局或租界居民，而在日本人自身。如果日本军队不来侵犯中国，不雇佣他们的鹰犬——汉奸们——来扰乱中国的法治，破坏中国的主权，那么就绝不会引起中国人的仇恨。而这些汉奸们如果只被养在日军的占领区内干他们的卖国勾当，不到租界上来阴谋活动，那么也就不会被中国的爱国分子刺死在租界区域以内了。日军的侵略造成了亿万人民的仇视，但还要唆使他们的走狗在这些人民面前阴谋活动，而不叫这些被侵略者动怒，那真是绝对不可能的事。所以日本军人，如果要不使他们所雇佣的走狗在租界上被杀，那么最好的办法，便是命令后者不要到租界上来阴谋活动。若是要使中国人民根本不发生反日反汉奸的情绪，那么最好就放弃他们的扶植傀儡的政策，并且使自己的武力退出中国领土。

第二，若是以治安而论，那么据我们所知，在全世界上，治

---

[*] 本文署名孙—洲，原载《译报周刊》，1939，1（20）。

安最不好的都市恐怕就是日本帝国的首都东京，因为在那里，首相和大臣们常会被在职的军官刺死，而维持治安的军队，却忽然会称兵作乱，与政府对敌。若以中国而论，那么治安最不好的便是日军所控制的地区。在那里，特务机关成了绑匪的组织者，地痞流氓都成了傀儡新贵，一切目无法纪的匪徒都成了维持社会治安的要员。远的不讲，就以原来同属租界而现今在皇军控制下的虹口区域以及同租界相毗连的越界筑路区而说吧，后者已成了烟赌绑匪的集中地。虹口区的新亚酒楼是"维新政府"的办公处，而同时也是暗杀党绑票匪的总司令部。正当日本当局责备租界警务处不能负治安责任的时候，却有负着维持治安责任的日本巡路兵2名在日军直接控制下的杨树浦被人暗杀，而且连该日兵所带武装也都遗失。同时在华西越界筑路区，却有日本人所雇佣的3名汉奸被斩首示众。这些事实对于虚伪的日本当局确是一种难堪的嘲弄。如果我们承认了日本方面对工部局所提抗议的理由，那么，我们觉得樊克令总董和费信惇总裁大可根据此理由向日本军事当局要求收回东区和虹口的警权，因为一年多的事实早已证明日本方面对于维持这一区域内的良善治安是缺乏能力更缺乏诚意的，更何况根据各种事实材料，租界中区的治安的威胁也是来自前述区域的。

租界当局和居民对日方恫吓应有的认识

我们说明了上面的事实以后，就知道同日本军人来争论抗议书中的理由是很无谓的。因为根本上，这些理由都是日本军人拿来作为驱逐欧美势力，进一步取得对于租界上400万居民更直接的统治权的一种借口。所以我们的任务在于说明下面三个更基本的问题：(1) 日本方面提出这些抗议的真正的原因；(2) 租界当局和英美法三国政府对于这事件应有的认识和应取的态度；(3) 租界居民——尤其是中国人——对于这事件应有的认识和应取的态度。

先来解释第一问题。我们认为日本军人对上海租界当局的这种专横态度是英法美等国政府的一贯的妥协政策和租界当局的一贯的迎合迁就和委曲求全的态度所促成的。日本军人的目的,则是在根本铲除华北和长江流域的欧美利益的最后根据地——上海、天津的租界。

自从日本军事势力到达长江流域以后,欧美势力早已从这地区以北的整个地带中被扫除出去了。英美两国的政府,虽然屡次要求开放长江航路,但是每次都被拒绝了。最近,就连欧美商轮原来可以停靠的长江下游几个小港口(如南通天生港等)都被日军封锁了起来,于是长江以北偌大一个地区内,欧美的势力和经济活动却只能局限在天津、上海这两个小小的地区以内了。但是欧美在这一区域内的势力却绝不能同租界的狭小的地区做同比例的估计,因为天津和上海的租界在过去是华北和华中的两个经济中心。尤其上海原来是全中国的心脏,是东方第一个商港,这里是中外资本的集中地。这两个地区的存在始终是日本垄断中国经济的一个大障碍。英美法等国掌握了这两地区,可以作为目前保全实力和将来恢复攻势的有力据点。所以上海、天津的租界在日本军人看来,始终是眼中之钉一般,一有机会,便要去摇动一下,直到它完全拔去为止。

显然,到最近期内,在日本军人看来又是再来摇动一下这个"眼中钉"的时机了。因为自从慕尼黑会议以来,英法两国一贯执行妥协政策的结果,白白牺牲了自己的许多同盟者,减弱了自己的战略地位,使自己实际上陷于孤立。于是德国在事实上征服了整个捷克,意大利在事实上占领了 3/4 的西班牙,以后,复各自提出了自己的"天然要求",英法两国自己的领土(虽则主要是殖民地)竟成了德意侵略者的要求对象。而当英法在西欧招架不及的时候,日本便发动了海南岛的战事,总是不客气地单刀直入,刺进了英帝国的交通线,威胁了法国的安南殖民地(海南岛虽是中国领土,但在今日,对华军事上并无多大意义,日军占领目的无非为了未来对英美法的海战)。而英法的回答,却只有空洞的抗议而已。既然如此,于是日本军人就索性进一步来压迫一下天津、上海的租界,对租界当局的抗议就仿佛是流氓敲竹杠的口吻:"我明明地欺侮了你,又有怎么样?不识相些,我就……"侵略者的来势汹汹的样子,确实是可怕的,但他们的唯一的依靠,却只是预料英法是不会"有怎么样"的。如果英法态度转为强硬,而且准备以实力对付,那么日本军人也就……只有吃瘪而已。日本武士在张鼓峰事件中的屈膝,不就是这种流氓敲竹杠手段破产的一种极好证明吗?说明了事件的本质,也就是指出了英法美各国政府和租界当局对这事件的应有的认识。但是他们应该采取怎样的态度呢?在这里有两条路可走:一条路便是继续过去的委曲求全的退让政策。但这样只有更进一步地引起对方的侮辱,招致更大的纠纷;并使日方在租界上的势力更为扩大,成了日后日方更进一步向租界进攻的根据(我们认为日军现在要完全占领租界是不可能的)。另一条路便是根据苏联在张鼓峰事件中的教训"武士道"的经验,坚决拒绝日方的一切要求,而且明白地向后者指出,如果要租界当局能切实负起维持治安之责,那么,第一,日方应将东区和虹口的警权交出;第二,日方应自动肃清越界筑路区内所树立的一切赌窟、烟窟和匪窟,因为这两个地区(东区、虹口和越界筑路地带)是租界上一切骚扰的唯一来源。过去的许多恐怖案件,发源于这两个地区,而最近伪"外交部长"陈箓之被刺,也是发生在越界筑路区内;第三,今后一切傀儡应禁止在租界上活动,以免刺戟中国人民的情感。我们对于最近租界当局维持治安的苦心,是十分同情谅解的,但我们觉得最彻底的解决办法,莫过于要求日方履行上述三条件,并与租界居民取得密切合作。若是继续退步,并为了取得日方欢心而增强对居民的防止压迫,那只有更刺戟居民的情感,使租界治安更难维持而已。

租界当局和居民对日方恫吓应有的认识

至于租界居民——尤其是中国人——向来以租界为保障自身及自己财产的唯一保险库。可是，如今应该了解真正的保障，只有把掠夺者逐出国境，待祖国解放完成之后，方能取得。虽然是挂了卍字旗的轮船，亦竟被抄，以至于被没收拍卖，挂了卍字旗的纱厂（在南通）也竟被派兵接收了。这些事实，以及最近租界所受的种种威胁，希望能惊醒租界上一切想在外旗保障下做苟安之梦的居民，把一切物力财力运入祖国最后方——这最安全的处所——以争取国家生命的最安全的保障，即争取抗战的胜利。

接受西班牙事变的教训

最近西班牙局势的急转直下的演变，在国际政治舞台上起了很大的波动。这事变对于国际反战反法西斯运动的影响以及这事变给予我们的教训要比捷克事件更广大而深刻。

对于抗战不坚定的人们在这事变之后或许嘴里不说，心里却在想道："从前大家说阿比西尼亚（现译"埃塞俄比亚"，下同）的抗战可以打胜法西斯侵略者的，可是阿比西尼亚抗战不满一年便灭亡了；大家说捷克一定会给侵略者一个打击的，可是捷克竟未抵抗便被瓜分了；后来大家又说西班牙的反法西斯反侵略战争是一定可以获得最后胜利的，可是西班牙苦战了三十多个月以后，终于也完了。如今我们都希望着中国的抗战，可是又有什么保证使我们不遭受阿比西尼亚、捷克和西班牙的同一命运呢？"

我们首先就应该指出：西班牙的反法西斯反侵略战争并没有"完"，也还不能说失败已经是决定了的事实。

现在关于西班牙在详细的尤其是正确的消息不容易透露出来。从几家外国通信社的简略而又矛盾的消息中，我们还不能断定西班牙内部的真实情况，然而我们至少可以看到投降者所组成的所谓"国防委员会"还不能帮助墨索里尼和弗朗哥结束西班牙的战争。他们还不能操纵全国的政局。这也是很容易想象得到的：西班牙共和国是西班牙的工农大众经过了几次流血斗争而建

---

* 本文署名叶非木，原载《译报周刊》第1卷第22期，1939，1。

立起来的。当 1936 年弗朗哥发动战争的时候，所有的正规军都加入了反革命阵营。两三年来，西班牙的英勇艰苦的反法西斯反侵略战争，主要是临时组织起来的工农小资产阶级的人民武装改编成的。然则谁会相信：在革命过程中成长起来，以工农大众为主要成分，又经过了三个多月革命战争的教育的军队，会因为上层分子的出卖投降而服服帖帖地缴出他们的武器呢？据外国通信社的报道，西班牙的共产党和其他许多主张坚持抗战的分子已经举起了投降者所抛弃的反法西斯反侵略的旗帜继续来领导西班牙人民的解放战争了。如果前共和政府的 50 万军队中能有一部分实力在他们领导之下继续作战，那么谁能肯定说西班牙的战争已经"完"了呢？我们敢断言西班牙的反法西斯反侵略战争绝没有完，而且必然已经在新的基础上更深入一层地展开了。

然而无论如何我们不能否认：西班牙的反法西斯反侵略的解放战争已经遭受到了一个严重的打击。虽则我们知道革命的进程总是曲线形的，绝不能因一时的挫折而悲观（即使这挫折很重大）。然而我们不是宿命论者，我们不能以仅仅指出乐观的前途为满足，而且更应该详细地分析遭受挫折的原因，从这挫折中去找寻教训，得出我们的实践的结论来。

谁使得西班牙的反法西斯反侵略的解放战争遭受这重大挫折的呢？显然这不是希特勒，不是墨索里尼，也不是弗朗哥，而是加隆陀、米亚迦等投降妥协分子，是由于这些分子的动摇，是由于他们放弃了独立自主的外交路线，是由于他们破坏了人民阵线的团结，他们在战争最紧急的关头推翻了坚持战争的奈格林政府，把枪口掉转来对付自己营地中的最坚决的战友。他们用反对侵略者和卖国贼的飞机大炮来屠杀反法西斯反侵略的革命民众。他们想借此向敌人献媚，求得敌人的宽容。他们抛弃了武器，跑在敌人的面前，哀求所谓"荣誉的"和平以及安全保证。可耻呀！这些贪生怕死懦夫们，现在他们唯一担心的只有自己的"宝贵的"生命了。但是不论荣誉的和平也好，抑或是自身的安全也好，都不是放下了武器可以向敌人跪着求得的呀！我们还没有听到过跑着求老虎不要吃人的猎夫；如果天下真有这样的人，那就是加萨陀米亚迦之流了。

当然，我们相信最近英法的承认弗朗哥政府是促进加萨陀米亚迦投降屈服的一个重大原因。但别国政府背弃西班牙共和国的人民，难道就可以成为马德里国防委员会背弃本国人民的理由吗？历史家是不会饶恕张伯伦和达拉第的，是不会饶恕他们的投降侵略者出卖弱小民族利益的所谓"绥靖政策"的，但是历史家也绝不会饶恕加萨陀米亚迦等背叛自己民族的变节者。

我们说明了西班牙反法西斯反侵略战争遭受此次打击的原因之后，就可以知道中国非但不和阿比西尼亚、捷克同一命运，而且也不和西班牙同一命运。原因就在于中国抗战的条件是和西班牙战争的条件不同的。

西班牙战争和中国抗战的基本的差异点就在于双方战争的性质。西班牙的战争在本质上，是本国的法西斯反动势力联合外国法西斯侵略者对广大的革命大众的战争，在外表上是采取内战的形式。因此，外来的侵略者在西班牙国内找到了一定的社会基础——这便是地主金融贵族阶级。换句话说，西班牙人民一方面要反对外来的法西斯侵略者，而另一方面又要反对国内的法西斯独裁者。而且内战的形式又容易蒙蔽了侵略者的本来面目，欺骗许多中小资产者，使他们不能积极地起来参与反法西斯反侵略的战争。至于中国的抗战，不论在本质上和形式上都是百分之百地反对外来侵略者的战争。日帝国主义对于灭亡中华民族的坚决主张，它的残暴的行动以及它的赤裸裸的侵略计划，迫着全国各阶级不得不一致联合起来支持这反侵略战争，使日帝国主义者在中国找不到弗朗哥这样较有社会基础的傀儡做它的掩护。

总括起来说，中西两国的战争性质的不同，使中国的反法西

接受西班牙事变的教训

斯反侵略的民族统一阵线比西班牙的反法西斯反侵略的人民阵线能有较广大的基础，而侵略者在中国比在西班牙更显得孤立。

西班牙的国际环境也和中国不同。欧洲的环境远比东亚复杂。一方面，西班牙受德意葡三国的包围，而另一方面英法等民主国家在那里顾忌过多，深恐一不小心便使自己卷入了战争的漩涡。而弗朗哥的半独立政府的存在也多少增加了英法的幻想——即避免与德意发生正面冲突，而用釜底抽薪的办法，把弗朗哥拉到自己怀抱中来的幻想。至于在远东方面，侵略者早已亲自出马，英法利益早被侵夺，要避免正面接触已不可能。在力量对比方面，这里侵略者仅日本一国，而反侵略者却有中英法美苏五大国。并且英法本国离开较远，顾忌不若西欧之大。至于梁鸿志、王克敏等辈的傀儡也根本不能引起英法的幻想。因此，西班牙共和国的反法西斯反侵略战争是始终在各民主国的所谓"不干涉政策"的封锁之下的，而中国的抗战却是自始至终便得到国际上种种援助的。

西班牙是小国，而中国是大国。中国自己的物力人力都很富饶，足以支持长期抗战。中国有广大的领土，今天它所失去的领土虽然已经大过于西班牙全国，但是未失的土地却更大于已失的土地，因此仍旧能够继续支持抗战。

此外中国更具有许多优良的历史条件。例如：第一，民族统一战线主要以国共两党为基础；但在西班牙人民阵线中，包含的政党较多。尤其是在西班牙的工农大众中，小资产阶级的无政府主义派占极大的势力。这派势力在人民阵线结合的过程中起了不少阻挠作用，而在今日更成了反革命的国防委员会的构成部分之一。甚至像托洛茨基主义派的势力也因于前政府的宽容姑息，始终未被肃清，使他们能在反法西斯战争中做着种种挑拨离间、阴谋破坏的活动。第二，全国人民都经过了长期内战和对外妥协的经验，大家深切地感觉到分裂只是为侵略者制造机会，而妥协只是招致了侵略者进一步的侮辱。这经验增强了全国人民对于坚持抗战、坚持统一阵线的信心。使得违反这一信心的动摇分子妥协主义者如汪精卫之流极容易遭受全国人民的唾弃。

上面指出的种种差异点可以保证中国抗战的前途比西班牙的反法西斯反侵略战争大可乐观。但是这还不是说西班牙此次事变的教训对中国是不需要接受的。对中国的教训还是很宝贵的。如果中国更能接受西班牙事件的经验，作为自己的教训，那么我们可以相信中国的抗战是必胜无疑的。

西班牙战争的新事变可以给我们什么教训呢？托洛茨基主义者的回答一定是说：西班牙战争的新事变证明了人民阵线和民族阵线政策的破产，证明了无产阶级是不能与自由资产阶级建立同盟的。但是我们相信，如果西班牙的无产阶级在内战爆发时就对自由资产阶级采取不合作和攻击的态度，那么弗朗哥早在三十个月以前便在西班牙取得胜利了。过去西班牙的托派所采取的策略也正是这种策略：他们一面假装着参与反法西斯战争的样子，一面却用尽种种力量去反对当时的人民阵线政府。当然，这样的政策是墨索里尼和弗朗哥所最欢迎的了。

西班牙的新事变给予中国抗战的真正的教训有下列三点。

第一，反侵略反法西斯的战争绝不能中途妥协，妥协便是完全屈服。马德里国防委员会的妥协者想以自动停止作战来向弗朗哥求得荣誉的和平，但弗朗哥却一步紧一步地向前进攻，根本不同这些妥协者谈什么和平，而只要求无条件的投降。真正的荣誉的和平是要在坚苦的斗争中用血肉去换来的，而不是跪着求来的。

第二，根据西班牙事变的教训，应得出与托派完全不同的结论来，即坚持统一战线是争取胜利的唯一保证。统一战线的分裂只是招致了敌人的轻蔑和新的进攻，促成了自身的失败。但统一战线的保持却需要极大的警觉性。统一战线内部的动摇和妥协应以最大的努力去克服它，如果已经到了不可克服的时候，应毫不容情地把这些分子清除出去，否则必然将贻害无穷。而克服动摇妥协的唯一力量便是使最大多数的人民团结在坚持抗战、坚持统一的旗帜下。

第三，应有独立自主的外交路线，一切国策应以民族自身利益为依据，不能被友邦所左右。外援只能作为辅助的力量，不能作为抗战的基础。今天中国所得的国际援助是一天一天地在增加。但我们应认清这是坚持抗战的结果所获得的。而且各国对我国的援助，也是为了它们自己的利益。譬如是为了反对日本的独占政策，维持自己在中国的商业，加强对中国政治的影响等，而不是为了争取中国民族的彻底解放。如果中国放弃了独立自主的外交政策，那么就是使自己的民族利益去服从于友邦自身的利益了。当友邦脱离了我们的时候，我们甚至就失去了独立作战的能力，或者更被诱入妥协的歧途，如同今日西班牙国防委员会的政策一样。

勿为亲者所痛仇者所快*

前几天本埠各报发表有苏北游击队领袖瞿犊、王进两烈士被害的消息，译报"大家谈"且发表有几篇来稿报告两位烈士的身世和被害经过。使人悲痛的是这两位烈士不是死在敌人手里，而是死在自己人手里。

自己人为什么要杀害瞿王两烈士呢？因为他们叛变了民族，出卖了国家，动了众怒，被人民自动处决的吗？抑或是因为他们触犯了国法，被政府明正典刑的吗？都不是。因为瞿王两烈士被害已两个多月，我没有听到关于他们叛国的事迹，也没有听说政府宣布过他们什么罪状。我们从报纸发表的消息中，只知道他们曾经抛弃了学业，离开了家庭，在沦陷区域中组织人民，领导游击队，为国家民族而奋斗。我们更知道，当这两位烈士被害后治丧的日子，启海人民拿了香烛、锡箔前来祭奠的有两万多人，和尚、尼姑且为他们义务奉经。由此可见瞿王两烈士不仅不是民族叛逆，而且是爱国志士；不仅是爱国志士，而且是深得民众拥戴的当地游击军领袖，因此他们不是被明正典刑的而是被暗杀的。可是为什么自己人要暗杀两位爱国的领袖呢？对于这，我们除了新闻中所云，因遭"该地两面分子大加妒忌"外，找不出其他的理由。

---

* 本文署名叶非木，原载《译报周刊》第1卷第23期，1939，3。

关于这件事，我们希望由政府来彻查。杀害瞿王两烈士的凶手自将依照军法裁判。当此国难严重、大敌当前的时候，我们绝不愿意有人为了报私仇，来增加自己队伍中的摩擦。没有天下为公的风度，没有牺牲个人的精神，瞿王两烈士绝不会冒着枪林弹雨的危险深入敌人后方去做游击队工作。瞿王两烈士如果死而有灵，他们也绝不愿意谁为了替他们报私仇而放松了当前的大敌。但是我们从瞿王两烈士的被害事件中，感觉到有一个极严重的问题存在，这就是关于整顿游击队和加强政治教育的问题。

自从抗战开始由第一阶段转入第二阶段之后，蒋介石早已喊出了游击战重于阵地战的口号。因为在这相持的第二阶段中游击战是消耗敌人，使抗战兵力转弱为强的最好策略。因此中国军事当局在最近曾费了极大的精力去整顿敌后的游击队。这努力已经收到了相当好的成效，但是还没有达到意想的成功。各部队间的相互火拼和对民间的搜扰行为，还没有完全根除，瞿王两烈士的被害只是许多"为亲者所痛，仇者所快"的事迹中的一件而已。这些现象如不完全根除，那么游击队绝不能执行自己在二期抗战中的任务。因此整顿游击队和提高游击队的政治教育应该是今天中国抗战中的重大任务之一。

怎样才能把游击队整顿好呢？这绝不是政治工作的技术和方法问题，而是游击队本身对人民的态度问题。如果游击队对人民采取尊重的态度，把自己看作是人民的部队，那么游击队本身自然也能得到人民的尊重。于是军民打成一片，军队不会脱离人民，人民也不会歧视军队，而游击队相互之间自然也不会再发生火拼的事情了。

前几天报载美联社北平电讯中有关于河北游击队的描写，其中有一段说："鹿（钟麟）将军虽富有资产但对于八路军则敬佩无似，盖以鹿将军之军队必须下令人民之后，人民始起而响应工作，但第八路军因对于人民在某某情形之下，应作若何行动，平日已讲解明白故一至紧急关头,多能自动扶助军队去行动。"等到人民能自动扶助军队,确是游击队工作达到理想的标准了。但我们以为要做到这田地也并不难,唯一的秘诀便是尊重人民并且能扶助人民。

勿为亲者所痛仇者所快

从李维诺夫辞职谈到苏联的外交[*]

世界上任何资本主义国家的外长任职的年份绝没有像苏联的外交人民委员李维诺夫这么长久。他从1925年起便以副外交人民委员的地位代理了因病告假的外交人民委员齐采林的职务。1930年齐采林辞职以后，李维诺夫便正式担任外交人民委员的职务。在他领导苏联外交的14年内，苏联的国防地位已经有了迅速的发展。苏联已经从资本主义各国的敌视包围的环境中，摆脱孤立的地位而取得这些国家的尊重，在国际政治上起着举足轻重的作用。虽则这主要是由于苏联国势的强大，但是李维诺夫个人在外交上的努力也有重要的意义。因此李维诺夫的辞职引起全世界的注意，倒是不足为奇的。于是国际间的法西斯以及一切反动势力，便利用这机会对苏联造谣中伤，其中最恶毒的是说苏联将改变它的外交路线，放弃集体安全的政策，采取孤立立场，甚至转回去联络侵略国家。这种谣言的目的是企图把国际集体安全制不能建立起来的责任和英苏谈判不能圆满进行的责任归到苏联身上去。对苏联怀着恶意的宣传机关，更利用斯大林在18次党代表大会上的报告中对于所谓民主国家的妥协投降政策的指责，拿来作为这种造谣中伤的论证。这是聪明恶毒的办法，然而是不能成功的。

为说明苏联的基本外交路线在今后有否变更的可能，先要了

[*] 原载《译报周刊》1939，2（4）和《国民公论》1939，1（12）。

解苏联的基本外交路线是什么。在1936年苏联第八次全国苏维埃代表大会上，李维诺夫曾经发表过演说。这演说的最后一段说："苏联并没有什么理由来改变自己的政策，它的政策，无论过去、现在和将来都是和平政策。"为了和平所以主张集体安全制，反对侵略，预防战争。这是苏联的基本外交路线，也是苏联的立国基础。

从李维诺夫辞职谈到苏联的外交

因为第一，苏联是社会主义的社会，生产的发展是为了增进人民的福利，不是为了利润；所以它不需要掠夺国外市场。苏联是地大物博的国度，它国内出产各种各样的原料（从寒带的到热带的），有各种各样的矿产，所以它不需要掠夺原料产地。因此，苏联不需要侵略，不需要战争。第二，苏联是工农大众的国家。而在任何战争中，直接牺牲的是工农大众（这尤其是在资本主义国度内是如此）。所以苏联的主人翁——工农大众——根本就反对战争，反对工农大众的互相残杀（苏联本身便是在反对第一次世界大战的斗争中产生出来的）。第三，苏联没有剥削阶级，它不需要用对外战争来维持国内统治，像一切法西斯侵略国家一样。

维持和平的基本外交路线既然是苏联的立国基础，它绝不是某一个人的主张，绝不会因某一负责工作人员的去留而有所变动。所以苏联的负责人士宣称："苏联政府内部无所谓个人政策，各当局所推行之同样的政策，实即苏联政府与共产党所公有之政策。"（莫斯科三日哈瓦斯电）在事实上也的确如此，苏联政府的一切重要的措施（不仅基本国策）都由共产党领导机关讨论通过后才能实行。除托派奸细外，苏联的每一个公民都是拥护国策的。政府工作人员在执行这国策时容许在方法和步骤上有错误，但绝不会同这基本国策相矛盾。

资本主义各国的新闻记者都把斯大林最近在苏联共产党十八次大会上的报告作为苏联将要变更外交路线的证明。但斯大林在他的报告中对于今后苏联的外交方针和党在外交方面的任务有明确的指示，他指出苏联的外交方针是：

"一、我们坚持和平，坚持与一切国度发生事业的联系，我们坚持着，而且将继续坚持着这样的立场，如果这些国度对于苏联也保持同样的态度，如果它们不企图破坏我们的利益。

二、对于同苏联有共同国境的一切邻邦，我们坚持和平的、亲近的和善邻的关系；我们坚持着而且将继续坚持着这样的立场，如果这些国度对苏联也保持同样的态度，如果它们不企图直接地或是间接地破坏苏联国境的完整和神圣不可侵犯的利益。

三、我们坚持援助一切因争取祖国独立而成了侵略行为的牺牲品的民族。

四、我们不怕侵略者方面来的恐吓，而且对于企图破坏苏联国境的神圣不可侵犯的那些战争挑衅者准备以双倍的打击回应他们的打击。"

斯大林接着又指出：

"党在外交方面的任务：

一、继续往前推行和平政策并且同一切国度增进事业联系；

二、处处当心，不要让善于利用别人的那些战争挑衅者把我们国度拉到纠纷中去；

三、尽力巩固我们的红陆军和红海军的战斗力；

四、巩固我们同那些愿意和平的各个国度中的劳动者的国际友谊关系，巩固各民族之间的友谊。"

斯大林在这里岂不是明白地指出了：在一方面苏联仍旧坚持着一贯的和平政策，而且一切国度增进事业的联系，即是说仍旧是坚持集体安全的政策；在另一方面，仍旧继续巩固国防防备侵略者的袭击，援助一切被侵略者，即是说仍旧继续维持反侵略反法西斯的路线。从这样明确的指示中会得出苏联将放弃集体安全的政策，将与侵略国妥协等，岂不是明白地在歪曲苏联的外交政策,故意造谣中伤吗?

关于反侵略和苏联对于反侵略战争的态度,在十八次代表大会上的另一个报告中,在苏联共产党驻共产国际代表曼弩依尔斯基的报告中,说的更详细。

"在《苏联共产党历史纲要》中,根据马克思、列宁主义的学说,把战争分为公正的和不公正的两种:

A. 公正的战争,这便是非掠夺的自由解放的战争,它的目的或者是保护人民抵抗外来的袭击和抵抗人民之被奴役,或者是解放人民的资本主义的奴隶压迫,或者是解放殖民地和附属国度的帝国主义压迫;

B. 不公正的战争,这便是掠夺的战争,它的目的是掠夺和奴役其他国度和其他民族。

这指示是共产主义者在决定工人阶级和劳动者对于每一个具体战争的态度的时候可以当作指南针用的,这便是说劳动者将要援助每一国度的人民为了他们的民族独立反对帝国主义强盗的公正的战争。劳动者将要援助一切足以促进世界反动势力,尤其是它的突击队——德、意、日三国——的迅速失败的战争。"

现在的法西斯侵略者在侵略其他民族的时候,往往以"民族自决"为号召,为假面目。因此,侵略者便以弱小民族的解放者自居了。曼弩依尔斯基在揭露了这种假面具之后,对于共产党人又指出了以下的任务:

"共产主义者一面彻底地为了反对资本主义各国内任何形式的民族压迫,拥护被压迫民族的自决,以至于分立的权利,号召被压迫民族,根据苏联各民族的史太林主义的友谊合作的伟大经验起来建立自己相互间的关系;但是在另一方面,共产主义在现今具体的历史环境中,更是集中主要的火力去反对法西斯伪造的'民族自决',因为这是对被压迫民族的最无耻的欺骗,这是违背人民的自由和独立的最恶劣的罪恶。共产主义者把实现法西斯国

从李维诺夫辞职谈到苏联的外交

家压迫下各民族的自决作为最首要的斗争。共产主义者要求奥国（它是在举行公民投票之前被法西斯帝国用武力侵占去的）的自由的自决，被法西斯德国从捷克分裂出去的苏台德区的自由的自决，要求高丽、中国台湾、阿比西尼亚的自由的自决，要求肃清西班牙和中国境内的帝国主义侵略者。"

曼弩依尔斯基所讲的这些话，也就是斯大林指出的苏联外交政策的四大原则之一——"我们坚持援助一切因争取祖国独立而成了侵略行为的牺牲品的民族"——的具体而详细的说明。曼弩依尔斯基的这个报告跟斯大林的报告同样是为十八次代表大会所一致通过而作为苏联的基本国策的。苏联反对德、意、日三侵略国的态度如此坚决明确，而帝国主义的通讯社在李维诺夫离职之后，散布着苏联即将对各轴心国妥协的消息，这不是恶意的造谣，是什么呢？

不错，在斯大林的报告中，对于各民主国家向侵略的妥协退让曾经给了非常严厉的批评。曾经指出过这些所谓民主国是以退让妥协怂恿了这些侵略国，尤其是怂恿它们向苏联作战。因此在党的任务中，斯大林指出了苏联应该"处处当心，不要让善于利用别人的那些战争挑衅者把我们国家（苏联）拉到纠纷中去。"

关于这种妥协退让政策的本质，在曼弩依尔斯基的报告中，说得更具体。他对于英国的政策曾经有过以下的分析：

"英国的反对资产阶级的计划在于牺牲东南欧的小国满足德国法西斯主义，把德国引到东方去反对苏联，企图用这样的反革命战争去阻挠社会主义的继续成功和社会主义的胜利，希望德国放弃对英国殖民地的帝国主义的要求，同时英国的反动派希望用苏联的手来敲碎德帝国主义的毒牙，使德国长期陷于衰弱，以便保持英帝国主义在欧洲的殖民地；英国反动派希望牺牲法国而去同意大利共同瓜分西班牙和地中海的势力范围，为了帝国主义的'平衡'在欧洲同意大利订立协定，把它从对德国同盟中拆开来；

在远东方面英国的反对者希望瓜分中国,他们如今让日本破坏和削弱中国,同时也不阻止日本自己的军事和经济的消耗,以便将来以仲裁者资格出场,在远东建立'慕尼黑式的议和';英国的反动势力不愿意让德意日任何一国的法西斯制度破产,反而愿意帮助这些国度挽救自身的财政破产,其方法便是把借款供给这些国度,这样也就是把法西斯国家在某种限度内放在英帝国主义的约束之下。"

这的确是对于民主国家的一种无情的揭露,然而这只是为了这些国家向侵略国做妥协投降的缘故。换句话说,苏联还是德、意、日三个法西斯侵略国认为应该集中火力攻击的主要目标。所以绝不能把这个作为苏联放弃集体安全的原则接近侵略国的证明;相反,这却是争取集体安全制、反对侵略国的坚决表示。

但是正像曼弩依尔斯基所说的一样,"英国反对资产阶级的这些劫掠计划是在替自己掘坟墓。它对于日本侵略中国的秘密援助是在准备把英国从远东驱逐出去,它对意大利法西斯主义的让步,是在准备葬送英国在地中海的阵地,它供给法西斯侵略者的借款是增强了它们的军事力量,也即增加了自己失败的危险。它把德意志法西斯主义的巩固作为自己对帝国瓜分的准备。它攻击苏联的计划不仅准备了法西斯主义的瓦解,而且准备了整个资本主义体系的瓦解。"在德国完全占领捷克、意国并吞阿尔巴尼亚之后,更明显地证明了上述的真理,甚至使英国保守党中的反动分子也不得不承认——至少是默认——慕尼黑协定的失败。西班牙的事件只是证明了张伯伦所干的完全是损人不利己的事情:他不仅牺牲了西班牙人民,断送了法兰西的利益,把它放在意大利的威胁下,而且断送了英帝国的利益,因为他把直布罗陀让侵略者包围了起来,将英帝国在地中海的利益也放进了意大利法西斯主义的威胁之下去了。德意军事同盟的订立更是明明白白地证实了张伯伦想拆散德意轴心、拉拢意大利的计划已经毫无挽救地失

从李维诺夫辞职谈到苏联的外交

败了。

因此，最近英国的反动派，亦不得不在表面上把自己的政策稍稍变更一下，至少是在对苏接近这一点上。但是这种变更并不彻底，并非是激剧的进步。张伯伦想拉拢苏联，但是英国又拒绝苏联所提议的英苏互助公约，尤其是不愿意英苏的任何合作适用于远东方面。英国只想叫苏联在西欧方面尽片面的义务，但是对于苏联并没有充分的诚意。换句话说，张伯伦并没有放弃绥靖政策的基本路线。他只是想用放弃的姿势来继续推行绥靖政策的实际。这姿势在一方面是对德国的。这意思就是告诉希特勒说："喂！朋友！你如果再不住手，老是向着我的势力范围发展，那我就要同苏联订结同盟收拾你了；但是你如果识相点，赶快住手，或者最好是把你的侵略路线转向苏联去。我还没有给苏联任何担保，你向那方面发展我绝不阻挠你。"

另一方面这姿势是做给国内的人民看的。因为全国人民早已把张伯伦的绥靖政策看厌了，他们老早就不信任这一套了，即国会中的保守党议员都不能不向张伯伦质问道："首相其知英国大多数人民皆主张与苏联缔结互助协定……？"（八日伦敦路透电）"因为英国政界也认为英国是否将率直拒绝莫斯科之建议尚属疑问，良以首相张伯伦深悉此举……或将引起国会中保守党大多数人士之反对，其声势较之前拥护邱吉尔（现译"丘吉尔"，下同）、艾登、古柏三氏之议员为盛。某保守党国会督率员更认为英苏谈话之失败或将招致张伯伦内阁之倾覆云。"（英联社五日伦敦电）张伯伦看到国人的情绪，甚至保守党内部对于他的外交都如此不满，他自然不得不做出向苏联接近的姿势来，以巩固自己的地位了。

苏联对张伯伦外交政策的这种转变的动机以及不彻底性，当然非常明了，它知道如果不在这时候坚持自己的要求（订立英苏互助条约，也就是以英法苏三国为主的集体安全制的建立，因法苏间早已有互助公约存在），这种协定将会使张伯伦的妥协政策继续苟延残喘，使世界和平受到更大的威胁。

所以苏联目前对于英国外交政策的"转变"所采取的这种冷静而坚决的态度，非但不是表示放弃集团安全的基本政策，而且是最有效的坚持。我们可以深信，苏联这种坚持是可以达到目的的。因为诚如斯大林所说的那样，苏联的外交政策是有日益增强的经济的、政治的和文化的势力做凭借，有苏维埃社会的道德和政治的统一做凭借，有国内各民族的团结和国际劳动大众的援助做凭借，更有苏联的红陆海军做凭借。尤其因为现在世界已经走入了资本主义总危机最尖锐的阶段。各国经济刚从前一次危机中喘过气来，新的危机又开始了。资本主义各国间的尖锐的政治矛盾，已经在许多地方爆发成了战争。张伯伦等政治家虽然会努力推行绥靖政策，即是说虽然会努力缓和资本主义世界的矛盾，企图利用德意法西斯为首去向苏联进攻，但事实已证明这政策是失败了。正如我前面所说过的一样，所有的侵略国家非但不敢同苏联挑衅，而且拼命在向其他资本主义各国的势力范围侵入。今天的苏联非但不是革命前被英法资本家牵着鼻子走的沙俄，而且也不是十年前的苏联了。今天的苏联不论在经济、政治、军事、外交的任何方面，都已经充分强盛，以至于可以胜利地击退任何敌人的个别或集团的攻击。今天的形势已经不是苏维埃国家在如何提心吊胆地防备资本主义国家的袭击，而是一部分资本主义国家（非侵略国）怎样在低声下气地向苏联求援以抵抗另一部分资本主义国家（侵略国）了。但是苏联并不因此而幸灾乐祸，采取隔岸观火的态度。苏联知道侵略国的猖獗是全人类的灾害，苏联很愿意联合一切爱好和平的资本主义国家共同消灭这大灾害。但是至少，苏联应该问一问它的合作对手是否有铲除这灾害的诚意和决心。

很不幸的是，到如今，那些亲自受法西斯侵略国威胁的国

从李维诺夫辞职谈到苏联的外交

家，还没有抵抗这些侵略国的决心，因此对苏联也还缺乏必要的诚意。它们还没有放弃给苏联水木梢的笨念头。因此，苏联就不能不郑重其事了。这所谓郑重其事并不是观望不前，而是考究怎样有效地反使这些国家对苏联放弃损人"利"己的利用观念，而且使它们诚意地、坚决地同苏联合起来制裁法西斯侵略者——这也就是苏联外交政策的中心问题。

认明环境　看清任务

最近个把月以来，中日战局相当稳定。但是国际关系在这时期内却进入了最变幻莫测的阶段。这个国际关系演变的结局如何，毫无疑义地对于中日战事的前途将有重大的影响。所以，中日双方对于国际间的一切谈判以及任何策动都密切地注意着；虽则双方的企图和希望是完全相反的。狡猾的侵略者已经抓住了目前的局势，开始积极活动，企图主动地来影响国际关系的演变，使它有利于自己。最近租界上的忽而紧张忽而松弛的局势，在一方面是目前国际关系的演变和日方方面积极策动所配合成的。但是在另一方面（这是更基本的原因），日本向租界的进攻又是日军战略失败的必然结果，是中国现阶段抗战中的必然现象。如今我们先来分析最近侵略者所以要积极进攻租界的基本原因。

造成上海紧张局面的基本原因

侵略者对于租界的进攻绝不是突如其来的。自从中日战争逐渐进入相持局势，即逐渐转向第二阶段以后，日本军阀也就不得不逐渐从战略的进攻而改为战略的防守，从继续向前占领新的地域而逐渐改为巩固已占领的地域，日军的这种战略上的转变，是中日战争必经的阶段，这是很早便有人指出的。日军的这种新战

---

* 本文署名叶非木，原载《译报周刊》第2卷第6期社论，1939，5。

略在华北是很早——这在占领武汉以前——便开始实行了，但在华中长江流域，却是到最近才开始的。

上海是长江流域的门户，是日本侵略华中的总根据地。所以日本要巩固华中的统治，就不能不巩固它在上海的地位，然而，颇使侵略者难堪的是：在上海存有第三国统治下的租界区域，在这区域内，日本军人不能自由作为，不能随便侵占他人的财产，不能随便捕人杀人，不能禁止别人说出他们（日本军阀）所不愿听的老实话。因此，在言论绝对不自由，生命财产绝对无保障，中世纪的黑暗混乱所统治的日军占领区中，上海的租界便成了鲜明的、完全不调和的对照，成了日本军阀巩固占领区域统治的障碍。因此，侵略者要巩固占领区域的时候，必然要设法来改变这种状况——如果不能完全占领租界，根本消灭这块"干净土"，那么他们至少也想施以压力，加强自己对租界的统治，使租界上的一切不要同周围的情形成为太触目的对照。上海租界在战争第二阶段中的这种可能的遭遇也是早就有人指出的，但日本军人的这个企图能够实现到什么程度，这决定于整个中日战局的推移，决定于国际关系的演变，尤其是决定于英、美、法各国的态度。

最近的国际关系的演变，一般地说，虽则是有利于反侵略阵线的，但是张伯伦的动摇还没有终止，他还不愿与苏联缔结互助公约。他不仅没有放弃拉拢意大利的念头，而且更想敷衍远东的日本。曼彻斯特导报说张伯伦"在欧洲试行绥靖政策失败之后，犹主张在远东采取绥靖政策"，这是一点也没有冤枉他的。日本军阀看中了这一点，便一方面故意决定暂时不跟德意订立军事同盟。这也就是对张伯伦故意卖弄风骚，暗吊膀子。意思是说，只要你的绥靖政策推行下去，那么我就保证不同德意订立军事同盟。但是在另一方面，日本军阀却就"根据敌方阵线最弱点加以攻击之理论"（曼彻斯特导报的话），向英国的利益实施袭击。这样，远东的侵略者就可以不受德意军事同盟的束缚，反而能坐享到这个军事同盟的好处——利用自己暂时不加入的地位，迫使绥靖主义者让步，取得租界的统治权以达到巩固占领区域统治的目的。

"药到病除"

因此，日本军队自从占领武汉以后，半年来简直毫无进展，直到最近日军在前线大有"寸步难行"的境况了，可是对各地租界，却反而节节进攻，但另一方面租界当局则"节节退让"；那种软弱无能的态度真是使人难于相信了。

我们看到，先有二三月间，上海公共租界警务处容许日方官兵和日领事馆警察会同搜查所谓"恐怖分子"；接着就有最近在日方屡次抗议之下，两租界当局限制报纸杂志的言论自由，禁载中国政治团体及政府领袖的宣言和演讲，限制租界居民悬挂中国国旗。最后，便有两租界当局会衔布告，禁止居民的政治活动，以及几家华文报纸上发表蒋介石演讲词全文而被罚停刊，或受警告处分。

但是勇敢的退让，必然招致对方进一步的侮辱。鼓浪屿日军登陆就是这种一贯退让政策下，必然发生的结果。

日军在鼓浪屿登陆以后，便向工部局提出五项条件，要求改组工部局。实际上就是要英、美、法各国把租界统治权完全交出。而且日方发言人公开承认：必要时，日军将占领上海。当初，日本军阀那种气焰逼人的形态，使人疑心他们真的已经疯狂，好像是在中国战事已陷入僵局的今天，又将同时向美、英、法三国在太平洋上挑战似的。其实这不过是一种试探性质而已，是一切侵略者所惯用的流氓敲诈手段。若是被他的装腔作势的样子所吓倒，那么他便老实不客气地硬敲你一记竹杠。而且将进一步提出新的要求。但是你若认真预备以实力对付他，他一定陪着

认明环境 看清任务

笑脸向你打躬作揖，连说"误会"。所以美国远东舰队司令到鼓浪屿向日本提了一个严重抗议之后，上陆日军便因"局势已缓和"马上撤退了一大半。等到美、英、法三国分别派遣与留驻日军同数量的队伍上陆之后，日外务次官马上便保证日军可以逐渐撤退。

由此可见，坚决的实力的制裁，对于医治侵略者的疯狂病是具有"药到病治"的效应。

"冤有头债有主"

因此，维持租界治安的唯一途径，只有同租界居民亲密合作，给破坏租界治安的侵略者以有力的抵抗。但有绥靖主义者却不作如此看法；因为在绥靖主义者的政纲中有一条是：不让任何法西斯侵略国的独裁制度崩溃。所以未到十二万分或不得已的时候，不给侵略者以过分的"难堪"。所以侵略者虽则曾经轰炸过英国的军舰，扫射过英国的大使，而且屡次侮辱并殴打过租界的英籍警官，破坏了英国的贸易，在各地还命令傀儡政府策动所谓反英运动，甚至在英国人管理之下的租界上（虹口）雇佣了一群小瘪三散发反英传单，但是绥靖主义者却仍旧继续忠实于自己的路线，即继续向侵略者妥协，而且压制中国人的爱国行动，束缚中国人的言论。

显然，绥靖主义者的这种政策是很不聪明的，这样的"中立立场"不仅降低了租界居民对当局的同情心，而且妨碍了抗战中的中国人民对于各民主国家的友谊的增进。然而抗战中的中国人民将是未来独立自由强国的真正的主人翁。所以我们相信，取得这一有光明前途的伟大民族的同情和友谊，对于西方各民主国家实是必要的。这不仅是为了维持什么外交的礼貌，更是为了它们自身的利益。

但是对租界的中国居民说来，虽则对于租界当局的所谓"中立"立场未免要忿忿不平，但是当整个民族正在为着生死存亡而斗争的时候，绝不容许感情用事。虽则日本军阀正在各占领区域，在虹口，制造所谓反英运动，而远东绥靖主义者的政策也正在用压制中国人民爱国运动的事实帮助侵略者的反英宣传；但是真正的中国人民却不允许有这样的反英运动发生。中国有句俗话叫作"冤有头，债有主"，这句话对于抗战中的中华民族是很有用处的。每一个中国人应该认清谁是他们今天主要的"冤家"和"债主"。斗争的目标绝不能混乱，作战的火力绝不能分散。要知道"反英运动"正是民族的主要敌人所策动的把戏，"反对一切帝国主义（尤其是英帝国主义）"正是民族奸细、托派匪徒的口号——这是不能不使每个爱国人士有所警惕的。中国人民本来不会把所谓民主国家看作是自己的救主，能够挽救中华民族的灭亡的，只有中国人自己。谁是真正的友邦，谁能够给予怎样的援助，它们的援助又能达到怎样的程度——这是每个中国人早就应该有一个分寸的。这倒不是为了准备日后如何答谢，而是为了今天能够正确地估计自己的力量。今天各民主国家能够给予中国的帮助当然是有限的，甚至可以明白地说，它们并不是中国最彻底的民族解放运动的赞助者。但是它们在今天帮助中国抗战的地方，还是多过于它所给予的妨碍。所以，在今天把斗争的目标移到它们身上去，是极端不利于中国的民族解放运动的。所以，今天苏州河以南的租界居民与租界当局间发生了任何摩擦，只有使苏州河以北的侵略者暗中高兴，只是助长了日本人策动的"反英运动"；只是为日本夺取租界的阴谋制造机会。这是希望租界里每个中国人明白了解的，但是更希望租界当局自身不要做了侵略者的工具。

认明环境　看清任务

还有更重大的事业要做

前面我们曾经分析过，日本对于租界的压迫是中国抗战转入第二阶段的必然结果。但是目前第二阶段还刚开始。也就是说，日本对于租界的真正的压迫还刚开始。美英法三国军队在鼓浪屿登陆还只是表示这三个国家不愿意让日本完全占领租界，不愿意让日本完全把自己从远东驱逐出去（而且在此次行动中，站在主动地位的还是美国），然而这并不是说张伯伦已经放弃了绥靖政策。相反地，我们有种种理由，可以证明张伯伦此项政策（尤其在远东）在将来还是要继续下去的。这就是说在将来，租界对日方的这种让步政策是还要继续下去的。至于租界当局所推行的政策是对日方的让步政策这一点，那是连租界当局自己都不否认的。因为据美联社伦敦电讯，英国政府最近对于日本要求变更上海租界制度的复文中曾经明白指出"工部局确已向日方让步，例如增加工部局内之日方工作人员及工部局与日方商讨警务处镇压反日活动之计划等。"因此，在将来租界的局势只有更紧张，租界的环境，只有更艰难。租界上的每一个居民应该准备在未来更紧张、更艰难的环境中继续生活并且继续工作。

租界内的居民，在不久前曾经因悬挂国旗受到了限制而表示愤慨，甚至同租界巡捕发生了冲突。愤慨是难免的，然而于事情并没有帮助；至于同巡捕的冲突以及与租界当局的摩擦，那更只有使日本人高兴。这是前面已经说过的了。每一个中国人可以做任何事情，但是千万不能做自己民族的对头人所高兴的事情。

但是更重要的是，悬挂国旗只不过是对于自己国家的一种尊重和爱护的表示而已。当国家到了生死存亡的关头，人民对于国家的这种尊重和爱护的心念是宝贵的，然而还是十分不够。国家和民族在今天要求每个国民能够更积极地有所贡献，有所效力。

租界内的居民，除了悬挂国旗以外，也还有更重大的事业要做，而且可以做（当然这不是说，不要挂国旗。关于挂旗问题还是应该通过合法手续，经过外交途径继续向有关系的各国政府交涉）。上海人民的基本任务应该是节蓄并且扩大自己的力量，严密自己的队伍，迎接最后的胜利。在今天轻举妄动只是暴露了自己的力量，浪费了自己的力量。所以，在今天，作为一个民族战士的最好的性格应该是切实的努力、坚定不拔的毅力、刻苦的精神和牺牲的勇气。热情只是作为一个战士的起码条件，但是感情用事也只会败坏事情。上海人是在最困难的条件下生活着，对于这些条件应该牢牢地记住。

认明环境　看清任务

从纶昌工潮中应得的教训*

英商纶昌纺织厂的工潮已经发生半个多月了,社会对此虽然已经有较高的注意,但是还没有充分认识这件事的意义。从这件事中,不仅英美厂商和中国人民(尤其是工人大众)可以得到不少教训,就是各民主国的政治家也应该从这里得出一定的结论来。纶昌工潮的发展是张伯伦的绥靖政策碰壁的微小而具体的实证。

纶昌工潮发展成为今天的局势,是日伪方面有计划策动的结果。这个当然是已被社会公认的事实,是用不着再加以说明的了。然而不幸的是纶昌当局(甚至于一切英美——以至于中国的——厂商)在此次工潮未发生以前,对于自己今日所处的环境并未认识清楚,因此对于这样的前途事前并未预料到。而在工潮已经发生,日伪方面的活动已经表面化之后,则又只看到日伪的活动,而不能理解除日伪活动以外,工潮的发生还有更基本的原因存在,这就是工人的生活痛苦和恶劣待遇,因此厂方始终未能同工人推诚合作,改善工人的生活和待遇,不能以釜底抽薪的办法根绝日伪活动的基础。

自从中国开始抗战以来,日机到处轰炸平民,造成了中国人民的普遍的激昂的民气。一般人民都自动拒绝购买日货以表示他们的忿恨。棉织品是广大人民最主要的、最不能节省的日常必需

---

* 本文署名叶非木,原载《译报周刊》第 2 卷第 8 期社论,1939,6。

品之一。人民既不愿购买日货，而租界上的华商纱商又是供不应求，于是退而求其次，便纷纷购买英美厂的出品了。因此在市场上早已做出了招牌的纶昌布便在租界上大出风头。最近纶昌公司生意的发达据说是打破了历史的纪录，每天盈余竟达两万元以上。这种丰厚的利润当然是日商纱厂所妒忌的。因此他们便希望，以至于多方面设法去策动一切英美工厂，尤其是纶昌纱厂的工潮，那是必然的事情，用不着成为事实以后才恍然大悟的。但是从各方面的消息看来，日方的策动收效并不大。日本人虽然已经利用过托洛茨基派匪徒来混入工人队伍去做奸细，但是成绩显然并不可观。例如那个在此次工潮中提出许多托派口号，散发托派传单，自称工人代表，在日方掩护下企图组织为工会的杨某，据工人方面调查，其实并非纶昌工人。他在工人大众中可以说并无影响。因此日方的唯一希望便是英美厂商自己去加倍压迫工人，降低工人待遇，唆使中下级管理人——尤其是白俄——去虐待工人。意图用这种方法来鼓励工潮，待工潮发生后，他们便有机可乘，好直接来干涉了。

据说，在最近一两月以来纶昌公司所雇佣的白俄（以及少数工头）对工人的态度骤然严厉，往往故意殴打工人。有的时候，态度简直恶劣得不近人情。更因为此次工潮是白俄看门巡捕殴打女工而激起的，所以很多人便怀疑到最近一两个月以来，白俄人员的态度突如其来的不近人情的恶劣化是有人暗中唆使的。虽则，这里没有事实的证据，但此种怀疑也不是毫无理由的。这些背叛了自己的祖国，被自己的同胞驱逐出了国境的大多数白俄的人格和良心，是大家知道的。我们如果更回忆到日本军部同白俄分子的传统的"交谊"，回忆到最近租界上有好几次纠纷都是起因于白俄分子的处置"失当"，那就更有理由产生这种怀疑了。

纶昌当局对于工潮的起因始终是一知半解的。他们认为工潮的发生完全由于日伪策动，而不了解基本的原因还是在于微薄的工资、恶劣的待遇和管理人的无理殴打等。

用不着统计数字的证明，每个住在上海的人都可以从日常的生活中体验到，上海的生活费至少要比战前提高50%❶，但是上海各工厂工人的工资却反比战前降低了。资本家利用劳动市场上过剩的供给，以非常时期为借口把工资降到战前的水准以下。但是在另一方面却因这一非常时期给了老板空前的利润，他们便日夜地加工赶制，拼命增加劳动强度，延长工作时间，同时在管理方面也更严厉了。工人的负担增加了，工作加重了，但工资却反低了，待遇却反恶劣了。这样便形成了工人大众的普遍的不满情绪。这是最近上海一切工潮的最基本的原因（据3月24日申报本埠新闻载，战后之劳资纠纷，大多为减低工资、停工、减工，关闭及要求恢复工资、开除工人等。而工人要求增加工资鲜有发生）。此次纶昌罢工工人提出的要求中，关于工资一项只不过是"恢复战前之工资"（见5月24日申报消息），而且据说，工人要求并不高，如全部满足后，也不过等于停工一日的损失（停工一日除损失利润2万元左右外，其余利息开销等损失也有2万元左右。故共约损失4万元一日）。

综合各方面消息来看，纶昌此次工潮的直接导火线是白俄看门巡捕殴打某一女工。另一工人顾金根因抱不平与该白俄发生冲突，致遭厂方开除，更因厂方不愿与工人所派代表谈判，于是便激起全体工人罢工。此次工潮最初完全是自发的，而且是全无组织的。工潮发生后，因厂方不能推诚合作，以致形成僵局。于是日伪及托派便积极活动。最初是用挑发和诱引的方法，如组织罢工委员会，召集工友大会，伪区公署举办登记，散发"身费"津

---

❶ 关于最近上海生活指数没有确切的统计。据3月24日申报所载，国际劳工局中国分局所发表的本年1月份上海工人生活指数为159.22，较战前7月份的109.51涨45.39％。但最近四五个月以来，生活费的涨价更是厉害。可惜更无可靠的统计。

贴等。可是工人们都深明大义，对日伪托派都置之不理。据说，有一次日伪的"罢工委员会"要散发"车资"的时候，工人们都说："我们就住在附近，不用坐车。"这使得那位负责的日本人大扫其兴，把手里一把钞票往地上一掷（因有傀儡在旁代为拾起保管，否则绝不会如此挥金如土的）恨恨而去了。工人们见日伪托派如此热心援助工人，便知道罢工有被别人利用的可能，所以都不愿再扩大，而想同厂方接洽复工。日伪方面看到诱引不成，便不得不用威吓手段。先是在浦东宣布戒严，后来更派日兵伪警监视工人，不准有两三人互相商议，不准往厂里复工，更不准私自向厂方接洽。因此29日，厂方宣布开工时，竟只有四百余人到厂（主要是住在浦西的），其余的工人都被日伪的"罢工委员会"拦阻回去了（也有根本无法知道复工消息的）。

从纶昌工潮中应得的教训

日本方面在此次罢工中的政策是很明显的。这是他们一贯排除英美在华利益的继续，是他们在整个占领区域中所策动的反英运动的扩大而已。值得我们注意的是托派在此次风潮中的态度。他们的活动分子杨某，冒充工人代表，在日伪保护下，积极活动。在工潮发生后不久，便以其早为日方特务机关所赏识的善于欺骗民众的高妙手段（见前数年日特务机关长松室的报告）组成了罢工委员会，把托派机关刊物上的一切"高超"口号全盘提了出来。他们代工人们提出的要求，大半是只有无产阶级革命胜利后才能实现的口号，例如：实行工人监督生产，实行六小时工作制等（这都是托派刊物斗争上经常宣传的口号）。但使他们显露出狐狸尾巴来的是请求警察当局（当然是伪警）"保护"罢工工人的口号。显然托派企图利用这一时机来尽量扩张自己在工人大众中的间谍网以便效忠于他们的主子。但在事实上更是使工人大众得到了认识托派丑恶面目的机会，更使他们成了爱国人民所痛恨的公敌。

至于全体工人，虽因自己的组织不健全、缺乏团结（这是厂方要负责的）致使此次改善自身生活的斗争，被日伪所利用去。但他们在此次工潮中表现出，他们是很能识大体的。这在他们所发表的声明书中就可以看出来（见5月25日申报）：

"工人等在纶昌工作，历有多年。劳资之间，尚称合作。上星期六，因俄籍司阍殴打工友，并开除工友顾金根一名，工人等以顾在厂工作，素无过失，曾推代表三名，向公司要求，不但遭其拒绝，且欲将代表一律开除，致引起全体工友怠工，以促资方合作。乃连日有若干报纸，转载'新申报'消息，谓此次工潮，系'维新政府'及'大民会'所煽惑，实属厚诬之甚。工人等虽属至愚，然国家民族立场，当不致如此漠视。当此幕后人策动反英之际，挑拨离间，终属一时，是非曲直，总有大白之一日。工人等唯有至诚，希望厂方立即解决，则挑拨之徒，无所使其伎俩矣。深耻外界不明真相，用特郑重声明云云。"

至于资方呢？最初是想用高压手段对付，不承认工人代表，不愿与工人代表谈判。在工潮发动初期，尤不觉悟，坚持开除工人。并且在报纸上发表曲解事实的消息，以"少数无知工人受人利用"等话污蔑劳方。等到纠纷扩大，而且日伪托派已出头活动以后，厂方自知问题已严重化，所以便赶忙筹备开厂，通知工人复工，但这时候，因为大部分工人的行动已失去自由，厂方复工的消息无法得到，以及日兵伪警的拦阻，致使公司方面在29日复工的计划也失败了。到这时，厂方方始着急起来，于是在报上登载通知，要求工人推派代表到公司去交涉。但是这时候，在日伪军警监视之下，工友要推举代表已经是十分困难的事情了。如果当工潮发生之初，厂方能承认工人所推举的三位代表而与他们推诚交涉，那么此次工潮也不会发生，厂方既不会遭此数十万损失，工人也不会受到这十多天的饥饿了。

从此次纶昌工潮中，每一个英美或其他国籍的厂商以至于租界上的每一个中国老板，都应该深切地理解，自己是处在什么环境中。请你们不要忘记，你们所时时刻刻应该小心提防的不是为你们造产生利的工友，而是妒忌你们的优越利润，想把你们从东亚市场连根铲除的侵略者。今天，你们是在他们的刺刀威胁之下，如果侵略者不打倒，你们的产业就永远无保障。今天你们的出路只有同全体工友保持亲密的关系，共同来防备这些侵略者的打劫，不要被他们挑拨离间。然而，很明显，要同工友保持亲密的关系，就绝不是放纵工头白俄们去殴打工人所可达到的。你们赚了比战前多几倍的利润，要工人做加倍的工作，但是同时又要叫工人过加倍贫乏的生活，这从人道的观点讲也是太不公平了。改善工人待遇，承认工人的合法组织和代表，并且通过此组织和代表，改善劳资关系，加强双方团结，以防止侵略者的破坏，乃是一切中外厂家从纶昌工潮的教训中，应该得出的结论。

从纶昌工潮中应得的教训

我们相信，除了侵略者以外，任何人对于纶昌公司要求工人推选代表去同资方谈判的布告，都会诚意欢迎的。我们希望厂方能推诚地与工人代表接洽，准许被开除工人上工，改善工人生活，尤其是承认工人经常有推派代表与厂方接洽的权利，以免再被侵略者所挑拨。

从这次工潮中，每一个爱国的工人应当认明，在今天，谁是自己国家民族以及自己阶级的真正的"冤家对头"。工人大众的生活的确是万分痛苦的，甚至是悲惨的。工人们所受的待遇是不公平的。工人有权利向资方争取比较像人的生活，争取公平的待遇。社会上一切有良心的公正人士，都将寄同情于工人大众的这种斗争。但是工人们自己在斗争的时候，千万不要弄错了今天主要的斗争目标，放松了自己的主要的"对头"，以至于被他们利用去做违背你们自身利益的事情。因此工人们在今天最重要的任务便是加强自己的团结，建立自己的组织。要知道一切无组织的斗争必然不能得到胜利，且会被人所利用。

纶昌的工友们应迅速响应公司方面的建议，派出代表去交涉，如果由于日伪监视和托派奸细的破坏，不能公举全厂共同的代表，不妨按照工作部门（车间）或是工房区域，分头选出代表来。然后，这些代表再集合起来共同去公司交涉。工人们唯一的任务应是：一方面要求公司答应自己的合理要求，承认工人代表组织，订立集体条约；另一方面与厂方密切合作，争取尽早开工，打击日伪托派的无耻阴谋。

记得中国共产党领袖周恩来向新闻记者发表谈话时曾说："我们什么都可以做，但不做日人所高兴的事"（大意如此）。工人们如果承认这话是对的，那么就应该知道，在今天延长罢工，正是日本人所最高兴的事。

最后，一切民主国家的政府领袖，尤其是伦敦的张伯伦先生也应该从纶昌工潮中得到一定的结论。要知道侵略者的最后目的，是要将你们全体从远东排挤出去。在今天，侵略者在一方面虽已深陷于中国民族解放战争的烽火中无法自拔，但另一方面他们已无时无刻不在利用每一次机会来实现他们的计划。他们也像纶昌的老板一样，害怕群众，害怕打击侵略者；可是等到整个远东大势弄成今天的纶昌工潮一样的僵局，以后再来放马后炮，做贼出关门的工作，那时后悔已迟，而且也将是事倍功半了。

"十月革命"廿一周纪念[*]

"十月革命"是人类历史上根本铲除人与人之间的剥削制度的第一次社会主义革命，它的伟大意义和它在国际间所发生的影响，超过了过去任何一次革命。全世界的革命者在这革命中可以学得无数宝贵的经验和教训。尤其在我们中国，因为同革命前俄国的社会情形有很多相近似的地方，也因为这两个伟大的国家在地理上太接近的缘故，受到"十月革命"的影响特别重大，所以从这伟大的革命中学习的经验和教训也特别多。当年苏维埃政权在内奸外敌夹攻之中的那种艰苦奋斗的精神很可以作为抗战中的中华民族的表率，而"十月革命"的胜利更足以坚定我们对于抗战最后胜利的信心。革命成功后——尤其是近十年来——苏联经济建设的成功，更增强了我们对于抗战胜利后民族复兴的憧憬。

强大的苏联的存在和中苏邦交的密切，是中国抗战胜利的一个重要保证。诚如蒋介石所说的一样，抗战一年来的经验使中国已经认清楚了谁是它的敌人，谁是它真正的朋友。能共患难的朋友才是真正的朋友。中华民族在一年来的苦难的斗争中，已经证实给中国以最大援助的是社会主义的苏联，而且只有苏联的援助是不附带任何条件的。这当然是毫不奇怪的。反对帝国主义的侵略战争和援助弱小民族的解放运动是社会主义苏联的立国原则，——苏联本身便是在反对帝国主义大战的斗争中生长出来

---

[*] 本文原载《文献》，1939。

的，日本帝国主义者始终把苏联当作假想的敌国，机会一到的时候，绝不反对再向苏联来一次挑衅。因此苏联的援助中国是为了实践自己所信守的主义，是为了世界的和平，也是为了保障自身的安全。也正因为这缘故，所以不论是中国的敌人抑或是友人，关于苏联对中国抗战的援助是谁亦不怀疑的。

日本帝国主义者和它所御用的汉奸走狗等辈，对于中、苏两大民族的这种密切合作，当然是恨之入骨的。他们时时刻刻想破坏这合作，破坏不能，便继之以挑拨离间。日本军部的特务工作人员企图欺骗大家说："为了中国人自身利益是不应该同日本打仗的，中国发动抗战是上了苏联和共产党人的当。你们看：中国抗战的结果遭受了空前的破坏，可是苏联却按兵不动，看着你们受苦。"在武汉陷落以前，国际间的妥协势力和中国的汉奸分子特别活跃地把日本特务机关的这个陈旧的宣传大纲到处传布着。总括起来他们的宣传可以分成为下面的三段论法：（1）中国的抗战是以外援为基础的，尤其是以苏联的出兵援助为前提的；（2）如今苏联已证明不能出兵援助，而苏联的不活动便造成国际间的"和局"；（3）在国际的"和局"之下，中国的抗战是必败无疑的。

在破坏中国抗战的一切反宣传中，上面的三段论法的确是很毒辣的一种。这个三段论法在证明了中国抗战的无出路以后，更想把一切责任推在苏联身上，企图借此破坏中国人民对于自己的最忠实可靠的一个友邦的信任。可惜的是，中国人民没有日本军阀所想象的那样蠢，对于这反宣传的真伪还颇能辨别得出来。

第一，中国抗战的基础建筑在自己的实力上面，而不是建筑在苏联的出兵上面。诚如《中央日报》所说的一样，"外援是要争取的，但不能作为依赖"。第二，中国在目前所要争取的还是各民主国家的集体制裁而不是苏联的单独出兵。集体制裁的前途到今天还有争取实现的可能。苏联的单独出兵反而妨碍了集体制裁的实现。试问慕尼黑会议的"和局"是怎样造成的呢？真的像日军特务工作人员（和张伯伦妥协外交的辩护者）所说的一样，是苏联不活动的结果吗？当然不是的。相反地，张伯伦在慕尼黑会议上对希特勒的屈服，真是张伯伦太害怕苏联活动的缘故。张伯伦明知道要阻止侵略者的野心，在国际上要依靠一切民主国家的一致行动，在国内要靠人民大众的支持。而苏联在这里是起有举足轻重的作用的。在慕尼黑会议之前，苏联外交人民委员利瓦伊诺夫已经向英、法当局保证过，如必要的时候，苏联可以用充分的实力来支持国际和平。但是张伯伦害怕借助了苏联的实力之后将提高了苏联的国际地位，更害怕将因此引起欧洲各国广大民众的反法西斯运动。而这些正是张伯伦所最不愿意的，因此便决定了他在慕尼黑的屈服政策。在这样的现状之下，苏联单独出兵，援助中国，可能使张伯伦的英国抛弃了同情中国抗战的态度，变成了害怕中国抗战的态度，甚至完全站到中国的敌人一方面去。这样一来，整个国际的局势将转为完全不利于和平势力（即不利中国抗战）的局势。这当然不是我们所要争取的前途。我们希望苏联在国联会范围以内能给予我们更大的援助，但是并不要求苏联出兵参战。我们要争取反法西斯、反侵略的路线能在欧洲代替张伯伦的妥协外交而兴起，我们要争取国际间反侵略的集体制裁。

「十月革命」廿一周纪念

日本军阀破坏中苏邦交的另一毒计，就是说中国的接近苏联将使苏联获得支配中国内政的权力，将使中国共产化。一年余的事实已证明了苏联的援助中国并不要求干预中国的内政。同时在事实上，就是中国共产党在过去江西苏维埃政府时代也从不曾提出共产主义革命的口号来过。在今日，除了甘心自绝于民众的托洛斯基派以外，没有一个革命的政党会把超阶段的共产主义革命的高超口号来取消反帝国主义的民族解放斗争的。我们知道欧美各民主国家没有一个不与苏联维持友好邦交的。在那里共产党也都取得了合法地位。如在法国,执政党曾与共产党共同订立有人民阵线的一致行动纲领。但我们从不曾看到苏联操纵了这些国度的内政。日本军阀的宣传无非是想恐吓张伯伦等反动政治家,破坏国际间对中国抗战的同情,分化中国内部的一部分上层分子而已。然而在中国坚持抗战的政策下,心劳日拙的侵略者的一切阴谋都是要失败的。

当此全世界反法西斯、反侵略的人民大众庆祝"十月革命"21周纪念时候,我们以致诚敬祝:

苏联社会主义建设胜利万岁!

中华民族解放战争彻底胜利万岁!

中苏两大民主国联合万岁!

今后苏联在远东方面的外交政策[*]

我们站在中国人的地位,对于欧洲局势虽则非常关切,然而更关切的还是自己的切身问题,就是中国的民族解放战争问题。因此,就是我们对于欧洲局势的观察,主要的也不能不从中国问题出发,即是说,首先注意的还是欧洲局势的演变对于中国抗战的影响。

苏德签订互不侵犯公约和欧洲战事爆发以后,人们对于远东国际形势的演变,尤其是对于苏联在远东的外交政策,产生了两种相反的矛盾的猜测。有的人以为苏联同德国签订互不侵犯公约的目的在于保证西方边境,以便集中力量对付东方的日本。在当初甚至有人以为苏联就快对日本宣战了,因此就认为苏德互不侵犯公约的签订,对中国抗战是有利的。有的人以为,苏联既然会同法西斯蒂的德国签订互不侵犯条约,那么它和军阀法西斯主义的日本同样也可以签订互不侵犯条约。因此,这一些人又担心苏联是否会放弃对中国的援助,而同日本妥协起来;因此,他们认为《苏德互不侵犯公约》的签订对中国抗战是不利的。自从日"满"和苏、蒙缔结《停战协议》以后,后面一种猜疑便愈加扩大起来了。

关于《苏德互不侵犯公约》成立的原因和背景,在前面第一节

---

[*] 本文署名叶非木,原载《欧洲战争与中国职业生活》增刊(郭萱编),1939。

中已说过了[1]。如今我们就来分析日"满"和苏、蒙间签订《停战协议》的原因，然后再来估量今后苏联在远东方面的外交方针。

列宁曾经明确规定，苏联外交政策的基本目标就是要达到苏联和资本主义各国的和平共处。所以史太林（现译"斯大林"，下同）在联共十八次大会的报告中，指出苏联外交原则的第一第二两条便是："（1）我们坚持和平，坚持与一切国度发生事业的联系；我们坚持着而且将继续坚持着这样的立场，如果这些国度对于苏联也保持同样的态度，如果它们不企图破坏我们的利益；（2）对于同苏联有共同国境的一切邻邦，我们坚持和平的、亲近的和善邻的关系；我们坚持着而且将继续坚持着这样的立场，如果这些国度对苏联也保持同样的态度，如果它们不企图直接地或是间接地破坏苏联国境的完整和神圣不可侵犯的利益"（见《今日之苏联》，第20页）。

苏联根据这两条原则曾经向世界各资本主义国家提议建立普遍的集体安全制。但是如同第一节中[2]所指出的一样，因为脚踏两条船的"绥靖主义政策"作祟而使英、法、苏三国外交谈判决裂之后，普遍的集体安全制的建立，显然已经是不可能了。于是苏联便不得不单独讲究自卫之策，同德国签订互不侵犯公约，要不然，它便有被出卖的可能。接着《苏德互不侵犯公约》之后，苏联又接受了日本的请求，而签订《停战协议》，可是许多人却因此而大骂苏联外交的无原则。但其实，这同史太林所宣布的外交原则，即是意愿同"一切国度"和"一切邻邦""发生事业的联系"等，非但不相违背，而且是此等原则中必然引申出来的结论。要知道，苏联同德国签订《苏德互不侵犯公约》以及同日本签订《停战协议》并不是表示苏联将赞成国社党德国和法西军阀的日本帝国的内政外交；这同苏联曾经对法国缔结过《互助公

（1）这篇文章没有第一节，原稿如此。——编者注
（2）这篇文章没有第一节，原稿如此。——编者注

约》而并非表示苏联曾经赞助资产阶级民主主义的法国的内政外交，是完全同一的道理。

并且日"满"、苏蒙的《停战协议》还不能同《苏德互不侵犯公约》的意义相提并论。诺蒙汉的边境冲突本来是关东军挑拨起来的。自从蒙苏联军在八月下旬，根据史太林所指出的苏联外交原则第四点——"不怕侵略者方面来的恐吓，而且对于企图破坏苏联国境的神圣不可侵犯的那些战争挑衅者，准备以双倍的打击回答他们的打击。"——给了关东军一个迎头痛击，消灭了日本整整两个师团，缴了它的百多尊大炮，百多架轻重机关枪，近万支步枪，以及许多坦克和装甲汽车等以后，日本军阀已经自认吃亏了。因此他们又命令他们的驻莫斯科大使向苏联政府求和，并且承认蒙、苏联军在停战以前所占领的阵线，亦即一度为日军侵入而现为蒙、苏联军克复的诺蒙汉地区。显然，这是张鼓峰之后，日本军阀向苏联的又一次屈服。苏联既然不想向日本挑战，它为什么要拒绝日本屈服，而被那些挑拨反苏战争的阴谋家所称快一时呢？

有人一定又要问，那么苏联是否会有更进一步同日本签订《互不侵犯条约》的可能呢？如果从上面所引出的苏联外交原则而论，似乎这是很可能的。尤其因为在"九一八事变"发生之后，苏联早就数次向日本提出过签订《互不侵犯条约》的要求，当初完全因为日本的拒绝而未成功。现今，如果日本由于对华战事的僵局，由于国际上的孤立，更由于受了张鼓峰和诺蒙、汉两次惨痛的教训，而向莫斯科政府提出不侵犯苏联的保证，并要求签订《互不侵犯公约》的时候，似乎苏联是不至于拒绝日本的提议的。

但是首先，苏联在答应签订《互不侵犯公约》之前，必定先要求日本把近年来自己在两国关系上所造成的种种纠纷有一个彻底的解决。这是苏日签订《互不侵犯条约》的第一重困难。其

今后苏联在远东方面的外交政策

次，在日本方面说，它在今天向苏联提出签订《互不侵犯条约》的目的，主要的当然不是要求苏联不去侵犯日本。因为苏联的不会去侵略日本，是连日本军阀自己也相信是可靠的。仅仅为了这原因，日本大可不必向苏联提出签订《互不侵犯条约》的建议，以至于反增加了自身的束缚。日本在今天如果要向苏联提出这样的建议，它的主要目的当然就是要求苏联放弃对中国的援助，而任凭后者受日本的侵略。这也就是许多人所最忧虑的，然而亦是绝对不可能实现的事情。

我们知道在史太林所指出的苏联外交原则中，除了上面已经提起过的三点以外，还有很重要的一条便是："（3）我们要坚持援助一切因争取祖国独立而成了侵略行为的牺牲品的民族。"不论是站在革命的立场上，抑或是站在苏联的国家的安全立场上，苏联政府对于这一条原则，也是同它对其他三条原则一样绝不会放弃的。因此，如果日本要求把苏联放弃援助中国抗战，作为苏、日签订《互不侵犯条约》的前提，那么这《互不侵犯公约》便根本不会签订成功；但是如果日本放弃了这一前提，那么在日本看来根本就失去了签订《互不侵犯条约》的意义。

有人一定会用《苏德互不侵犯公约》的签订和苏联不援助波兰的事实来反驳这样的意见。然而这是完全不相同的事情。正同前数节(1)已经指出的一样，欧洲方面所以造成今日的局势，并不是由于苏联的放弃了自己援助被侵略民族的责任；相反地，苏联的不援助波兰和《苏德互不侵犯公约》的本身却是由于英、法以至于波兰自身的拒绝苏联的合作，由于英、法以至于波兰等国想在谈判中出卖苏联和陷害苏联，更由于波兰今日的作战已经不成其为反侵略的民族解放斗争，而已经成了瓜分殖民地和势力范围的帝国主义分赃战争中的前卫战了。对于这样的战争，苏联当然

（1）这篇文章没有前数节，原稿如此。——编者注

不会，也不应给予任何援助的。至于中国的抗战，不仅它的本身是带有革命性的反帝、反侵略、反法西斯的民族解放战争，而且以参加这战争的中华民族的各阶层人民而论，他们也绝不是波兰的统治阶级，绝不是帝国主义的附庸；相反地，他们是反帝国主义的急先锋，他们非但不曾辜负或出卖自己最可靠的友邦，而且愿意同它更密切地在反侵略、反法西斯的斗争中共同携手。

因此，我们不必担心苏联是否会离开我们；但是我们应该时刻防备人家的挑拨离间。我们不能否认：直到目前为止，侵略者和他的奴才走狗，以及他的帝国主义者朋友们（一切"绥靖主义者"和"不干涉主义者"们），始终没有放弃离间中、苏两大民族的阴谋。我们可以说，这些阴谋者的最阴险的计划还是在诱引中国离开它最可靠的，而且已成为国际政治中最有力的因素的友邦，而去继续做帝国主义者的半殖民地。因此在目前，我们应反对一切反苏联的运动，因为这运动事实上便是一个孤立我们的抗战、破坏我们的抗战，把我们的抗战引上投降妥协的道路上去的运动〔当侵略者尚且已经认识了苏联的实力，认识了它今天在国际政治上所起的重大作用，而预备向它妥协的时候，我们中间反而有些人怀疑起这一个至今还在切实援助我们的友邦，谤毁它，攻击它，甚至诅咒它的"末日将至"（上海某报的谬论）等。对于这，侵略者将如何地在旁窃笑我们呀！我们相信这样的人不是已经受了侵略者的雇用，便是无形中已经中了他们的奸计〕。

总括起来说，苏联的远东政策是这样的：虽则，它今天的实力已非常雄厚，足以同时在东、西两面作战，但是它仍旧维持着始终一贯的和平政策，它仍旧竭力避免自己被卷入战争的旋涡。说苏联签订的《苏德互不侵犯条约》是为了安定西方边境，以便在东方对日作战，或者说对日签订《停战协议》是为了安定东方边境以便在西方作战等话，都是有意或无意地曲解苏联外交政策。苏联很知道，如果它在西方或东方轻易卷入战争的旋涡，那

今后苏联在远东方面的外交政策

么很容易被任何方面所出卖,而陷于孤立的同一切帝国主义国家作战的危险。以东方来说,苏联如果以对日宣战来援助中国,那么其他一切帝国主义马上便会联合起来帮助日本,在必要时甚至会同日本联合起来对苏联作战;同时又联合起来压迫中国对日妥协(当然,是在汪精卫这类叛逆合作之下)。因此,这不仅对苏联是不利的,而且就是对于中国也未必是有利的。但是苏联绝不会放弃自己援助被侵略民族的义务,它始终不渝地在经济上、在军需上援助中国,正是充分证明了这一点。而且苏联也不是不论何时、不论在何种条件下,不惜以任何代价避免作战的。最近因履行《苏蒙互助公约》而在诺蒙汉地方对日作战,以及日本国内因波兰的地主资本家的军事法西斯政权的解体,而毅然决然地进军波兰,阻止法西斯德国军队的前进,拯救乌克兰与白俄罗斯同胞于水深火热之中,正是完全证明了这一点。

我们相信,苏联这一支反法西斯、反侵略的力量的存在和扩大,是全世界的反法西斯、反侵略的革命运动和殖民地半殖民地的民族解放运动争取胜利的重大保证之一。

日本内阁改组[*]

日本近卫内阁下台的原因，总括地说，在于日本对中国的侵略战争所遭遇的困难的增加。不过这困难是多方面的。最主要的是：（一）国际关系的恶化，尤其是英、美两国的态度日渐强硬；（二）国内财政枯涸，尤其是总动员法无法实施；（三）在中国的军事上的碰壁和诱和阴谋的失败。在上面三个原因中，无疑义的，最后一条是促使近卫下台的更直接而重要的原因。

近卫内阁是前年（1937年）6月初成立的。近卫内阁成立未久，日本军阀即发动了对中国的侵略战争。在这一年半的战争时期中，近卫内阁为迁就军人的要求，曾经举行了几次改组。每改组一次，它自身的军人法西斯色彩便更浓厚一层。但是改组虽改组，对中国的军事侵略却越加陷于困难了。

日本军阀对于武汉的陷落本来抱着重大希望的。他们以为中国政府会随着武汉的被占而屈服，不料却使自己陷入更困难的环境中了。最近一两个月间，日本军队的进展已停止，前线战事沉寂已久。这在一方面说明日本的力量已濒于危险；另一方面，从近卫12月22日的声明和同月30日汪精卫所发出的通电中可以看出，日本在这时期内正在进行一个重大阴谋，这阴谋的内容便是想以"和平"来引诱中国屈服，以便解脱自己的不可避免的军事上的惨败。

---

[*] 本文署名叶非木，原载《文献》，1939。

但是日本的打算却扑了个空,先是蒋委员长给近卫来了一个毫不容情的痛斥;继之是汪精卫遭到了全国的声讨。原来近卫寄托以全部希望的汪精卫只不过是一个"潮湿了的爆竹"。于是近卫的引诱和阴谋落空了;也就是说近卫所借以维持自己命运的最后一着棋失败了,军人更顺手把对华侵略失败的一切责任都推在近卫身上。

既然政治阴谋不能使中国屈服,那么只有继续军事侵略了,然而这条路也是碰过了几次壁的。要再走这条路非有新的准备不可,尤其是非坚决实行总动员法不可。在军人看来,为了执行这一空前的任务,已经受过19个月试验的近卫内阁是不胜任的,于是近卫被迫辞职了。

继近卫而任首相的是平沼骐一郎,他就是所谓"日本法西斯主义之父"。旧内阁中代表军部势力的几个重要阁员都连任。而陆相板垣于同意留任之前,更代表军部提出几个条件,其中最重要的便是:(一)坚持坚决果断的对华政策;(二)加强三国防共公约;(三)增强全国总动员制度。换句话说,即在对华军事方面,日军部认为已成骑虎之势,无法中止。故必须坚持下去。既然如此,今后国际关系将更加恶化。因此不能不求助于所谓德、意、日"轴心"了;虽则明知那两位盟兄弟的情形也并不比自己好一些,但是最重要的还是所谓总动员法,即是说为了要渡过这空前难关,不能不强迫人民大众把裤带再拉紧一些,不能不要求财阀也从腰包里掏一些出来。也是为了最后这一点,才不能不加强政治机构,即不能不把军事法西斯主义的政治压榨机压到最高限度。

军阀统治下的日本好像是从峭壁上向下直驶的列车一样;虽则明知前面便是财政破产和全社会总崩溃的无底深渊,但是因为自己已经失去了控制权,所以也只好闭着眼,让自己向这深渊中冲下去了。

从苏芬冲突谈到国际反苏运动

一

目前的芬兰事件,不仅是全世界帝国主义者阴谋造谣的中心,而且可以说是这一阴谋造谣的直接结果。我们国内一般人民对于国际局势的知识,向来仰仗于各帝国主义国家通讯社的传达,因此一个除了阅读日报以外没有机会对于国际问题作深刻研究的同胞便无意中会受各帝国主义通讯社的武断宣传的影响。孤岛的特殊环境更是有利于这种武断宣传的传布。在敌人、汉奸以及各种各样的顽固反动分子通力合作之下,对于芬兰事件的一种颠倒黑白、歪曲事实的宣传骗住了不少同胞❶。很多人觉得,三

* 本文署名叶非木,原载《苏芬冲突与国际现势》,新中出版社1940。

❶ 说起帝国主义者的造谣手段,虽然很恶毒,但有时也很拙劣。例如列宁格拉特(现译"圣彼得堡",下同)离苏芬边境只32公里。苏联政府正因这个350万人口的大都市已经在芬兰边境的重炮射程之内,所以才不惜以近20倍的土地和4倍以上的人口去交换边境处卡莱里亚地峡上数十公里的土地。这些话都会屡次载在苏联政府文告和苏芬来往的通牒中,而并未有人来提出修正过。但是张伯伦先生却在众议院中硬说列城离边境有200公里,故不致受到芬兰边防军威胁。路透社竟会把张伯伦这演说词传布到了全世界。这怪不得萧伯纳要讥讽英国情报部长说:"我是一个富于理想的人,我能创造消息,以适合任何事件,并能创造出真实的消息,或可以变成真实的消息。"

英法美各通讯社从芬京拍出的电报把红军形容成为十二分低能的军队。意思似乎是说,如果再加上一个挑衅者来帮助一下芬兰,那么苏联是准定要大败的了。它们的消息每次都说红军毫无进展可言,或者虽有进展而不足轻重,甚至说芬兰军已举行反攻,把红军逐回去了。这样曾经宣传了好久。后来不知是否出于自己也感觉千篇一律太无味的缘故,合众社忽然又发表出一个消息,说红军前进太速,后方给养运输被芬军截断,以致被围困在冰天雪地中挨饿。我想这些访员们寄稿大概不留底子,否则他们自己前后对照起来,也将觉得好笑了。

因此,各通讯社不断在宣传的苏联坦克车一次被击毁数十辆,共已击毁若干,俘获红军若干等消息,使我又不禁想起,诺蒙汉事件时,同盟社所发的消息。那时日人宣传一次曾击毁苏机一百数十架。想来这两种数字具有同等价值。

百多万人的一个小国向1.8亿人口的强大的苏联挑衅简直是不可思议的。其实，帝国主义列强，在今天不敢自己亲自出马向苏联挑衅，而要利用芬兰这样的小国去做它们所准备的反苏战争的前哨战，正是利用了国际一部分人民的这种幼稚天真的想头。很多人不了解，如果今天帝国主义列强中任何一个国家竟向苏联直接挑衅，那么是非曲直绝不能瞒过任何一个小学生的耳目；换句话说，如果这样的挑衅发生了，那么可以担保全世界的同情心一定都在苏联方面。因此，帝国主义者自己便藏在幕后，挑拨若干小国的反动统治者去为他们火中取栗。阴谋失败了，反正牺牲的不是它们。而他们却可以在旁洒其鳄鱼之泪，装腔作势地喊道：一个小国快要被侵略者灭亡掉了，我们快来拯救它呀！这意思便是要号召全世界人民来发动反苏战争。他们向人民宣布道，原来向来以援助弱小民族为号召的共产主义国家是一个最阴险恶毒的侵略者呀！这意思便是要使苏联在未来的反苏战争中陷于孤立，而使帝国主义者自己不至于在这战争中遭受本国人民的强烈反抗，在目前，这样的宣传更可以移转一般人民的视线，使他们不去反对帝国主义大战，不去反对日本对中国的侵略战争，而去注意或反对这莫须有的苏联对芬"侵略"。

　　帝国主义列强的这种阴谋企图，在这次国联会的行动中完全招认出来了。自从"九一八"日本侵入中国东北，到目前为止这八九年以来，国联会向来采取怂恿侵略、牺牲弱小的政策。它默认了日本侵入东北，默认了意大利兼并阿比西尼亚和阿尔巴尼亚，默认了德国兼并奥国和捷克，默认了德意的侵略西班牙。国联会对于这些被侵略者的申诉的反应，向来是很迟钝的。它的一贯的政策便是敷衍了事。它的两个主要的会员国（也可以说是它的主人翁）——英法——并且先后已经正式承认了意大利的并吞阿比西尼亚和阿尔巴尼亚，承认了德国的并吞捷克、奥地利，承认了弗郎哥的反革命傀儡政权。然而，如今，当帝国主义列强挑拨起了芬兰的反苏挑衅的时候，这一个向来感觉迟钝，轻视弱小利益的国联会却以空前敏捷的程序召集行政院会议和会员国大会，甚至阴谋改组行政院，以便通过反苏联的议案。据路透电所传布的消息，伦敦方面早就认为"政院除谴责苏联之外，殆难有所作为"。既然是"殆难有所作为"，那么为什么又要召集国联会大会呢？对于这个问题，哈瓦斯9日巴黎电讯告诉我们说："据英法两国官方意见，国联会本届会议之主要意义，乃唤起世界舆论，使之注意苏联未来计划，而不在使之注意其进攻芬兰云"。哈瓦斯所传达的英法官方意见难道还不明白吗？英法所注意的并不是芬兰本身的命运！说明白些，帝国主义者策动芬兰对苏联的挑衅行动，根本便是准备牺牲芬兰的。芬兰是它们所策动的反苏运动中的牺牲品。因此，它们所高唱的"扶助弱小""维护正义""反对侵略"等根本是一个幌子。它们的真正目的是使全世界"注意苏联的未来计划"。"苏联的未来计划"是什么，哈瓦斯社并未明白告诉我们；用意在于暗示这是一种"侵略"计划，非但必须唤起全世界的注意，而且必须使全世界起来反对它。

从苏芬冲突谈到国际反苏运动

因此，我们应该重复指出，帝国主义者策动芬兰对苏联的挑衅，主要的任务是在替帝国主义者所准备的未来的大规模的反苏战争制造舆论。如果进行得很顺利，便可以把这前哨战变为帝国主义反苏战争的直接序幕，马上使全世界人民卷入他们所最不愿参加的大屠杀中去。它的次要的任务便是替帝国主义分赃战争和真正的殖民地侵略战争散放烟幕弹，使全世界去"注意苏联的未来计划"，而忘记了这些分赃侵略战争。

在历史上，曾经发生过不少类似芬兰事件这样的阴谋。自从帝国主义者对苏联举行直接的武装干涉失败以后，近二十年来，在苏联的边境上发生的无数次武装冲突，可以说没有一次不是帝国主义强国暗中挑拨起来的；然而它们没有一次是公然出面的。

同时，这种武装冲突的直接执行者又没有一次不是在力量上绝对不能与苏联作战的弱小国家（其中有不少次就发生在苏芬边境上。1921年芬兰反革命军队曾经侵入苏属东卡莱里亚，但占据未久，就被红军逐出）。

我们中国人应该还记得民国十八年的中东路事件。当初东北少数军人在英美法日等帝国主义者和国内反苏反共的顽固反动分子的纵容挑拨之下，曾经发动了武力接收中东铁路的事情。以当时的中苏国力对比，谁亦不会想到中国会以当时东北一隅的军事力量向苏联采取主动的攻势的。然而当时的东北军人竟然这样做了。（而且是在反对赤色帝国主义侵略的大旗之下）这并不是因为他们以为自己的力量可以敌过红军；而是因为：（1）出于错误的对内的政治考虑；（2）出于错误的国际局势的估计，以为只要在"反对赤色帝国主义"的口号之下，便能取得列强的直接援助以至于参加作战的。后来幸而由于中国方面觉悟得快，能悬崖勒马，所以战事便很快结束，中苏边境局势又恢复常态。

这一次的芬兰事件，可以说也是在这种国际背景下造成的。在事件发生之前，美国帝国主义者更公开对芬兰表示同情和支持，因此更是促成了这一次事件的爆发。任何没有成见的观察者，都可以看出此次芬兰事件背后，帝国主义者的魔手。一位最不至于有赤化嫌疑，最不至于被视为莫斯科"宣传员"的英国大文豪萧伯纳在对伦敦每日邮报访员发表的谈话中，曾经说到这一次的芬兰事件。他认为，"芬兰现时之厄运，应由美国及西方民主国家间接负责。因芬兰政府推行近视之政策，相信美国及英法必出而援助。"萧氏继称俄芬边界之情形，列宁格拉特重镇所处之地位，诚非任何强国所能容忍，尤其芬兰信赖其他列强，威胁其邻邦之安全（见12月5日上海各报所载海通社电）。

因此，为要明了芬兰事件真相，必须把目前的国际情形，尤其是资本主义世界和社会主义世界的力量的消长情形加以约略说明。

二

在目前，社会主义的苏联是在日益强大中；而帝国主义者是在日益衰退中，而且是又到了不能不以战争来维持统治的地步。莫洛托夫在本年5月31日，在最高苏维埃会议上，关于苏联外交政策的报告中曾经说过："今日的苏联已经不是旧日的苏联了，已不是1921年刚开始和平建设工作的苏联可比了。我们必须使大家注意到这一点，因为即在今天，我们好些邻邦显然还不能认识这一点。必须承认这一事实，就是苏联已不是十年或五年以前的苏联可比了。苏联的力量已经大增了。苏联的外交政策一定要把国际局势的变化以及苏联作为和平的有力因素所起的较大作用反映出来。"自从莫洛托夫的报告发表后到今天为止，十足又是半年过去了。在这半年间，整个国际形势，尤其是社会主义世界和资本主义世界之间的力量对比，发生了重大的变更。苏德互不侵犯条约的签订和欧洲大战的爆发，苏联同拉脱维亚、爱沙尼亚、立陶宛等国的互助公约的签订——这些事件在一方面，的确是证实了"苏联作为和平的有力因素所起的作用"的增大；在另一方面更是证实了帝国主义的没落。帝国主义者明知道，战争只是削弱了自己，使自己走进了坟墓；然而在目前的阶段中，它们又不能不从战争中找寻出路，用战争来维持自己的统治。它们企图把自己准备着的战争转变为各帝国主义列强联合的反苏十字军战争。然而，由于苏联的力量增强，和苏联政府的贤明灵活的和平外交政策，帝国主义者的阴谋失败了；而且它们之间的最重要的几个反陷入了自相残杀的帝国主义战争。可是这战争非但没有使

从苏芬冲突谈到国际反苏运动

帝国主义者忘怀于反苏战争；而且因为阴谋的失败，反增强了对苏的嫉妒和愤恨，也就是更加紧了反苏阴谋的策划。这样便造成了这一次的芬兰事件。

然而诚如莫洛托夫所说的一样，今天的苏联"已经不是十年或五年以前的苏联可比了"，换句话说，苏联已经十分强大了；而国际帝国主义的势力则大不如十年或五年以前，甚至不如五个月以前了。如果在1918年时，帝国主义者帮助芬兰统治阶级镇压芬兰革命运动，摧残革命政权的时候，苏联还不能给予芬兰人民以有力的援助；那么在今天，它对于弱小民族的革命解放运动，不仅能给予精神和物质的支持（如对于中国抗战的援助），而且在适当的时机和必要的场合，可以给予直接的军事的援助（如这一次出兵波兰、解放西乌克兰人民和西白俄罗斯人民）。如果在过去一二十年以内苏联对于邻近各资本主义国家的武装的挑衅，只能做到保卫领土，驱逐出侵入国境的敌人为止；那么目前的苏联更要进一步为建立国境的永远安全保障而努力。它不能再允许帝国主义战争挑衅者在它的边境上保留有骚扰和破坏苏联人民的和平生活的根据地。苏联的这种努力不仅是为了社会主义国家自身的安全，而且也为了整个波罗的海（连芬兰在内）的集体安全，更是为了世界的和平（关于这一点让我们留待后面再说）。

三

上面说明了促成芬兰对苏挑衅的国际背景。但是不说明芬兰反动统治阶级的内政外交的一贯路线，还是不会明了这事件的全面真相。如今在各帝国主义通讯社描写之下，芬兰的反动统治者变成了抵抗"外来侵略"的爱国的"民族英雄"。但是我们来检讨一下吧，这到底是些什么样的"英雄"。

11月26日苏联《真理报》，发表"小丑充总理"一文，内称：

"芬兰政府不敢出席国会，而其总理贾尚德则于11月23日欣然驾临某音乐会，并于音乐扬溢声中，发表演说，以娱困难时期需要寻欢之该国资产阶级……

"渠首先以天生奴隶的庄严态度，供出帝俄各位沙皇之遗像，对之叩头礼拜，颂赞亚历山大第一及第二之政策，谓为'同情芬兰而得全体芬民之拥护'。嗣则倒立台上，高举两足威吓苏联，称其企图危害芬兰独立。"（见廿八日《新闻报》《中美日报》）

芬兰前总理在这音乐会上，勇敢地充当了反苏联的"英雄"，因此得到了他的主人——各帝国主义者的称许；然而他——也即是他所代表的芬兰反动统治阶级——所颂赞拥护并对之叩头礼拜的，却是"亚历山大第一及第二之政策"。原来芬兰是在俄皇亚历山大第一时脱离瑞典统治，而被俄罗斯帝国所并吞。当初在名义上是大公国，实际即是俄罗斯帝国的附庸。亚历山大一世在并吞芬兰的当初，允许芬兰自治，并承认瑞典统治时原有的立宪制。但是在事实上，亚历山大一世所允许设立的那个等级议会在向俄罗斯皇室宣誓效忠以后，在亚历山大一世和尼古拉一世统治时代从未再召集过。后来经过芬兰人民的不断奋斗，俄皇为缓和人民情绪起见，虽然曾经召集过几次国会，事实上仍是俄皇的御用机关，并无实权。俄皇委派的总督，是事实上的独裁者，他所推行的政策是征服殖民地的政策。芬兰政府机关只许用俄文，而不准用芬兰文。俄国二月革命后，帝制政府被推翻，社会革命党的临时政府也未曾给予芬兰独立，并且派遣军队去镇压芬兰的民族独立运动。1917年11月俄国无产阶级革命成功，苏维埃政府建立之后马上就承认芬兰的独立。1918年1月，芬兰内部也发生革命，成立革命政府（其领袖之一，即是今天芬兰人民政府主席古西宁），并且同俄国的工农苏维埃政府发生亲密的关系。但是

从苏芬冲突谈到国际反苏运动

这个芬兰的革命政府成立未久（三个半月），就在德国军队和俄国白卫军帮助之下，被芬兰的地主资产阶级所推翻。革命群众被杀者11 000人，被捕者7万人（内15 000人病死狱中）。自此以后，芬兰便始终在反动地主资产阶级统治之下；反动的芬兰统治者便在各帝国主义者之间找寻他们的主子。当芬兰革命政府被推翻之初，全芬兰在德国军队控制之下，芬兰反动统治者便决定把本国政体定为君主立宪制，并且推一个德国公爵做国王。德国战败后，芬兰改为共和国，并且投入法国怀抱。法国当初是反苏战争的积极组织者，曾企图把波兰、立陶宛、爱沙尼亚、拉脱维亚、芬兰组合成一个大同盟，放在自己领导之下，以便包围苏联西疆。但这计划因受英国的嫉妒未曾成功。此后，芬兰统治者便看风使舵转向亲英。1929年世界经济危机时，芬兰政权完全法西化。一方面对内加强白色恐怖的统治；另一方面加强对苏挑衅，企图在帝国主义的反苏战争中充任先锋（在芬兰出版物中会公然表露芬兰应扩充领土到乌拉尔山脉）。在纳粹上台后，芬兰又想更改靠山，再同德帝国主义勾结。欧洲战争爆发，才又死心塌地奉大英帝国为它的主人，然而仍与遥远的美帝国主义者挤眉弄眼。

事变爆发前的芬兰政府可以说是十月革命后历次政府中最反动的，因而也是最反苏的统治者。芬兰政府领袖中间，有不少是俄皇时代的高级官吏。例如现任国防会议主席，孟纳兴元帅（即所谓孟纳兴防线的设计者）是尼古拉二世的御林军军官。日俄战争时，他是俄军将领，曾参加奉天会战（见11月29日《新闻报》"芬兰最高统帅"）。此外上面所说的那位小丑总理贾尚德也曾"供奉沙皇宫廷，充当忠实奴隶"（见前引《真理报》论文）。这怪不得芬兰的反动统治者如此敌视苏维埃政府，而念念不忘于他的旧日的主子，芬兰人民的殖民地征服者——帝俄政府了。然而把这些反动的统治者称之为反苏的急先锋，固然还有些相像；

若是恭维他们为"民族英雄"那就未免太滑稽了。天底下哪里有颂赞自己过去的殖民地征服者,并向之叩头礼拜的"民族英雄"呢?

四

很多人把苏联的外交政策称作"国防至上主义"的政策。认为站在苏联国防安全的观点上来说,它近来所采取的若干步骤都是可以谅解的。抱着这样见解的人,在主观上或者是同情苏联的,然而他们还只道着了一部分真理。当然,苏联政府是把保障本国的安全看作一等重要任务的。当然,我们也不能否认,苏联在同芬兰谈判中提出的那些具体条件是保障苏联国防安全的必要条件;而且我们更承认社会主义国家的安全,间接地也是有利于全世界各民族的革命运动,也就是有利于中国的抗战的;然而苏联并不是只凭这一点理由便向芬兰和波罗的海沿岸各国提出了种种要求。我们应该知道,苏联同波罗的海沿岸各国所订的互助公约中所包括的诸条款,以及此次对芬兰谈判时所提出的要求,对于保障各国的安全,同保障苏联的安全同等重要。

为要说明这道理,不得不先把波罗的海的形势和沿岸各小国连芬兰在内的历史简略地说一说。芬兰和波罗的海沿岸的三小国在战前全是俄罗斯帝国的属地。俄国十月革命以后,苏维埃政府宣布前俄罗斯帝国境内各少数民族有自决以至独立组织政府的权利。当时这些国家便都宣布独立,而且都曾先后成立过苏维埃革命政权。但是这些革命政权又先后被德英法各国的武装占领军和俄国的白党反革命势力所镇压下去。德国战败以后,英法便始终控制着这些小国。于是帝国主义者便利用这些小国(连不久前瓦解掉的波兰在内)筑成一道长城把苏联团团围在里面,使后者除列宁格拉特附近短短的一段以外,没有直通西欧的道路。而英法帝国主义者便在这些小国中建立起自己的反苏根据地。

原来这些小国家在对苏联作战上，具有重大的战略意义。这些国家所属的若干海港和小岛，可以成为进攻苏联的海陆空军的根据地，使苏联的重要都市列宁格拉特及其附近要塞直接放在敌方的海军大炮和飞机的威胁下。

当然谁也相信，芬兰以及波罗的海沿岸任何一国，或是它们的联合的军事实力都不足以成为强大的苏联的威胁。这些都是微弱得可怜的小国（它们的人口大半不及世界上的著名大都市：爱沙尼亚113万人，拉脱维亚197万人，立陶宛245万人，芬兰350万人）。然而只因为它们如此弱小，甚至连自卫的能力都缺乏，所以便很容易被帝国主义利用去作为反苏战争的根据地，违背了这些国度的人民意志被卷入战争旋涡，使他们的田地成了战场，使他们自己成了炮灰。

因此，在十月革命后，先是威廉二世的德帝国主义强占了这些国家，把它们沦陷为殖民地。德国战败后，协约国又控制了它们。英法在表面上承认这些国家的"独立"，但在事实上是把它们变成自己的附庸。在1918年末，英国曾派遣过一个舰队到波罗的海去。它的陆战队曾经在皮尔克岛（芬兰湾东部）登陆。在1919年间，英国曾经有不少海军军官和士兵留在芬兰的京城赫尔辛法斯（即赫尔辛启），爱沙尼亚的京城勒佛尔（泰林）和拉脱维亚的京城里加。就在当时英国便提出了租借芬兰湾出口处的爱属阿塞耳岛的问题。（这一问题后来在1925年时又曾提起过）在十月革命后内战时，协约国又曾利用这些小国来组织白军，成为白党军阀台尼金、右台尼契等人的根据地。

帝国主义者对着苏维埃政府，口口声声要保持这些小国的独立，意思是把这些小国保持在自己手中，作为进攻苏联的根据地，如上面所说的一样，但是它们在这些白党军官面前又把这些小国的独立作为讨价还价的对象。在1919年，协约国政府曾讨论过承认高察克政府的条件。协约国在高察克的暂时的军事胜利兴奋之下，已经准备牺牲这四个小国的独立了。

1919年6月17日这些小国曾经因为高察克不承认它们的独立而提出过抗议。7月2日爱沙尼亚曾经向国联提出申诉，但是协约国拒绝了这申诉。

大家也知道，帝国主义的波兰曾经企图并吞波罗的海沿岸的这些小国。1920年时，波兰曾经占领了立陶宛的维尔诺省和立陶宛京城维尔诺。立陶宛也曾把这问题提向国联解决，可是国联却始终偏袒波兰而把这问题延宕着。如果我们把今天国联"拥护"芬兰"独立"的热心情形同当初国联准备把这些国家的独立出卖给白党反革命政府的情形相对照，我们就可以知道帝国主义者的居心如何了。

以"老虎总理"闻名的法国克莱孟梭（在上次大战时和大战后初期历任法国内阁总理，以反动著名），曾经把协约国对于边疆小国（Limetrophos，指前俄罗斯帝国边疆上建立起来的芬兰和波兰的海沿岸三小国）的政策称作"火药线政策"。

从苏芬冲突谈到国际反苏运动

1927年拉脱维亚京城的里加评论（Rigasche Rundschau）曾经登载有一位希曼博士的文章，他很充分地说明了协约国这一政策的本质。

"英国对于保证边境小国的长期的国家独立，并不感觉兴趣的。英国首先把波罗的海沿岸看作是对付苏俄的一道障碍物（Barriere）。除此之外，英国把波罗的海的边疆小国看作是自己同复辟后的俄罗斯进行交涉时的一种可能的交换物。"

帝国主义者对于苏联西疆诸邻邦的政策既然具有如此恶毒的阴谋，苏维埃政府当然不能置之不问。不过苏联的政策同这些帝国主义国家正成了一个相反的对照。还在1919年时列宁便说过这样的话：

"这些小国之中的每一个都已经尝过协约国的铁蹄的滋味。

它们知道，当法国、美国和英国的资本家们说'我们保证你们的独立'的时候，——这便是意味着'我们把你们的一切资源收买完，而且把你们束缚住。除此以外还要以军官的蛮横态度来对付你们，即是跑到人家国度里去投机、操纵，而不愿顾及任何人。'它们知道，在这样的国度里，一个英国公使往往大过当地的任何君主或是议会。如果小资产阶级的民主主义者在今日以前，未曾能够了解这些真理，那么从今日以后，现实将迫着他们去理解这些。原来，对于被帝国主义者所掠夺的这些小国的资产阶级和小资产阶级，我们即使不能算是同盟者，也总是比帝国主义者较可靠，而且较宝贵的邻居。"

因此，在革命初期，这些小国虽然在帝国主义者操纵之下，曾经成了反苏的军事根据地，甚至曾参与过帝国主义对苏联的武装干涉；但是不久后它们都觉悟了，都先后同苏联订立和约，建立了正常的邦交。

社会主义的苏联对待弱小民族的政策是同帝国主义者根本相反的。苏维埃社会主义共和国的产生，它的成长和巩固，全靠国内外各少数民族的支持和同情援助。没有这种支持和援助，无产阶级的苏维埃政府绝不能击溃国内的反革命军事叛乱和国外的武装干涉，也绝不能在短短的十多年以内完成惊人的社会主义建设。马克思列宁主义者曾经一再指出，民族的团结和工农的联合是无产阶级专政的两个重要基础。如果苏联也开始对弱小民族实现殖民地侵略政策，那简直便是毁灭了自己的根基；苏联的政府哪里会如此不智呢？

我们进一步从苏联的社会主义经济制度的本质来说，殖民地侵略也是根本不可能的事情。殖民地侵略是以取得利润为目的的商品资本主义制度的产物。苏联的生产是为工农大众的消费着想，它不是为利润，因此就没有商品过剩，没有危机和失业；因此也就不需要国外市场。苏联有的是开发不完的富藏和土地，因此更不需要去掠夺人家的土地——尤其是蕴藏很贫弱的波罗的海沿岸。只有那些以造谣为职业的帝国主义阴谋家及其走狗们，或是那些连"帝国主义""殖民地侵略"是什么东西都弄不清的幼稚无智识者（即列宁所谓小资产阶级民主主义者）才会说出"赤色帝国主义"这种根本不通的话。

苏联所需要的只是自身和它的邻邦的安全：尤其是不使它的弱小邻邦成了帝国主义强盗的侵略工具。苏联的要求是为了共同的利益。因为如前面已指出的一样，如果它的弱小邻邦成了帝国主义者的工具，那么苏联只不过是国境安全受到些威胁而已，而这些邻邦自身却要成为反苏联大战中的战场，它们的人民将完全成了帝国主义掠夺战争中的炮灰。苏联和这些邻邦的互助公约的订立，便截断了帝国主义者进攻之路，使整个波罗的海，以及整个世界和平多了一重保障。

五

在这里，我们顺便来叙述一下苏联同波罗的海沿岸三小国所签订的互助公约的内容。因为这同理解此次苏芬谈判的内容是直接有帮助的。

苏德互不侵犯公约签订以后，苏联已经完全粉碎了帝国主义者挑拨苏德战争的那种损人利己、坐山观虎斗的阴谋。这个公约的签订大大地巩固了苏联的地位。这是它的和平政策的空前胜利。欧洲第二次帝国主义大战爆发以后，苏联在欧洲方面的外交政策，主要的是向着两个目标奋斗：（1）对战争维持中立，绝对避免卷入战争旋涡并且竭力使战争范围缩小，促进和平早日实现；（2）巩固国境安全，勿使邻邦成为反苏根据地，以致引起帝国主义者的觊觎。在这两个任务中间，完成第二个任务又是完成第一个任务的先决条件。因为如果苏联的国境安全不能巩固，同邻邦不能订立互助公约，那么要使苏联不被迫卷入战争（帝国主义的反苏战争）是把握很小的。

因此在苏德互不侵犯公约签订成功，帝国主义的波兰陷于崩溃，红军出兵援助西白俄罗斯和西乌克兰的民族解放获得成功以后，苏联便先后同爱沙尼亚、拉脱维亚、立陶宛三国进行谈判。苏联同这些国度的谈判多少可以说是顺利地完成了。1939年9月28日苏联和爱沙尼亚签订互助公约。同年10月5日签订苏拉互助公约，10月10日签订苏立互助公约。

这些谈判和公约完全以斯大林在联共十八次代表大会所宣布的原则为根据："对于同苏联有共同国境的一切邻邦，我们坚持和平的、亲切的、和善邻的关系；我们坚持着而且将继续坚持着这样的立场，如果这些国度对苏联也保持同样的态度，如果它们不企图直接地或是间接地破坏苏联国境的完整和神圣不可侵犯的利益。"莫洛托夫解释苏联同这三个国度所订立的互助公约的意义时曾说："此公约之含义，非为苏联干涉爱拉立三国之内政，如某某外国报纸所妄称。正相反，各公约均切实声明缔约国主权不可侵犯，及互相不干涉内政之原则……吾人对于公约将根据相互原则切实遵守。"

苏联同这三小国所订的互助条约中主要包括以下数点：（1）这三个小国的海陆国境或是苏联同这三小国相毗连的国境受欧洲任何强国侵犯的时候，相互给予援助——连军事援助在内；（2）苏联以军火援助那三个小国充实国防；（3）三小国以条约所规定的若干地点租借于苏联，以便建立飞机场和海军港，并且允许在那些地点驻扎数额绝对限定的红军以资保护；但一切费用都由苏联负担。这些地点中最重要的有：爱沙尼亚的伯尔的斯基港（Paldiski），达哥岛（Dago），阿塞耳岛（Osel）；拉脱维亚的汶特批尔斯（Ventpils），里巴雅（Liepaja）。这两个岛和三个海港都在芬兰湾口外波罗的海的东岸，形势险要，在往时大半都是沙俄的海军根据地。十月革命后，这些小国由于人力物力的不足，事实上，这些地方的防御都很空虚。即使这些小国本身不愿参加反苏战争，但是任何一个欧洲海军强国都可以用少数海军占领此等地点，破坏这些小国的中立，而以此作为海空军根据地进攻苏联。如今，苏联在这些地方建立了军事要塞之后，不仅使列宁格拉特附近的要塞在七百四十六公里外的里巴雅港建立了第一道防线；而且在列宁格拉特到里巴雅这七百四十六公里以内，更依次建立了五个要塞。在红海陆空军的保卫之下，使任何帝国主义侵略国不能再从海上来侵犯波罗的海沿岸的各小国，不能再通过这里来攻击苏联。

代表爱沙尼亚上层社会意见的 Uns Esti 报在 10 月 1 日的一篇分析苏爱互助公约的文章中，说过以下的一段话：

"互助的义务是双方的，然而在事实上，任何谁攻击我国的时候，苏联每次都得援助我们；至于我们呢，只有在直接通过爱沙尼亚或是通过爱沙尼亚邻近地段去攻击苏联的时候，才要我们去援助苏联。换句话说，爱沙尼亚和苏联之间的军事合作只有在两个国家的安全同时受到威胁的时候，才会见诸事实。无疑义的，苏联的义务重于爱沙尼亚，因为在任何一次攻击爱沙尼亚的场合下，它都得给予援助。"

9 月 30 日的 Rachvalecht 报写道："没有再比这种样子的同小国合作更会提高苏联在全世界面前的威望了！"

10 月 1 日的 Mayaomanikude 报写道："苏爱公约执行着保卫整个波罗的海的重大任务。"

爱沙尼亚总统毕脱史在 9 月 29 日的无线电广播中说道："公约的签订意味着：苏联向我们表示自己的善意，而且在经济上和军事上给我们支持。"

大家还记得在英法苏莫斯科谈判时，英法统治层口口声声以波罗的海各国不愿苏联担保为借口，拒绝同苏联签订全面的互助公约。然而上面的事实证明：这是英法统治者强奸了这些小国的民意。

除了互助公约以外，苏联同时又跟这些小国订立了通商协定。从这通商协议中我们也可以看出苏联同任何其他帝国主义的政策不同的地方。我们知道帝国主义国家同弱小国的通商条约，即使是促进两国商务和经济合作的；在事实上，往往只扩大了弱国的入超，成了强国榨取弱国的条约，成了阻碍弱国工业化的条约；使弱国成了强国的经济的附庸。

但是苏联同这些小国的通商条约，却不仅提高了贸易数额，而且更促进了这些小国的经济发展，尤其是促进了这些小国的工业化。

波罗的海沿岸这三个小国中，爱沙尼亚和拉脱维亚本来是俄罗斯帝国中工业较发达的区域。那里的若干工场（如造船厂，火车制造厂，纺织厂，树胶厂）在全帝国境内都是数一数二的。这里的工业都以俄罗斯本部做它的市场，所以是同全俄罗斯的国民经济有机地不能分裂开的。但是十月革命后，在协约国操纵指示之下，硬把这些小国同俄罗斯隔离开，使这些国家的经济同英法打成一片。但这些小国的工业生产品绝不能同西欧先进的资本主义各国工业作竞争。结果这些国的工业大为破产，许多从前雇有几千名甚至一万名工人以上的大工场停闭了，其余未停闭的也大大地实施紧缩，使拉脱维亚和爱沙尼亚从半工业化的国度变成了农业国。对外贸易大为减缩，而且变成了入超。还在1927年时，苏联同拉脱维亚所订的商务条约已经使拉国复兴了许多工厂。当时拉脱维亚的一位经济学者就指出过："由于商务协议的签订，不仅使它（拉脱维亚）马上把自己对苏的贸易平准起来，而且把这贸易从巨额的入超而变成了确定的出超"。这次苏联同这三个小国所订的商务条约中，普遍地把双方贸易额提高四五倍。这样不仅可以保证这些小国的经济复兴，而且使它们逐渐恢复了自己的工业。

10月1日的 Uns Esti 报关于这次商务协议曾写道：

"在爱沙尼亚国民经济面前，向来放着一个问题，这便是向哪方面发展的问题。爱沙尼亚的工业是为着东方的市场创办的。在爱沙尼亚经济界人士中，向来流行着一种意识，觉得终有一天，爱沙尼亚和苏联之间的商务关系将在较广泛的基础上开展。这一愿望是很合乎情理的，因为这是处在中欧、东欧和西欧之间的爱沙尼亚的地理条件决定的。"

然则，在过去，谁违背了这种地理条件所决定的、合乎情理的要求，而使爱沙尼亚同苏联隔离开的呢？显然便是那些惯于强奸弱小民族的意志，未得人家同意而说波罗的海各小国不需要苏联保证的帝国主义者。

在苏联同立陶宛签订的互助公约中，更显示出苏联扶助弱小民族的精神。根据这条约，苏联把过去被波兰强占去的维尔诺城和维尔诺省交还了立陶宛。维尔诺的人口有50万人，约占立陶宛原有人口五分之一，面积约一万方里，合原有面积三分之一。维尔诺是立陶宛的首都；在1920年被帝国主义的波兰用狡诈强迫的手段硬占领了去。立陶宛曾屡次向国联提出申诉，但是作为帝国主义者的工具的国联却始终偏袒波兰，而不能说半句公道话。在国联中争执了十九年的这个维尔诺问题，现今在苏联帮助下得到了公正的解决。

以"赤色帝国主义者""侵略"等污蔑苏联的这些帝国主义者！你们敢效法苏联这种对待弱小民族的态度吗？

六

苏联在同爱沙尼亚、拉脱维亚、立陶宛三国先后签订互不侵犯条约之后，便根据同样精神，在10月11日向芬兰发动谈判。因为苏联同上面三个小国所签订的互助公约只可以保证波罗的海东岸和芬兰湾南岸的和平和安全,然而北欧一个最反动和反苏的芬兰(记着:它在1921年曾经派兵侵入苏属的东卡莱里亚,在1918年曾以2000万芬兰马克和2000芬兰白军会同协约国镇压过爱沙尼亚的革命)却仍旧不会同苏联建立友好关系。不仅如此,据英国 Labour Monthly 杂志六月号所发表 Grenfell 君的通讯,所说,"英国会和芬兰缔结十年协议,由英国资助芬兰建立海陆根据地,俾将来为……进攻苏联之用"。芬兰就在芬兰湾北岸,它的若干海港和岛屿同样也可以控制芬兰湾和波罗的海的出口。苏联和芬兰的陆地国境同居住有350万人口(约等于芬兰全国人口)的苏联第二大都市列宁格拉特只有32公里的距离。换句话说,这都市实际上已经处在芬兰边境上的近代大炮的射程之内。在十月革命后,内忧外患的条件下划定的苏芬两国这种界线的确是很不合理的。正同萧伯纳所说的一样,"俄芬边境之情形、列宁格拉特重镇所处的地位,诚非任何强国所可容忍,尤其芬兰信赖其他列强,威胁其邻邦之安全"。因此,苏联当然不得不认为"芬兰对苏联之态度是否亲善,抑或敌对,极为重要"(莫洛托夫)。

　　苏联提出了谈判要求以后,芬兰政府一面派遣驻瑞典公使巴锡基维领导的代表团到莫斯科去,一面便下动员令,召集后备军入伍,调动正式军25万人到苏芬边境,"准备一切事变"。此外,更有民团12万5000人待命出动,维堡区中接近边境的学校都停止上课,校舍收归军用。芬兰航业部更通知全国船只自南部各港驶往西部各港;外国船只亦接到同样通知。全国各都市开始疏散居民(以上消息均录自10月12、13两日《申报》所载合众、路透、哈瓦斯、海通各通讯社消息)。12月11日,巴锡基维的代表团就在这种充满火药味道的紧张空气中,到达莫斯科,12日便举行谈判。当时的路透社便预言:"巴锡基维在莫斯科谈判时或不致如波罗的海诸国近所派出代表之唯命是从"(10月10日芬京电);芬兰"非经大战,必不放弃某些地区"(11日丹京电);"芬兰现状与1918年大异,盖已有飞机军火颇多也"云……(12日芬京电)

这一切都明白表示出芬兰政府根本就不像抱着和平合作的诚意同苏联谈判的;而帝国主义者便自始至终在同芬兰的反动统治者唱双簧戏,拼命挑拨和鼓励芬兰对苏冲突。苏芬谈判不能有良好结果,是在这时候就可以预先推测到的了。

据路透、哈瓦斯、合众等通讯社所传布,在谈判开始的时候,苏联方面提出的要求大概包括如下四项:

第一,将芬兰在卡莱里亚地峡的边境移至列宁格拉特以北一百公里,另由苏联以面积数倍于该地区之苏维埃卡莱里亚补偿。

第二,将芬兰湾中之数小岛(包括第特里、拉樊沙尔、塞斯卡里、苏尔沙里等)割予苏联,另由苏联以数倍之土地,以与交换。

第三,芬国保证不在埃伦特岛设防,而苏联有偶尔视察该岛有无设防之权利。

第四,两国成立军事协议,红军必要时可开入芬国予以援助。

这是第一次谈判时苏联提出的要求,在10月12日至14日3日间的谈判中,芬政府认为这些要求,有损芬国的中立与独立,拒不接受,谈判毫无结果。及北欧四国会议开幕之后,苏政府又邀请芬国继续谈判,同时提出的要求也已抑低,即第二项改为在固定期间内租于苏联,第三项改为芬国有设防权利,但应由本国亲自进行,绝不能有第三国参加;而第四项则完全放弃,只希望加强两国间的互不侵犯条约。芬政府的代表团接到这新的要求之后,只肯答应割让芬兰湾三小岛,并将卡莱里亚地峡之芬国边境,移至北面数公里,以换取苏联之苏维埃卡莱里亚。谈判只经一日,芬代表团即于24日返国请训。这样第二次的谈判又告搁浅。

11月3日，芬国当局一面"准备一切事变"（见美联社电）并再在卡莱里亚增兵，一面又派丹纳等参加之新代表团赴莫斯科。在这时候，英法各通讯社屡屡传出芬兰已作极大让步的消息，但苏联官方则广播否认，说芬国并未接受苏联最低限度的建议，而且减弱苏芬关系调和之可能性。谈判直至9日，据说双方的见解已比较接近，但芬兰外长立即发表反苏演词，代表团团员之一的丹纳，也多方作梗，因此巴锡基维一筹莫展。在所谓"威胁芬国之中立与独立"的理由之下，代表团又拒绝苏联的建议，并于13日返国。15日芬兰外长欧哥，发表谈话，谓芬兰愿与苏联成立协议，及苏芬谈判系属暂时停顿。但苏联官报则认为完全不确，说芬国显不愿与苏成立谅解，仍将继续推行其反苏政策。总之，芬国之所谓让步，实质上毫无表现，反而一面拒绝苏方之要求，一面又动员全国后备兵；当时用以实施临时动员之经费，每日达4000万马克，而国防费已用去5亿6000万马克之上。

但苏方在这情形下，又再降低要求。苏联海军机关报《红海军》17日揭示出苏联之新要求如下：

第一，必须将边疆线展至列宁格拉特之北30至50英里之外，使列宁格拉特不被置于反苏联国家重炮射程之下。

第二，芬兰之汉果岛与克降斯塔特（苏海军军要根据地。——笔者注）附近之小岛，须作为苏联海空军之根据地。

第三，苏联愿以数倍之土地，与芬兰交换。

这新的也是苏联最后的要求，比上述之四项要求，显然已有极大的让步，然而芬兰政府还是大部不愿接受，理由还是危害了他的"独立与中立"。芬总统贾尚德在23日的谈话中，终于表示"难以觅得共同立场，谈判乃暂时破裂"。

这就是苏芬谈判的经过。

苏联向芬兰所提出的这种要求也同上面我们所指出的一样，

并不是根据什么"国防至上主义"的要求,即是说并非只是从本身的安全出发,而且也是为了苏芬双方的安全,为了整个世界的和平(大规模反苏战争的爆发势必牵动全世界)。芬兰自己的国力绝不能保卫这些有战略意义的地方,因此也绝不能在未来的反苏战争中,保持中立。相反地,这些地点保存在芬兰手中,只足以引起帝国主义者窥视苏联的野心。如果反苏战争在西欧爆发,那么帝国主义者军队必然将从这空隙侵入。那时不论芬兰自身是否愿意,它必然将被迫卷入反苏战争的旋涡,它的领土将成为战场,它的人民将被拉去充当帝国主义的炮灰。

但是,芬兰的反动统治者非但不以这样的前途为不幸,而显然认为这正是替他们的主子尽忠效劳的大好时机到了。因此,他们在整个谈判进行的时期中,始终采取强硬无理的态度和破坏延宕的政策。而且在谈判开始的时候,便在边境上集中军队,造成了双方的紧张局势,使谈判根本不能在和洽的气氛中进行。这谈判从11月12日一直到11月中旬谈判停顿,芬代表回国为止,可以说毫无进展。

11月23日,芬兰总理贾尚德便在芬京资产阶级的音乐会上公然发表前面我们已经引过的反苏联演说,赞扬苏联人民的公敌,弱小民族的屠夫,沙王亚历山大和尼古拉等人的政策,并且供奉他们的照片。

11月26日,芬兰统治者在帝国主义者怂恿之下,胆子一壮,便正式向苏联挑衅,轰了七炮。结果苏联方面死士兵3人、军官1人,伤士兵7名、军官2名。红军因为曾经奉有不准接受挑衅的严格命令,因此未曾还击。当日苏联政府向芬兰提出抗议谍文,要求芬军立即向后撤进20公里到25公里。

11月28日,芬兰照会苏联政府,声明(1)26日芬兰边防军并未发炮,并且该处芬兰境内"亦无射程远至炮弹可以落过边境之大炮"。(天晓得!芬兰边防军所用大炮,是射程不能越过边境的!大概芬兰的大炮是准备轰本国士兵的)。(2)因此,26日落在苏联边境内的炮弹"可能为苏方举行练习打靶时之意外事件"。(3)同意双方军队同样都从边境撤若干距离。

当天,苏联政府便又提出通牒驳斥芬兰复文,并且认为芬兰既已破坏苏芬互不侵犯公约,而又继续对苏联保持敌对态度,那么苏政府就不受这公约的约束了。这通牒的主要内容节录如下:

"第一,贵政府否认贵国军队开炮轰击苏军、造成死伤之行为,除企图淆惑舆论及侮辱被轰之牺牲者外,毫无其他理由。贵方唯有抱定不负责任及蔑视舆论之态度,方能企图以苏军在边界附近芬兵眼前'练习炮兵打靶'之说,解释该项可憎之炮轰事件。

"第二,贵政府之拒绝撤退悍然炮轰苏联的军队,而假借双方平等原则,要求苏军芬军同时撤退之举,表现贵政府意图仍置列宁格拉特于威胁下之敌对态度。事实上苏芬两军之地位本不平等。正相反,芬军乃处于有利地位。因苏军对芬之重要城市中心相距数百公里,绝无威胁;而芬军驻地则距离拥有人口三百五十万人之苏方重要中心列宁格拉特仅三十二公里,对该城造成直接威胁。质言之,苏军亦无余地可撤退廿五公里,若苏军退至列宁格拉特郊外,而于该城之安全保障上,显成荒谬之举。至苏政府提出芬军撤退廿至廿五公里之建议,则为最低限度;其用意尚非消灭两军地位间之不平等,而系使其略微减小。苟芬政府对此最低建议亦予拒绝,则证明贵政府居心欲将列宁格拉特置于贵军直接威胁之下。

"第三,芬政府之集中大批正规军于列宁格拉特附近,从而将苏联最重要之城市中心,置于直接威胁之下,已造成对苏联之敌对行为,而与两国前订之互不侵犯公约冲突。进一步言之,芬政府之拒绝于芬军悍然炮轰苏军后将芬军撤退至少廿至廿五公里,即已说明贵政府继续对苏联保持敌对态度,并无意顾虑互不侵犯公约之条文,而决定于今后继续置列宁格拉特于威胁之下。

此种一方破坏互不侵犯公约,一方则必须遵守之局势,苏联政府不能容忍。因此苏联政府认为不得不声明从本日起,己方不再受苏联芬兰前此签订而又被芬兰政府破坏之互不侵犯公约之义务拘束"。以后几天内,芬兰军队又继续向苏联方面开炮轰击,红军遭受更大死亡。

29日夜半,苏联人民委员会主席兼外交人民委员莫洛托夫发表广播演说,宣布对芬绝交,并下令红陆海军总司令部准备应付任何意外。

30日上午8时,因芬军继续挑衅红军在卡莱里亚地峡和其他地点开入芬兰;苏联红军和芬兰反动政府之间的大规模的军事行动,便在这天开始了。

12月1日,芬兰革命党派在芬兰东部特里若基成立临时人民政府,并且发表广播宣言。临时政府成立后,立即同苏联政府进行谈判。12月2日双方签订互助友好公约。主要内容包括以下几点:(1)苏联卡莱里亚族人(与芬兰人同一种族)居住的东卡莱里亚区域内7万平方公里土地交换芬兰卡莱里亚地峡的4000平方公里不到的土地,用10万以上人口交换芬兰的25 000万人口;同时苏联以1亿2000万芬兰马克缴付芬兰人民政府,用以抵偿卡莱里亚地峡上的铁道造价;(2)芬兰把北冰洋沿岸和芬兰湾沿岸的若干海港和岛屿租给苏联,由苏联偿付租价3亿芬兰马克。此外,更规定有共同抵御外来侵略和提高双方贸易数额的办法。

如今各帝国主义国家把苏联对芬兰的行动宣布为侵略,把芬兰临时人民政府称作傀儡政府,但是试问天底下哪有侵略者会以近20倍的土地去交换人家一倍土地的道理?哪里会用10万人口去交换人家的25 000人的道理?同时,天底下,哪里会有傀儡政府能够替自己人民争取到这样许多利益的。其实,不仅在事实上,临时人民政府是最能代表芬兰人民利益的政府;而且从历史上说,它是直接承继1918年被德国占领军所推翻的革命政府的传统的。真正的傀儡政府倒是贾尚德、孟纳兴等人的反动政府。它不仅在事实上是在帝国主义操纵之下，为外国财政资本家的利益而工作，甘心违背自国人民意志，发动对苏挑衅，而且从历史上说，它是直接承继着1918年革命政权被颠覆后，由德国军队树立的那个反动的芬兰政权而来的（同时，如前面已经指出的一样，贾尚德、孟纳兴等本人便亲自充任过俄皇宫廷中的奴仆）。

国联会在制裁侵略者的名义下，已经开除了苏联的会籍，这只是更暴露了帝国主义者的丑恶面目而已。

七

一场普及全世界的最后决战就快降临了。这便是：殖民地半殖民地民族反对帝国主义压迫的解放斗争，被压迫阶级的劳动者大众反对金融寡头政治——法西斯独裁——的革命斗争，新兴的社会主义世界反对没落腐化的资本主义世界的斗争。这些斗争的形态和内容可以是完全不同的；然而，它们都汇合成为一个全世界的革命巨流，形成了这一时代中进步的和开倒车的、革命的和反革命的两种势力的最后决斗。一个共同的斗争目标团结了一切进步的革命的力量。因为不论是殖民地半殖民地的被压迫民族的斗争也好，是先进资本主义国度里的劳动大众的斗争也好，是胜利的社会主义祖国的斗争也好，从这些斗争本身来说虽则是性质完全不同的东西，然而这些斗争都是为了反对资本帝国主义的统治。这一个共同的斗争目的就把这三种势力团结在同一个战壕中，使它们成了亲密的战友。

帝国主义者为要分裂这一个全世界的革命势力的大团结，便不顾一切地准备帝国主义战争。它原想促成一个反苏联的战争，但是失败了。于是便退而求其次，发动了一个帝国主义相互间的分赃战争。帝国主义者想使各国无产阶级，各弱小民族自相残杀起来；想使殖民地民族不再要求独立解放，使工人阶级不再罢工示威。这样，它们便可以不必再怕革命骚扰，而且更在战争中发了横财。但是，显然现实使它们太失望了。1939年的世界，大不如1914年可比了。帝国主义战争的火焰在欧洲已经燃烧了三四个月。但是中国的民族解放战争越打越够劲，而且更接近最后胜利了，另外，印度人民又喊出了民族解放的要求。在它们本国呢，情形更糟了。不仅无产阶级，不仅一般的劳苦大众，而且连那些中小资产者，自由主义知识分子，如萧伯纳这样的人也对战争提出了抗议的呼声。显然，他们所雇佣的社会民主党徒不能像1914年时那样善于尽职了。更糟的是：帝国主义者的眼中钉——社会主义的苏联却在这时期内更增强了它的地位，更提高了它在全世界被压迫民族和劳动大众面前的威信。于是帝国主义者便不能不在帝国主义战争期内，更加紧了反苏阴谋。它们仍旧念念不忘于把帝国主义相互间的分赃战争变为一切帝国主义者联合起来共同反对苏联的战争。在这样的国际阴谋的背景下，便促成了这次"芬兰事件"。

如今一切帝国主义国家都动员了全部情报宣传机关和间谍特务人员来煽动芬兰事件，希望使它扩大成为一个反苏战争。或者即使不能达到这个最高目的，至少也希望稍稍挫折一下苏联在全世界被压迫民族和劳动大众面前日益增大的威望。

它们尽量地对苏联污蔑造谣，说苏联是"侵略者"。在这造谣污蔑的运动中，日本帝国主义者当然是不甘落后的。日本帝国主义的报纸在这次也为芬兰大抱"不平"，说苏联是"侵略者"。然而日帝国主义口中的这种虚伪卑鄙的污蔑正足以揭露"苏联侵略芬兰"这一谣言的真相。不过奇怪的是中国舆论界的态度。进行着民族解放运动的中国，正需要友邦的援助，而苏联是实际上给予中国援助最多的一个国家。但是许多自以为站在抗战阵营内的人们却跟在《大陆新报》《新申报》《中华日报》的屁股后面，拼命攻击苏联，因而得到了它们的赞许［例如，有位鲤序先生曾在《中美周刊》上写了一篇文章，"淋漓尽致"地把苏联和赞成苏联政策的人们痛骂了一顿。接着便有汪精卫的秘密刊物《文化先录》体贴周到地来慰抚这位鲤序先生，而且关心到了鲤序先生的"安全"（?!）问题。鲤序先生的一番"慷慨激昂"，只博得汪系秘密刊物的一番嘉奖，真使我们不免为他惋惜］。

英美法帝国主义者对苏联造谣污蔑是有目的的；这便是想掀起帝国主义的反苏战争，以便消灭或削弱这个社会主义国家；或者至少是想移转人民的视线，使人民对于帝国主义战争，尤其对于帝国主义侵略战争（如日本对华战争）的仇视移转去对付苏联。

日帝国主义者和投降妥协分子对苏联造谣污蔑也是有目的的，这便是要离间中国民族解放运动的唯一可靠的友邦；使中国在抗战中陷于孤立无援的地位；那时他们便可以用"国际援助无望""抗战没有前途"等理由来断送抗战。投降妥协分子现在觉得他们的"和平"口号太陈旧了，太不足以号召了：说确切些，是因为投降妥协的气息太露骨了；所以他们便转一个弯，提出了"反对中国赤化"的口号。他们觉得恭维日本军人为"和平使者"，为中国人民的"解放者"未免有些太肉麻了，太使人难于相信了：因此他们便喊出了打倒"赤色的帝国主义"的口号。这意思便是说，中国不要接受苏联的援助了，还是去同日本"亲善"吧。这种策略同他们制造国共摩擦，破坏中国团结，同样是他们的葬送中国抗战的"釜底抽薪"的办法。现在一切明的和暗的投降妥协分子都改在侧面用功夫了。他们尽量抓住每一个反共反苏的机会来为他们的主子——日本人——效力；因此对于国际帝国主义者所策动的这次新的反苏运动——所谓"芬兰事件"，当然更不愿意轻易放过。

这是上自一切帝国主义者下至投降妥协分子所以要"为芬

兰""伸张正义"的实在原因。然而这是我们中国民族解放运动者的任务吗？难道为了中国人民的利益，我们应该去中伤我们的最可靠的友邦，而反放松了侵略我国的帝国主义者吗？难道为了世界和平，为了芬兰人民的利益，我们应该去中伤首先承认芬兰民族独立，而现今又同芬兰临时人民政府签订有利于双方而更有利于芬兰人民的互助商务公约的苏联政府，而去拥护那个崇拜俄皇，压迫人民大众，甘受帝国主义者操纵指使，而向社会主义国家挑衅的芬兰反动统治者吗？头脑稍稍清醒的人一定承认这是不对的。因为这真是莫锡基、白克、贾尚德和孟纳兴等帝国主义的奴仆们所走过的那条绝路。因此每个中国人应当有充分的警觉心，不要做了帝国主义者反苏宣传机关的俘虏，不要做了投降妥协分子的尾巴。因为这一宣传运动如果成功，那就是反苏战争的爆发，而同苏联有共同国境的邻邦便都有被迫变为帝国主义反苏战争的战场的可能。这便是日本屡次向我们提出而我们政府始终未肯接受的反共公约的实施。这局势的另一面的意思，不用说便是中国的对日全面屈服了！

从苏芬冲突谈到国际反苏运动

关于"吴满有方向"问题的报告

今年1月间延安《解放日报》发表了一篇社论,题目叫《开展吴满有运动》。3月间《解放日报》编辑部又发表了一封《关于"吴满有的方向"问题》的信,同时中共西北局通知边区的党对编辑部的这封信要普遍进行研究和讨论。从此,"吴满有的方向"问题便成了全国党内外热烈研究讨论的问题。4月8日《新路东报》(我淮南区党委的机关报)发表了一篇社论,题目叫《把"吴满有的方向"转达下去》。在这社论中号召我们淮南地区的党"普遍组织关于'吴满有方向'的讨论,区以上干部应该首先弄清吴满有方向的基本精神……再配合当地当时的具体材料向党员与群众(首先是向积极分子)做报告,发动他们来讨论,然后把这种讨论深入到广大群众中去,深入到各阶层去"。

为什么要如此重视《解放日报》编辑部的这封信呢?因为这封信解答了许多理论的和实际的问题,对于目前根据地的生产运动的开展更具有重要的推动作用,但是在我们路西,这问题还不曾引起一般同志应有的注意,甚至有很多干部还不知道有这么一件事情。因此,地委会指定我向出席这次扩大会的同志做一个关于吴满有方向问题的报告,作为同志们研究这问题的开头。希望各位同志回去后在县一级和区一级干部中把这问题好好研究一番,就把这问题作为最近的一个学习中心,自己研究清楚以后便

---

* 本文署名宋亮,1943。

要把这问题传达到支部里去，因为对于这问题的主要执行者是支部，然后把这问题的内容向广大群众进行教育。

一、什么叫"吴满有的方向"

首先要弄清楚，什么叫"吴满有的方向"。吴满有是陕甘宁边区的新民主主义政权下生长起来的一个新型的富农。他原是一个"受半封建社会的压迫，吃树皮，吃糠秕，逃到边区，参加革命斗争的难民"。后来因为得到了边区新民主主义革命的好处，再由于他的勤苦劳动，现在已经变成了一个富农，经营80亩耕地，喂4头牛，1头马，1头驴，有3个长工，2个放牲口的小孩。吴满有在经济上是"努力劳动和发展生产的模范"；在政治上是"拥护革命和公私兼顾的模范。他拥护边区政府法令和政府号召，多出公粮并认真进行优抗工作"。他弟弟是八路军的战士，他本人是一个模范抗属，而且是共产党员。因此《解放日报》认为不论在经济上或是政治上，吴满有是全边区农民的模范，"他的方向就是全边区农民的方向"，这便是"吴满有方向"或"吴满有运动"的来历。

二、提倡发展富民与无产阶级政党的政策是不是矛盾呢

我们是共产主义者，是反对剥削的，但是我们今天反而来发展富农，发展这种建立在剥削雇佣劳动的基础上的经济形态。这同我们的无产阶级的立场是不是有些矛盾呢？有人或者说，我们同剥削阶级讲讲统一战线还可以说得过去，怎么可以号召全体农民，甚至农村中的共产党员都向富农看齐呢？

我们认为在表面上，这里多少是有些矛盾的。然而在本质上是完全不矛盾的，是同我们的阶级立场完全相符合的，并且这表

面上的矛盾也是现阶段中国革命的性质所决定的，它的根源还在于中国社会结构的本身，在于客观现实本身。我们大家都知道今天中国的革命是一个资产阶级民主主义的革命。什么叫作资产阶级民主主义的革命呢？这就是说，这个革命的任务不是在于消灭私有制度，消灭资本主义和建立社会主义社会，而是在于消灭帝国主义和封建残余势力的压迫；换句话说，这个革命的直接任务，仅是在于彻底肃清资本主义发展道路上的一切障碍，在客观上就是替资本主义发展尽了清道夫作用，这就是中国革命的性质。我们并不因为中国革命的这个资产阶级民主主义性质而拒绝参加，相反地，我们最积极地参加了这个革命，而且领导这革命走向最彻底的胜利。同志们都知道，我们这样做是对的。因为，在今天，那些直接阻碍资本主义发展的一切压迫，也同样直接压在工农大众身上；而且也是工农大众在今天所首先需要解除的压迫。不先从封建势力和帝国主义的压迫下解放出来，就无从解除资本主义的压迫，无从实现社会主义革命。既然如此，既然我们今天所干的革命是一个反帝反封建的资产阶级民主主义革命，那么这革命胜利后，即是资本主义发展的障碍局部或是全部被推翻后，资本主义的发展应该是必然的结果，这正是表示革命的胜利，而不是革命的失败。在今天中国的社会经济条件下，资本主义的富农经济虽则是剥削农民的，但是比封建的地主经济是一种进步，"没有这一步，就不能准备革命更进一步发展的条件"（参考《解放日报》编辑部的信）。

不要说今天革命还只在局部地区（在边区和敌后根据地）得到了胜利，就是在全国范围以内取得胜利之后，由于中国社会经济发展的落后，也必须经过一个相当长的新民主主义经济的建设时期，才能转入社会主义革命的阶段；而所谓新民主主义经济，在基本上仍是资本主义制度。这是毛泽东同志在"新民主主义论"那个小册子中所早已指出过的。

正因为我们要争取无产阶级的彻底解放，要实现共产主义，所以我们不能不先为资产阶级民主主义革命的彻底胜利而奋斗。当这革命在局部地方取得胜利的时候，我们要努力建设以争取过渡到社会主义革命的条件。共产党员在推翻封建势力和帝国主义的革命斗争中要做模范，在经济建设过程中（也是革命竞争）仍是要做模范。这就是说，我们的农民共产党员在农业生产上应该是肯劳动、会经营、有计划的模范，他的经济应当很繁荣；即是说，他很可能成为一个富农。否则我们将陷入自相矛盾的情况中，即一方面承认资产阶级民主主义革命胜利以后，一个比较长的新民主主义的（即基本上是资本主义的）建设时期是过渡入社会主义革命所必需的，而另一方面我们的农民党员在这建设中不能在事实上（在经济发展上）做模范，即不能发展他的经济，不能自己由贫农上升为中农，由中农上升为富农，这是很可笑的。

关于「吴满有方向」问题的报告

然而在过去却偏有这种可笑的事情发生。由于我们一部分同志不曾透彻了解今天中国革命的性质和任务，由于他们机械地理解了党员成分问题，因此，他们直接地束缚了我们的农民共产党员甚至于一部分非党员的农抗积极分子的经济发展，间接地也就束缚了全体农民的经济发展。他们认为我们的农民党员或是农抗会积极分子，如果在新民主主义政权的帮助下弄得比较富裕些，变成为富裕的中农或是富农了，那么他们的成分便变坏了，他们在政治上一定也变得不可靠了，因此便要撤换他在党内或农抗会里的工作，甚至要把他编入同情小组。这样便在党员和非党员的积极分子中，造成一种印象，以为保持自己的政治地位和政治积极性同发展自己的经济是不可兼得的东西。因此，我们许多有可能在经济上发展成富农的农民党员只好在两条出路中间选择一条了：或者是保持自己在党内的政治地位，那就要限制自己的经济发展；或者是继续发展自己的经济，那就要牺牲自己政治上的地位，甚至自动回避党，以避免受限制。这样便造成两种恶劣的结果：一方面是限制了我们的农业生产的发展（而农业生产是我们今天根据地的基础）；另一方面是在我们党内造成了一种不安，而且妨碍了农村支部的发展和巩固。

因此，很显然，提倡吴满有式的富农经济的发展，同无产阶级政党的立场，同共产主义是不相矛盾的。相反，只有这样才符合革命的利益，才符合我们党的政策；否则，反而要使我们党的政策陷于自相矛盾的境地，将使革命的利益和我们党的利益遭受损失。

三、吴满有式的富农经济特点，它的前途和在我们敌后根据地的发展可能性

《解放日报》编辑部的信里面指出，在新民主主义政权下，存在两种本质上不相同的富农，一种是吴满有式的新型的富农，一种是普通的富农。吴满有式的新型的富农是从革命得到了利益才发展起来的，是新民主主义政权所培养起来的；因此，他们对于革命，对于革命的政权是拥护的。《解放日报》编辑部的信里面指出，我们自然是提倡这种新的革命的富农经济，而且希望他的数目逐渐增加，但是我们对于普通的，即是原有的富农经济"亦仍应加以帮助，并鼓励其发展，这才完全符合党的政策"。关于这一点，《解放日报》的信已经说得很明白，我这里不再重复。

在我们军分区司令部直属支部讨论吴满有方向的时候，出现了另一个问题，就是这种新型的、革命的、吴满有式的富农经济的前途问题。有些同志问：我们的革命的新型富农经济，再进一步发展下去是不是会变成了地主经济呢？有些同志认为是可能发展成为地主经济的。

但是，我认为这种估计是不合新民主主义经济的发展规律性的。有些同志所以担心我们的"吴满有"发展下去可能会变成地

主经济,是用观察半封建半殖民地农村经济发展规律的目光来观察新民主主义政权下的农村经济发展规律的。不错,在半殖民地半封建的社会里,富农本身就是带有半封建性的:他一方面剥削雇佣劳动,即是说,基本上是资本主义的经营方式;另一方面又从事封建性的高利贷剥削和地租剥削。而且值得注意的是:在半封建半殖民地社会里,当这种富农进一步发展的时候,发展的往往不是他的资本主义的一方面,而是他的封建的一方面。具体地说,他种的田(建筑在雇佣劳动的剥削之上的农业经营)往往并不会增加,但是他出租的田和放出的债却增加了。这是半封建社会中富农经济的一般发展规律。为什么会这样呢?因为在半封建社会里,处在最有利地位的不是资本主义的剥削方式,而是封建的剥削方式;因此,在半封建社会里,封建性质的经济压制着资本主义性质的经济,使后者不能向前发展。也正因为如此,所以今天的中国社会需要一个反封建的资产阶级民主主义革命。

但是我们经过了土地分配,经过了彻底的反封建革命的陕甘宁边区,封建性质的剥削已经彻底被铲除。在我们彻底实行了减租减息的敌后抗日民主根据地,封建性质的剥削也已经大受限制,使得封建性的经济不再处于优势的地位,而是处于劣势的地位。大家知道,抗日民主根据地的政权是奖励资本主义经济的。如果从前,因为封建的剥削(地租、高利贷剥削)比资本主义经济利益大些,所以富农便向封建性的方向发展(向收租放债的地主高利贷发展);那么,现今,在经过土地分配或是减租减息运动的抗日民主根据地,富农经济也必然因为封建性的剥削处于不利的地位,而不向这方向发展,即继续依照资本主义的富农经营的方向发展。这难道不是很明显的事实吗(至于在抗日民主根据地内,没有农民的大批破产,因此没有大批出卖田地的现象,使得土地的大批集中成为不可能——这是形成地主经济的一个主要条件——等等理由,在此更不用说了)?

因此，我们可以肯定地说，吴满有式的新型富农经济绝不会向地主经济的方向发展。然而这不能说，绝不会发生下面这样的情形，就是有个别的吴满有式的富农，由于天灾人祸毁减了资本和劳动力，或是由于改行（不种田了）而把自己的田地出租。

然而，这根本上就不能作为地主剥削经济论，而且这只是一种例外的情形而已。

经过土地分配或是减租减息运动的新民主主义政权不会促成封建性的地主经济的发展；而能够保证资本主义性质的富农经济的繁荣；这理由，在上面已经说得很明白。在这一点上，也正是中共在内战时实行过的土地分配政策以及我们敌后抗日民主根据地所实行的减租减息政策的革命意义所在。很多人对于我们党在过去要实行没收土地，现在又一定要实行减租减息政策的理由，也就是说对于这些政策的革命意义，往往是了解不透彻的。一般的党外人士，甚至于我们党内的许多党员，总以为我们党在过去（苏维埃时代）坚决地要实行没收土地的政策，在抗战中，又坚决地主张减租减息政策，是为了动员群众起来参加革命，就是说，仅有动员上的意义。当然，我们不能否认没收土地政策在苏维埃时期和抗战时期的革命动员作用。这作用在革命运动的发展初期，对革命运动的开展而言，有决定性的意义，然而这两个政策更深远的、更伟大的、革命的社会意义却还不在这一点上，而在于这种政策实行之后，可以使封建性的经济完全铲除（在实行没收土地政策的条件下），或是给予极大的约束（在实行减租减息政策的条件下），使它不再危害到资本主义经济的生长发育。换句话说，这种政策的实行，迟早要促成封建性经济的灭亡和资本主义经济的生长，即完成了资产阶级民主主义革命，使中国从半封建的社会转变为资本主义的（新民主主义的）社会。这在农村中所造成的直接结果，便是农业技术的改造和生产的空前发展，间接地也就是准备好了转入社会主义革命的经济条件。这才是这些政策主要的、革命的、社会的意义。

吴满有式的富农经济的发展既然不会走向地主经济，那么它的前途是什么呢？由于资本的缺乏和前面所说的土地集中的受限制，我们的"吴满有"也不可能发展成为美国式的农业托拉斯；这同中国的新民主主义社会不会发展成为欧美式的资本帝国主义社会是一个样的。它的唯一可能发展的前途便是苏联式的社会主义集体农场；这又同中国的新民主主义社会最后必然要发展为社会主义是一个样的。如果我们一般地承认中国的新民主主义革命很可能和平转入社会主义革命；那么我们的革命的、新型的吴满有式的富农经济更有可能和平地转为社会主义的集体农场。

这是中国与苏联的集体农场发展道路不相同的地方。但是这问题在今天，主要地，只有理论研究的意义，因此在这里不必详细加以讨论了。

在讨论中，还出现了另一个问题，就是吴满有方向在我们敌后抗日民主根据地（具体地说在路西）是否存在的问题。由于这里没有实行土地分配政策，更由于战争的不断破坏，富农经济的发展条件，在这里没有像在陕甘宁边区那样顺利是显然的；然而只要是已经彻底实行过减租减息的政策，那么这种发展的可能性仍然是有的。因为在我们正确的挡荡布置和我们部队的英勇打击之下，敌寇给我们的破坏终究是暂时的，而且他们的"三光"政策也不能毁灭我们根据地的每一个村庄和每一个农家。因此在比较安定的基本根据地中，农民的经济已经有显著的发展。甚至在我们战争频繁的路西根据地，农民的生活亦已经有显著的发展（我们最近所实行的社会调查和支部调查都足以证明这点，这些调查中有一个已发表在《民主建设》创刊号中），也因为这原因，所以前引《新路东报》的社论要我们淮南地区全党迅速"把'吴满有的方向'转达下去"，因为过去我们许多地方的下级党委和支部对这一问题的错误认识，在个别地区已经造成了相当严重的

关于『吴满有方向』问题的报告

后果。因此，把吴满有式的富农经济作为我们根据地内一切农民发展的方向，在我们路西根据地同样也是一个现实的任务。

四、关于新民主主义政权下，党在农村中的主要社会基础，以及对于党员成分问题的一些错误认识

在《解放日报》编辑部的那封信里，又提出了另一个问题——这便是在新民主主义政权下，党在农村中的主要社会基础问题。这封信指出，"在边区这种资本主义经济发展的情况下，必然会影响党的社会基础也发生某些变化。如果说，在未分配土地区域，觉悟的雇农、贫农是党的主要基础，那么，在已分配土地的区域，因多数劳动的雇农、贫农已升为中农，这种中农就成为党的主要基础，而一部分革命后上升起来，但仍忠实于党与革命的富农，像吴满有、申长林等也应当看作是好的党员"。在敌后抗日民主根据地，虽没有经过土地分配，但在减租减息之后，在新民主主义政权的保障之下，像旧资本主义社会中的农民分化的情况，即绝大多数的农民破产成为贫农或雇农，极少数的人上升为富农的情况，是不会发生了。在这里各阶层农民的基本发展趋势也还是上升的，不过没有像经过土地分配的地区那样显著和迅速罢了。这也就是说，即使在这里，党的社会基础也在逐渐向中农推移。否认这基本的趋势，那无异是否认抗日民主政权的建立对于大多数农民的好处，而认为农民中大多数至今仍是贫农和雇农；或者是认为雇农和贫农由于得到革命的好处而上升为中农或是富农以后，他们必然要同革命疏远起来，不能成为好的党员，因此党的主要社会基础应该永远放在那些革命以后经济始终没有上升的贫农和雇农身上（同志们还要注意：这种雇农和贫雇农的人数是在逐渐减少的，因为他们上升了）。这种见解，毫无疑问是不妥当的。

在这里，我想顺便提一提，我们马克思主义者对于社会出身，即对于党员社会成分的见解。

首先要把阶级和个人分别清楚。社会出身或社会地位对整个阶级的政治立场是有绝对的决定意义的，但对个人却只有相对的决定意义。例如，资产阶级的社会地位决定了这个阶级的政治立场，我们绝对不能希望整个资产阶级会改变它的阶级立场，站到无产阶级的立场上来，但是，任何个人却很可能离开他原来出身的阶级而站到别的阶级立场上去。例如我们大家都知道，有许多非无产阶级出身的人抛弃了自己出身阶级的立场而加入共产党，成为很好的党员，甚至成为他们的领袖。例如马、恩、列、斯，以及中国的毛泽东同志和其他一些党的领袖都是非无产阶级出身的人。另一方面，也有不少无产阶级出身的人却去当资产阶级的走狗，来破坏无产阶级自己的利益。例如第二国际的许多领袖便是如此。社会出身决定了整个阶级的立场，这是一般的原则；但社会出身并不能决定每个人的立场。在这里，往往存在一般中的特殊。

一切非无产阶级出身的人绝不是以他原来出身阶级的资格来参加党的，相反，正因为他已经抛弃了他原来的阶级立场而以无产阶级先进战士的资格加入党的。他既已入了党，那么一般说，他就是无产阶级先锋队中的一员。社会出身或社会成分只能作为审查和鉴定每一个党员的政治思想、阶级意义、组织观念等的一种历史的参考材料（但不是唯一的材料）。目的也还是便于对党员的教育，绝不能把社会成分当作党员的一种身份的划分。辨别一个党员的好坏，是拿他今天的思想、意识、观念和工作能力等作为标准的。然而，在我们党内，却往往有把社会出身或成分看成了一种身份。凡是遇到非无产阶级出身的党员便认为一定是不可靠的，相反地，把无产阶级出身或贫农出身的党员都认为是一定可靠的。无产阶级或贫农出身好像变成了一种金字招牌，而其

关于『吴满有方向』问题的报告

他的阶级出身却变成了一种终身的罪恶。这是完全机械的和错误的见解。由于这种错误见解，在我们党的个别的下级组织就做出了许多错误的有害的规定。例如：规定富农出身，甚至中农出身的不能做支书，把富农出身的党员编入同情小组；最可笑的是有些原来雇农、贫农出身的支书或支委，因为得到了三七分组的好处，经济发展了，上升为中农或富农了，可是上级领导者却不信任他了，因而把他们撤换了。

例如，在《民主建设》创刊号上发表的"关于支部工作"这个调查报告中便告诉我们有这样的材料：有一个区委同志"由于在革命过程中实地受到革命的实惠，如'三七'分租，生活改善，讨了老婆等。这样他感觉到只有革命才是出路……"但是，……"他听说整理组织，要把阶级异己分子清理出去，他急着说：'我原来也是个穷光蛋'，这个革命的'恩典'，我死也不能忘记。"

我们的贫农出身的同志因为得到了革命的实惠，上升为中农或富农了，因此对于革命的"恩典"更感觉到"死也不能忘记的"，就是说他对革命更忠实了，可是我们的负责同志却准备把他当作异己分子而清理出去了。这岂不是很可笑吗？

我们一定要把这种对于党员成分的机械观点改正过来，否则，在党内将造成一种恐慌（如我们这位区委同志一样），在党外，影响到生产热忱的提高（因为我们党内强调成分的结果，必然将会造成一种普遍心理，以为上升为富农是不光荣的）。❶

---

❶ 其实，我们支部里许多同志对于什么叫"富农"，并不一定有一个正确的概念，很多人就把富裕的中农当作了富农。关于此问题因时间关系，不再多解释，望同志们参考《民主建议》创刊号上张文同志的《怎样划分农村各阶级》一文——此文是转载《真理》的。

五、加强党内教育,加强党内反资本主义思想斗争

《解放日报》编辑部的这封信又提出了加强党内教育,反对党内资本主义思想的问题。

我们不能否认,社会环境和经济活动对于人的思想是有很大影响的。既然我们要在社会上发展资本主义,而且我们的一部分党员要去从事资本主义经济活动;那么,如果在我们党内不预先严格加以防止,资本主义的思想就可能在我们党内滋长起来。因此,我们必须在党内加强共产主义的教育,开展反资本主义思想的斗争。这封信里指出:

"我们对于这一部分党员,主要指农民中从事这种资本主义经济活动的,例如吴满有等,我们不应禁止,而且要反对党内民粹主义思想以及各种各样安于贫穷,以贫穷为光荣的思想的残余。但是同时我们必须大声来反对党内党员在政治上由无产阶级变为资产阶级。可以想象得到,必定会有一部分落后的党员由于在经济上向资本主义发展,而在政治上堕落腐化。应该把这些人清理出党,如果犯法的还要送法院,同时更应该加强党的教育工作,尽量防止这些错误的发生。"

毛泽东同志早在《农村调查》那一本书的"跋"里面指出:"国营经济与合作社经济是应该发展的,但目前主要的不是国营而是民营,而是让自由资本主义经济得着发展的机会,用以反对日本帝国主义与半封建制度,这是目前中国最革命的政策,反对与阻碍这个方向是错误的。严肃地坚决地保持共产党员的共产主义纯洁性与提倡并指导社会经济的资本主义发展,是我们在抗日与建设民主共和国时期不可缺一的历史任务。在这个时期内,一部分共产党员被资本主义与资产阶级所腐化,也是不可免与不必怕的,不要把反对党内政治腐化与思想腐化的斗争,错误地移到

关于『吴满有方向』问题的报告

社会经济方面去了。中国共产党是在最复杂的中国环境中工作的，每个党员，特别是干部，必须锻炼成为懂得马克思主义策略的战士，片面地简单地看问题是无法使革命胜利的。"

"严肃地坚决地保持共产党员的共产主义纯洁性与提倡并指导社会经济的资本主义发展"（甚至自己去参加这种资本主义经济活动）——这的确是一个困难的任务。但是我们可以相信，我们绝大多数的党员是能够完成这双重困难任务的。问题就在于如何事先防止，即如何在党内加强共产主义教育，展开反资本主义思想的斗争，使我们的党员不至于被环境所腐化。

在资本主义经济发展的环境下，资本主义思想将从两个方面向我们党侵入：

第一，是向党员私人生活侵入，引起党内享乐主义的发展。党员受了这种思想的影响，不是变成了生活上堕落腐化的分子，便是变成了只顾个人安居乐业，不问政治，不愿再做革命斗争的庸人俗子。党员发生了后一种的思想，即使他还是一个很好的公民，他在经济发展上有很大成就，但已经绝不是一个无产阶级的战士，不能算作共产党员了。

第二，是向党员的政治思想侵蚀，引起党内右倾机会主义思想的发展。党员受了这种思想的影响，即使在个人私生活上仍保持着吃苦耐劳、不顾个人享受的作风，但在政治上，他将变成主张阶级调和、放弃无产阶级立场的妥协分子。

但不论是生活上的腐化堕落分子也好，或是只图个人安居乐业，不问政治的庸人俗子也好，抑或是主张无原则调和妥协的右倾机会主义分子也好，他们的存在，对党、对革命是不利的。因此，这样的分子一旦在我们党内发生了，而且已经到了无可救药的地步，那就只有坚决地把他们清理出党。

为了防止这种思想的发生，我们必须加强党内共产主义的思想教育。对于那些直接从事资本主义经济活动的人们，这种教育更加迫切。这并不是因为党特别不信任他们，而是因为资本主义思想对他们的包围和袭击更为直接和严重，党必须特别加以照顾和帮助。

如果，我们能够用加强党内教育的办法来保证我们共产党员的共产主义的纯洁性，而同时又能够以身作则，提倡并且领导社会经济的资本主义发展，那么我们必然就能够建设好新民主主义，达到进一步转入社会主义社会的目的。我们必须完成这一双重任务，仅仅完成了这双重任务之中的一方面，革命还是要失败的。

不去提倡和领导社会经济的资本主义发展，而想保持共产党员的共产主义纯洁性，那么新社会就无从建设，就无从转入革命的更高阶段去；更何况在这种情况之下，所能保持的绝不是共产党员的共产主义纯洁性，而是安于贫穷，以贫穷为光荣的民粹主义思想的渣滓。在另一方面，提倡和领导了社会经济的资本主义发展，而不能保持共产党员的共产主义的纯洁性；那么即使社会经济发展了，但这个（新）社会绝不是新民主主义的社会，而是资产阶级专政的旧民主主义社会，这是因为共产党员已做了资本主义的俘虏，已失去了新民主主义社会中的革命的进步的因素；更何况在这种情况下，就是社会经济本身也不会有很迅速的发展的，因为旧资本主义社会的一切不合理现象阻碍着经济的发展。

如此看来，保持共产党员的共产主义的纯洁性与提倡和领导社会经济的资本主义发展不仅是不矛盾的，而且是必须连在一起以后才能完成的。这任务虽是双重的，然而是不可分离的。从这意义上说，我们的党内思想斗争应该是两条战线的斗争，我们的党内教育也应该从这两方面着眼，这便是：一方面要克服那种以贫穷为光荣的民粹主义思想（小资产阶级的"左"倾机会主义），另一方面要克服公开的资本主义思想对我们的侵蚀（右倾机会主义的思想）。我们在党内教育上如能完成此任务，那么我们根据地的建设和革命的进一步发展就能有切实的保证。

我关于《吴满有方向问题》的报告就此结束了。大家可以看到，《解放日报》编辑部"关于'吴满有方向'问题"的信在理论研究上，在我们的实践上以至于在根据地的对外宣传上都具有重大的意义。因为这信，进一步地具体发挥了毛泽东同志在《新民主主义论》里面对于新民主主义经济早已指出的那些基本原则；区别了新民主主义社会中，两种不同类型的富农以及吴满有式的新型富农的特点；确定了党在根据地对于富农的政策，指出了新民主主义社会中党在农村中的社会基础的变更，指出了党内思想教育的方针。而这一切问题的具体提出，都是证明抗日民主根据地，尤其是它的土地政策的进步性，"没有这种进步，农村中吴满有式的富农经济是不可能发展的"这一事实是最有力的宣传者。希望大家把《解放日报》的这封信和《新路东报》的社论作为很重要的文件去仔细研究，而且要把这种研究同我们路西根据地的实际情况联系起来。

整风学习笔记

　　创造社的某些朋友们常以当年对鲁迅的攻击曾促进了鲁迅对马列主义理论的研究，促进了他的进步，而自负；甚至言外之意在说：鲁迅还是我们教育出来的呢！即是说这在某种程度上是合于客观事实的，然而这并不降低了鲁迅或抬高了这些朋友的身价。何况当初创造社对鲁迅的"斗争"在方法，甚至内容上并不见得完全正确。

　　这里是一个更显著的例子：大概谁亦不能否认，遵义会议前一个时期中，教条主义者对毛泽东同志的打击，以及毛泽东在事实上被解除了党的领导工作的责任，曾促成毛泽东对马列主义的更深入的研究，而且亦使他有了这种做理论研究的可能性（有了时间）。谁亦不能否认，毛泽东对中国革命的一切重要问题的见解，在这一时期中更深入、更系统化了。然而教条主义者若以此居功，那就无异于一切革命的敌人，因为自己的反革命曾教育了革命，而要以此居功同样可笑了。

　　因读毛泽东的辩证法唯物论讲演记录，见到他的哲学研究之深刻，有感就此。

1943年4月28日在"新民主"。

---

* 1943年在津浦路西整风研究班和1944年在华中党校整风轮训队期间的学习笔记，笔名宋亮。没有日期的段落按笔记本顺序排列。

读陈毅同志《整风随感》有感*

"……有书本知识的人，向实际方面发展，然后才可以不停止在书本上，才可以不犯教条主义的错误。有工作经验的人，要向理论方面学习，要认真读书，然后才可以使经验带上条理性、综合性，上升到理论，然后才可以不把局部经验误认为即是普遍真理，才可以不犯经验主义的错误……"

毛泽东同志在"整顿学风、党风、文风"的报告中讲的这一段话是对的。但这是在正确的学习方法和正确的立场条件下。有工作经验的人如以教条主义的方法去学理论，那么他学习的结果可能还是狭隘经验论＋教条主义，还是主观主义，而不是马列主义。至今还在江西闹苏维埃运动的杨维翰听说是农民干部，实际工作经验不用说，也不好算缺乏了——至少也是十多年的老干部了；至于理论呢，别的不知，至少"唯有苏维埃和红军才能救中国"是读得烂熟的了。我想他若以记这名言的精神去读理论，那么正如毛泽东同志所说，即使读了一万本马恩列斯，每本又阅读了一千遍，以至于句句都背得出，但他还是不会变成马克思主义者的。他的经验和理论好像是分装在两个抽屉中一样（即使是一个活书橱上的两个抽屉），仍是不相融合的。

有书本知识的人，如以军长所说的中国封建社会的旧习气，从图谋私利出发去做实际工作，即是为了向上爬而去"深入下层"而"到下层实际工作中去锻炼"，那么对于改正教条主义仍是于事无补的（当然这样的"深入"是不耐久的）。自党对于知识分子和一般未做过下层群众工作的同志发出了"到下层实际工

---

* 标题为编者后加。

作中去锻炼"的号召以后,"到支部里去"已成了一种时髦。当然多数同志是为了自己缺少下层群众工作的锻炼而到支部里去的,但我觉得也有些是为了赶时髦,尤其近来常有人因为要改行,因为不满意于党的分配,而以"到下层去锻炼"作为摆脱原来工作的借口,这更是无补于整风了。

读陈毅同志《整风随感》,有感记此。

1943年9月27日,在津浦路西整风研究班。

名人和名言[*]

鲁迅:

"……博识家的话都浅,专门家的话都悖……"

"他们的悖未必悖在讲述他们的专门,是悖在倚专门家之名,来论他们所专门以外的事。……忘记了之所以得名是那一种学问或事业,渐以为一切无不胜人,无所不谈,于是就悖起来了。"

"这病根至今还没有除,一成名人便有'满天飞'之概。我想至此以后我们是应该将'名人的话'和'名言'分开来的,名人的话并不都是名言,许多名言倒出自田夫老野之口。这也就是说我们应该分别名人之所以名,是由于哪一门,而对于他的专门以外的纵谈,要加以警惕。"

愿我们的同志处于领导者地位时,即有可能被当作"名人"的时候,少在自己专门以外纵谈;而处于被领导者地位时,少对领导者在他专门以外有所苛求或盲从。

"人最宝贵的东西是生命,生命于我们只有一次而已。一个

---

* 没有日期。

人的生命是应当这样度过的：当他回首往事时，他不因虚度年华而悔恨，也不因过去的碌碌无为而羞耻——这样，他在临死时候就能说：'我整个的生命与精力，都已献给世界上最壮丽的事业——为人类的自由和解放而作的斗争'。"这是奥斯特洛夫斯基《钢铁是怎样炼成的》主人翁保尔·柯察金所说的话，也是此书的基本精神，是作者所以值得一切革命者视作模范的基本优点，还不十分知道如何珍贵自己生命的我们，此言可做座右铭。

"Самое дорогое у человека—это жизнь. Она даётся ему один раз, и прожить её надо так, чтобы не было мучительно больно за бесцельно прожитые годы, чтобы не жёг позор за подленькое и мелочное прошлое Nчтобы, умирая, смог сказать: вся жизнь и все силы были отданы самому прекрасному в мире — борьбе за освобождение человечества."

［保尔·柯察金此言已被刻在被德寇绞死的少共团员女游击队员卓雅·科斯莫杰米扬斯卡娅（Зоя Космодемьянская）的墓碑上］

古田会议决议　唯心观念条

摘　要

"政治上的唯心分析和工作上的唯心指导，其必然伴随的结果，不是机会主义，便是盲动主义。"

"不明白批评的任务最大的是指出政治上的错误，其次才是指出组织上的错误，至于个人生活上缺点及小的技术方面，如果不是与政治的及组织的错误有密切的联系，则不必多所指摘，使同志们手足无措。而且技术的批评一发展，党的精神完全集注到寻常技术方面，人人变了谨小慎微的君子，必然要忘记党的政治任务，这是最大的危险。"

读后感

批评是如此，布置和检查工作，以至订立工作计划更是如此。处处顾到，样样要详细无遗，结果必然放松了大的重要的一面。从支委到小组，都有一个计划，而且也要处处顾到，详细无遗，必然也变成为计划而计划，使大家注意于做计划，注意于小的零碎的，妨碍了我们的中心任务。

故今后我更不主张各小组每星期订立书面计划，并把每星期中小组生活各方面都写上去的办法。即使是支部计划，亦要尽可能避免许多形式上的功夫。

"上有好者，下必甚焉。"——支委的布置、检查和批评的精神若多注重于形式、小节，则下面的注意也必然向这一方面发展去。今后支委的领导方式确应大大注意到这一方面。

1944 年 9 月 12 日

整风学习笔记

"对于自己的历史，一点不懂或懂得甚少，不以为耻，反以为荣。……有些人对于自己的东西既无知识，于是剩下了希腊及外国故事（限于故事），也是可怜得很，从外国故纸堆中抽象地搬来的。几十年来很多留学生都犯过这种毛病。他们从欧美日本回来，只知生吞活剥地搬外国。他们起了留声机作用，忘记了自己创造新鲜事物的责任。这种毛病也传染了共产党。"（毛泽东：改造学习）

此种一味地、盲目地模仿外国，一方面是对于清末以来主张闭关自守的反动的国粹派的一种矫枉过正的偏向，另一方面也带有买办对于"东家"的崇拜气味。这是从闭关自守的封建中国过渡为现代国家时不可避免的过程。但我们犯教条主义及党八股作风的共产党员确应引为自戒。

1944年9月12日

中国的孟什维克"还特别发展半封建的中国小资产阶级社会中的宗派主义、个人主义，并与中国的社会中的流氓手段相结果。"（刘少奇：清算党内孟思想）

这种流氓手段主要是表现在党内斗争的不择手段这一点上。其开端大概是在莫斯科的中国学生中间了。极端的宗派主义，私人拉拢，造派别，打击反对者，也是这种流氓手段的表现形态之一。

1944年9月13日

有人说，莫斯科留学生是"马列主义的买办阶级"。其实，做一个马列主义的买办倒不算坏，中国至今还缺乏马列主义经典著作（以及现代著作）的有系统的介绍，中国还需要而且将来也需要马列主义的不断的翻译、介绍。如此，做一个马列主义的买办，忠实的买办（翻译者、介绍者）也不算坏事，而且是好事。但问题是不要忘记了自己的身份，代替了以至压制了我们的创造。

1944年9月19日

"有许多人'下车伊始'就哇喇哇喇地发议论、提意见，这也批评，那也指摘。其实这种人十个有九个要失败的。因为这种议论或批评没有经过周密调查，不过是无知妄说。"（毛泽东：农村调查序言）

古人说"旁观者清"，批评人家的缺点和错误是容易的。但缺点还不一定由于错误，而且即使是错误吧，总还有个所以犯这个错误的原因（主观的和客观的），旁人也不要轻易讲现成话。

对某一个人的缺点和错误是如此,对某一个组织,某一地区更是如此。我们同志往往在新到一地区或开始接受某一工作的时候,把前人工作批评得一塌糊涂,或一上任便大发其"施政纲领"。这样的人也是十之八九要失败,或终于把自己的话收回来才罢休。

整风学习笔记

这不仅因为你所见到的缺点或错误,在事实上不一定就是如此,而且即使说这些缺点或错误已是定论,而且上级对于此已有决定了,甚至上级派你去正是为了去纠正前人此一缺点的——但即使如此,讲话也要留些余步,不要把人家批评得一钱不值。因为,第一,如前所说即使真是错误,也有其所以会错误的客观原因,我们如无前人经验说不定也会犯他那样的错误的。把人家说得太不值钱,便是说现成话,在人家看来,未免变成幸灾乐祸;第二,前人即使在某一事上做错了,也不至于在什么地方都错了,或简直是错到不可收拾了(除了原则上的路线上的错误外,绝不会错到不可收拾的)。第三,即使是全错了吧,那么前人及其所领导下的工作人员,既然会错到如此一塌糊涂,可见他们一下是不会完全明白过来的。所以你的指摘也要讲个分寸,分个轻重缓急,否则一下子全盘托出,人家也受不了的。有些同志在"新官上任"之时那种否定一切、抹杀一切的作风,往往不仅激起原任之不满,而且连旁观者也不心服的。

这种"下车伊始哇喇哇喇地发议论"的作风一半是起因于没有实事求是的精神,一半却还由于太"热衷于名利"(陈毅同志在某次谈话中对主观主义者的批评)。我觉得这种"热衷于名利"的出发点在我们许多同志中还是潜伏着的。而这是很危险的。有些同志的忠实于党、忠于上级,想把工作做好,完成任务,不是为了革命,为了人民,为了党,而是为了他自己的"功名"。但有这样出发点的人,把工作做好只是一时的、表面的,因为他没有"实事求是"的精神,在整风中我看到了不少这样的例子,但在整风工作中，特别是对于领导整风的干部，有这种"热衷病"是很危险的。

1944 年 9 月 19 日

"克服主观主义的方法之一是，对人对事不要很快下结论，结论不要武断"。（彭康同志报告）

结论做得快，问题考虑不周到，当然易犯主观主义。结论太武断，变成绝对化，排除了条件变动的可能性，当然也会犯主观主义毛病。但相反，就变成了优柔寡断，或任何结论都加上"或许""大概""可能"，就又走入了另一不好的极端。如何能做到不偏不倚是大难事。

聪明人、理解问题快的人，往往不愿听完或细听对方（尤其下级）的话便下结论，就易犯此错误。其实结论下得太快，即使正确的，而对方是错的，但因你结论下得快，未将对方错误思想了解透彻，你亦难于说服人家。

1944 年 9 月 22 日

"为了谁"的问题和"对谁负责"的问题

刘子久同志所提出的"为了谁"和"对谁负责"的问题，是我们许多干部的思想意识中一个严重的问题。那些"眼睛向下（注：原文如此），背向群众，单纯地为上级与对上级负责……把党和上级与群众对立起来，把对党对上级负责与对群众负责对立起来的干部"，那些"为了有效地去完成党与上级的任务，对党与上级负责起见，有时就不惜对群众采用强迫命令以至打骂威逼的方式"的干部（在他们的"负责"之下，连减租减息，增加工资，种棉植树，挖河筑堤等工作，在有些群众看来，也好像是为了那些工作同志去完成上级所给予的任务而不得不做似的……）——固然与趁机捣乱的两条心分子不可并论，但严格说来是否真能算是"忠心耿耿,为了党与上级,对党与上级负责……"呢?因为既然我党的利益与革命的利益及群众的利益是基本上符合的,则只要真正能对党负责,对上级负责,则也不会与群众对立到如此程度的,绝不会发展到如此程度的军阀主义与官僚主义的。我恐怕这样"两头不讨好""哑巴吃黄连有苦说不出"的人并不多。其中大多数还不是真的"为了党""为了上级"或"对党对上级负责",而是为了自己,也即对自己负责。换言之,即单纯地为了完成任务,为了"献功",为了自己能被上级赏识,能升官。这种人的毛病还是在于陈毅同志所说的"热衷名利",即完全是从个人主义出发的。这样的人在扩兵工作中就会把老百姓大批逼跑,在整风中就会冤屈好人(做数字比赛)。这种人在强有力的好上级领导之下,其弊还不大,他可能在表面甚至还"忠心耿耿"。但上级如果是粗枝大叶的,或者也是专讲"对党负责"和"对上级负责"的,那么其流弊是不堪设想了。如果他一朝大权在握,独当一面,则其个人主义的尾巴必然会完全露出来,甚至从"对党负责"而变为"对党闹独立"。

但另一方面说,如果在这样的上级领导下工作,则是很痛苦的。

1944 年 9 月 22 日

"热衷名利"四字没有"急功好名"四字更能确切地表现上述歪风,且陈毅同志当初所说恐亦不是"热衷名利"而仅是"热衷"。

此种歪风与普通之"吹拍钻营"不同,但其出发点则同——同为个人主义、权位主义、功名思想,但吹拍钻营是粗鲁的、低级的;而"为上级""为党","对上级负责""对党负责"所表现者为较"精细"的,潜意识的,甚至自己并不觉悟到的。

"吹拍钻营"的坏意识在党内不多,尤其在中级以上干部中不多，但这种"急功好名""为上级""为党"，"对上级负责""对党负责"，为完成任务而完成任务，则是我中级以上干部中较普遍的现象，其危害之大且在于没有"吹拍钻营"之卑鄙，没有后者那样粗鲁而易于暴露其个人主义及权位思想之本质；在犯者本人甚至在旁人，往往在此种品行中不觉其坏，而错认为美德——对党负责、工作积极，或是说被这些美德隐蔽了其坏的一面。

溺死的会水的多，跌跤的跛子少。

1944年10月2日

反省大纲[*]

1. 知识分子和理论家的问题。
2. 理论研究中对实际问题的注意问题。
3. 从实际出发的问题。
4. 思想意识的问题；地位观念的对面——少进取心。
5. 脱离组织关系后的观念。
6. 领导上的问题：对干部的了解，任务不明确，心照不宣，琐碎。
7. 工作中的粗枝大叶问题。

Ⅰ．知识分子和理论家的问题。

1）书本知识亦缺乏：

a. 小学的文化程度（广义的，即包括自然科学知识在内）。

b. 马列主义的书本知识也有限——讲义中得来的，虽还有些系统，但经典著作的专攻少。

---

[*] 没有日期。

2）实践知识：

a. 生产斗争的全无。

b. 社会斗争的——由于与革命运动，与党发生关系早，知道一些掌故，"见闻"较一般青年同志多些；实际工作经验则不仅少，而且是片面的，偏重于文化工作及机关工作。

3）用理论说明中国问题——仅在人家所早已说明了的中国社会性质（农村经济为主），中国革命性质等问题上加以解释、宣传、传播，当然没有什么创见。

4）学习理论的态度。

a. 在莫斯科——主要为学习而学习；

b. 返国后——主要是为说明问题而到经典著作中找根据。

5）总结：缺乏工作经验，理论与实践联系差。

Ⅱ. 理论研究中对实际问题的注意问题。

1）对材料的影像主义——收集、占有，钻研精神不够，"差不多"主义；

2）脱离实际斗争后的见闻寡陋；

3）以材料来证实自己的结论，理论研究中的先入之见——对中国革命之基本问题的研究态度如此有"情有可原"之处，因已有定论。但就一般科学研究的状态而论，如此种方法养成习惯，则是危险的。

Ⅲ. 从实际出发做实际工作的问题。

1）在过去，一般地尚有此就事论事的习惯，但属于本能的、不自觉的。但有时尚有从先入之见出发的，有成绩便出毛病。特别在自己认为有把握的问题上，"溺死的总是懂水的""跛子不大跌跤的"，在此情况下无有不失败的。例：在西分区对供给部的误会。

2）党八股。

写文：欧化，长篇大论，语言枯燥，对文章写作缺乏自知之明，为发挥自己意见而写，少顾对象。

授课：偏重于原则。

（编者注：原稿中没有Ⅳ）

Ⅴ．脱离组织后的"组织观念"问题，个人对党的关系。

1）自己有先入之见——"他们不要我"，可能影响自己找党之积极心，不敢积极表示，而偏于试探。

2）守节观念，洁身自好观念。

3）自己存了心。

4）对自己被捕的思想准备——经常警惕自己是没有把握的表现？

5）地位观念的对面，少进取心，想做专家。

6）在莫斯科时对托派警觉少，责任少。

Ⅵ．领导上的问题。

1）对干部的教育。

2）对干部的了解。

3）交待任务不明确，"心照不宣""不必多啰唆"的观念。

4）琐碎。

Ⅶ．工作中的粗枝大叶问题。

1）影像主义。

2）调研精神差。

a. 在立三时代领导工运时，知天天总罢工或游行之不受工人拥护，但自己从未用个别谈话或调研会方式，有系统地收集材料，使能较全面、较有系统地反映工人情绪。

b. 文委时代。

c. 党校教育时代。

d. 路西时代。

反对宗派主义

党内宗派主义——

1. 对党闹独立，个人主义，闹名誉地位，闹出风头；忘记了少数服从多数，下级服从上级，局部服从全体，全党服从中央的民主集中制，没有老老实实的态度。

2. 外来干部和本地干部的关系。只有外来干部和本地干部的完全团结，只有本地干部大批生长，根据地才能巩固。

3. 军队工作干部和地方工作干部。

4. 几部分军队之间，几个地方之间，几个工作部门之间。

5. 老干部与新干部的关系。

党外宗派主义——

对一切愿意与我们合作及可能与我们合作的人，我们只有和他们合作的义务，绝无排斥他们的权利。（摘自"整顿学、党、文风"）

"一切宗派主义思想都是主观主义的，都与实际革命需要不相符合。"

"……对于任何东西都要用鼻子嗅一嗅，鉴别其好坏，然后才决定欢迎它或抵制它。共产党员对任何东西都要问一个为什么，都要经过头脑的周密思考，想一想是否合乎实际，绝对不盲从，绝对不应提倡奴隶主义。"（摘自"反对学、党、文风"）

"绝对不盲从"和"绝对不应提倡奴隶主义"跟自由主义，闹独立，自以为是有严格区别的。思想上的不盲从，不提倡奴隶主义和绝对服从组织，严格遵守民主集中制是一致的。

1944 年 10 月 17 日

宗派主义无原则纠纷和自由主义都是反革命分子钻空子的最好机会*

自 1927 年夏季到 1930 年夏季,在莫斯科学习的中国同志中间,曾发生了绵延不断、整整三年的宗派主义无原则斗争。这斗争不仅妨碍了功课,而且在同志们中间养成了宗派主义无原则斗争的坏习气。如果追溯中国党内的宗派主义历史,那么当时莫斯科中国同志中的无原则纠纷恐怕要算一个重要的根源了。在这里,我不能来清算当时整个无原则斗争的历史,我只是简略地谈一谈我个人在当时所采取的宗派主义的和自由主义的立场,以及从这长期的无原则斗争中所得出的一点教训。

从今天的目光来看,当时的斗争只能说是无原则的宗派主义的斗争(当时我们称之为派别斗争)。因为斗争的双方之间(一方面是支委会和拥护支委会的同志,另一方面是反对和批评支委会的同志)并无基本的政治原则的分歧。批评支部委员会的人说支部工作有缺点,有家长制度作风,不民主等,有时便给支委会加上了"机会主义"之类的帽子。支委会及拥护支委会的人则说,支委会所执行的路线是共产国际的路线。至于支委会的工作缺点即使是存在着,也是微不足道的。因而反对支委会的人便是反国际、反党分子。双方就这样无止境地争论着、斗争着。而真正的反革命、反党的托派分子却就在这时暗中活动,并挑拨离间,制造同志们对党的不满情绪。他们说:"联共中央领导就和我们支委会的领导一模一样的呀!托洛茨基就是这样被开除的呀!"但他们中的绝大多数,尤其负责人,并不积极地出面反对

---

* 本文为作者在华中党校整风学习期间发表的"墙报文章"。

支委会。于是，一些幼稚的同志就被欺骗而加入了他们的反革命组织。莫斯科中国留学生中的托派反革命支部便成为全俄最大的一个托派支派（据后来破获的全部名单有一百多人）。

我在这无原则斗争开头一幕展开的时候，根本不在场，因被派往乡间工作去了。我回到莫斯科不久，就因有一批要好的同志（这无原则斗争开头第一场展开时的积极参与者）在我宿舍里做中国饭吃，而被告发为：组织以同乡会名义为掩护的反革命组织。党的负责人更公开在大会上宣称：参加这"同乡会"的应该枪毙。虽然后来经国际监委会，联共监委会和中共中央代表团合组的专门委员会开会审查之后，曾通过正式决议，说明所谓"同乡会"是并未存在过的东西。但后来凡是有"同乡会"嫌疑的人仍被支委会负责人看作是反党分子，途中相遇时常被怒目而视。就是当时反对和批评支委会的人也不愿意和我这样的人接近——怕受嫌疑。因此，我当时的生活非常孤独，人家讨厌我或怕同我接近，而我亦就懒得接近人。对于学校中无原则宗派主义斗争，我就采取了自由主义的态度，因为对支委会不满，所以对于反对支委会的一派便采取同情态度，对于学校中一切风潮就采取幸灾乐祸的态度。虽然到了无原则斗争的后期，已看到在反支委会的一派中，有些违反组织原则的行为，但仍抱着事不关己高高挂起的态度，放弃了共产党员的责任。直到1930年春，在联共清党委员会帮助下，才揭发了隐藏的托派反革命组织，才使我们觉悟到了过去的宗派主义无原则纠纷和自由主义，是替反革命分子造成了破坏党的良好机会，才使我们知道了反革命分了在我们党内做破坏活动时，是常以无原则纠纷和自由主义做他们的伪装的。到这时才知道了自己的自由主义态度是对党犯了极大的罪过。

整风学习笔记

1944年10月19日

我在莫斯科中国学生中无原则宗派主义斗争中的自由主义态度及感情结合

莫斯科中国学生支部的党内斗争，自反旅莫支部的斗争结束（约1926年春夏之交）之后，基本上已变成了无原则的宗派主义斗争。但内中则有托派反革命秘密组织的暗中活动，并利用此斗争以达到它的反革命企图。

这个无原则斗争的开始一幕是中大一期毕业的支部工作负责人和教务工作负责人之间对于检讨过去工作所发生的争论，形成了所谓支部派与教务派。毕业总结会上的这场斗争，我并不在场。我对于这场斗争的内容始终很含糊，但因私人关系，我很接近于"支部派"的那些人，尤其因为秋季开学时，我被调入东大做翻译，照工作人员待遇，生活较优，从前"支部派"的人曾来我宿舍做了一次中国饭，于是被"教务派"方面的人诬为组织"江浙同乡会"，而我的地方是接头处。虽然，这批人后来已分散在各地，且经向中大公开宣布要枪毙之后，已不敢再做什么派别斗争活动，但"江浙同乡会"这一名词却成了一个"草人"，成了一个"箭"靶子，被后来的支委用作反对一切批评支委工作的反对者的一顶帽子。经过国际监委、联共监委、中共代表团合组的委员会审查之后，虽已证明"江浙同乡会"为莫须有之事，但过去受"江浙同乡会"嫌疑的人，却始终被中大支部会负责人认为可疑分子，或暗藏的反革命分子。我从这次被打击之后，即未能抬得起头来。自1927年暑期开学以后，不论在东大的宗派斗争，抑（或）在中大的宗派斗争，我始终未积极参与。因我对两校支委工作是有批评的，有意见的；但我亦看出反对支委的一群人成分复杂，包含有各种企图。我是在无原则斗争中已吃了一次大亏的人，已学乖了，不肯卷入旋涡的。而且，一切反对支委的人，亦因我曾是"江浙同乡会"的嫌疑分子，是出了臭名的，因此亦不愿接近我，他们怕被支委再加上"江浙同乡会"的帽子。

因此，在莫斯科中国学生的几年的无原则宗派主义斗争中，我并未积极参加。但我是消极拥护者，我对这无原则斗争的态度是不正确的，是自由主义的，是幸灾乐祸的。

我在今天来反省自己，看重两个方面：

1. "江浙同乡会"被"嫌疑者"之间的感情结合。
2. 对党内宗派主义无原则纠纷的自由主义态度。

国际监委、联共监委、中共代表团合组的审查委员会的决议中，虽承认江浙同乡会的组织是不存在的，但这些"嫌疑者"之间的感情结合是存在的，而且指出这种感情结合若任其发展下去，则具有危险性。此结论是完全正确的。以我个人而论，我非但非参加什么反革命的同乡会组织，而且也未发现过存在此种组织之任何痕迹，但我当时在同志间的感情关系上是偏狭的。因为年龄轻，从未出过门，外省语言不通，对江浙两地去的青年同志特别接近些，对年长的，在支部或教务方面负责的中国同志，则我特别接近，在国内时，代表上海地委来领导无锡支部的董亦湘及和他接近的人，尤其初去时，在数百同学中，我只认识他一人，故视之有如自己叔伯或老师，此种感情结合在宗派主义斗争未发生前尚不显著，到宗派主义斗争发生后则更显著。毫无疑义，当我在乡间第一次听到无原则斗争发生后，我的同情心是在"支部派"方面的。因我所接近的不论年轻者或年长者均在这一派方面。而且，随着这纠纷扩大到我被牵入之后，则我不仅同情而且引为同志了。而对冤屈我的一派，即后来的支委派，则抱着敌视的态度。因而对引为"同志"（无原则纠纷中的"同志"）的那些同志的缺点则感觉迟钝。而对反对我们的那些同志的缺点则很敏感。到被视为反革命分子的时候，我们被嫌疑的人虽已孤

整风学习笔记

立，而相约少来往，甚至不来往，以避嫌疑。但实际则仍心心相印，如偶一见面，则坦心置腹，有说有笑，大发牢骚。在我个人来说，固然毫无造宗派的心理，但客观上这感情之结合已成一宗派，任其发展下去对党内团结有妨害是毫无问题。至于那些年长的几个同志方面，是否想在自己周围团结一些青年，以造成自己在党内的声势则我不好说了。但在同我接谈中他们确未谈起什么小组织则是事实，我不能因为他们（俞秀松、董亦湘、周达文）后来还有参加反革命活动被判死刑之说，而嫁祸他们。

以上是讲的感情结合方面。至于我的自由主义的其他表现，则在于对支委会的幸灾乐祸心理。对于反对支委会的人中间虽也曾怀疑有托派反革命分子或其小组织活动，但抱着事不关己高高挂起态度，不去追究。对支委会的批评缺乏建设性而成为找岔子态度。不是帮助支委会而是希望它垮台。

1944 年 10 月 23 日

关于感情问题*

莫斯科的几年的无原则纠纷的痛苦生活把我锻炼得理智了许多，从回国后一直到今天为止，在这问题上是没有再出过什么大乱子；但说是已能完全适当地控制感情，那就未必尽然。对于感情控制不适当的地方表现在：（一）偶一的感情冲动上；（二）同志的相互接近上。

处理这问题的难处在于：一方面马列主义者非但不一般地否认情感，而且亦不能否认同志相互之间，由于年龄、性别、生活

---

* 没有日期。

习惯，生活经历，文化理论、政治水平，兴趣、相互熟悉的程度等之不同，可能有的较接近些，有的便较不接近些。

但有时，往往因生活上的接近不接近，不自觉地在情感上形成了亲疏之分，无形中影响到了党内团结。

莫斯科时代的我固然充满了这一弱点，就是在最近数年间，感情对于我也不能说已完全被理智所控制。

在感情冲动方面，我来根据地后，曾与同志争吵过三次。两次是与前党校教员陈××同志，一次是最近与支委会一同志，虽事后即便互相讲开，不再存意见，但当时这种争吵皆因琐碎事情而动感情。这是由于自己修养不到家，由于平时相互之间已存有些小意见，未能在党的立场上开诚布公提出，以致一遇意见上稍有出入，感情便脱离了理智控制而发。

在感情对同志关系的影响上，最显著是表现在路西工作时，对赵、黄的关系上。因黄对我了解，我对他亦了解，对于工作上许多问题的意见亦相同，故我同他感情很融洽，即偶一对工作上有不同意见，很容易讲好，相互颇少顾忌，我对他的缺点颇能原谅，他对我批评时即使有不适当或过火，我亦能平心静气地听，对赵因对工作上许多问题意见不同，脾气不相投，平时关系总是格格不相入。有时即使理智要我与他去接近，但总是格格不相入的。我对他的缺点特别敏感，他对我批评如我自己感觉不适当，便心里很不舒服。我与赵、黄关系便与西游记中一个国王王后与真国王及另一魔王变的假国王的关系一样，对黄的关系是热的，对赵的关系是冷的；即一方面是有感情的，另一方面是没有感情的。这种感情的不适当处理影响到同志相互关系上的亲疏之分，显然是影响到了同志的团结和工作的。

所以，如何对一个生活习惯、作风、脾气以至对某些具体工作的意见不相同的人，仍能维持无间隙的，有感情的关系是要有极大修养的。

感情作用表现在我和同志相互关系上的另一点，便是我和农民干部的关系。在我的思想上，即使是潜意识的，绝无丝毫轻视农民干部的因素存在。甚至在白区工作时，以及初到根据地时，我是抱着迷信态度来看农民出身的老干部的，但到后来，我在根据地稍微住久以后，我同农民干部的关系与我同知识分子干部的关系，显然是有差别的。我同农民干部的关系仍是维持有不差的关系，而且，我还有意识地、主动地常去找他们谈谈。但这种找他们谈谈，往往是为了要接近农民干部而去接近的，为了吸收他们的经验而去接近的。这接近中亦是理智的成分多，而感情的成分少。这也就是因为他们的生活习惯、斗争经历、文化理论水平等与我不相同。我同他们接近并作正式谈话（为工作或交换经验）则我是高兴的。但只能正襟危坐地谈。如果是谈天式的谈，那就谈不很久。因为我所谈的大多他们不感兴趣，他们所谈的我也不感兴趣。谈话不久大家便相对索然。有好几次，我想去与农民干部接近谈天，或见他们谈得很热闹，想去参加他们的谈话，但我一参加，大家便寂静无声，使我也颇感没趣。因此后来，我除正式谈话外便不大在散步或阅读时去接近农民干部了。

　　但我与知识分子出身的干部便不同。即使有时遇到了陌生的人，或在工作上生活上并不与我接近，或我甚至在工作上、政治上对他并不赞同的，但在游戏时或谈天时，可以东扯西拉。作为一种精神上的休息，似比与农民同志（即使是我所敬佩的）在一起相对索然要轻松许多。

　　这种意气相投便接近的习惯，妨碍了我同农民干部，特别是老干部相互接近，相互打通思想。原因在于我还没有完全跳出小资产阶级感情的偏狭范围。

干部政策（摘要和感想）*

1. "我们的党在自己的实际中还绝对没有感到：干部、人才是决定一切的，他们不会像斯大林同志教育我们的那样培养干部，'如同园丁培植可爱的果树一样'，不会'器重人才、器重干部、器重每一个有益于我们的共同事业的工作者。'"（季米特洛夫）

不幸的是季米特洛夫同志此处所指的毛病直到今天，在我们党内还存在着。毛泽东同志所指"治病救人"的态度，即与季米特洛夫同志此处所指的错误态度相反对的。然而我们党内真的照毛泽东、季米特洛夫、斯大林等所说的对待干部者仍不多。相反，那种"爱之欲其生，恶之欲其死"的对待干部的态度却仍不少。这种态度的另一方面，即是当自己处于被领导地位时，却又要求党或上级领导者器重自己超过自己应得的程度。

2. 正确的干部政策（季米特洛夫）

（1）熟悉自己的人才，审查干部。

（2）经常地正确地提拔干部，提拔经常与群众有联系，在群众中有威望的称职的干部。

（3）善于使用干部，用其良，因材致用，改正其缺点，尽善尽美的人是没有的。

（4）正确分配，运动的基本环节中有好干部。在调动时，要照顾干部困难。

（5）有系统地帮助干部，以同志态度监督他们，纠正他们。

（6）保存干部，避免不必要的牺牲。

---

* 没有日期。

3. 干部标准（季米特洛夫）

（1）无限忠心并已证明的。

（2）与群众有联系的。

（3）独立决定方向，不怕负责。

（4）应当遵守纪律。

4. 共产党员标准（陈云）

（1）终身为共产主义奋斗，既定的人生观。

（2）革命的利益，党的利益高于一切，当此利益与个人利益冲突时，牺牲个人利益。须在日常生活的一切具体问题上和实际行动中。

（3）遵守党纪，严守秘密。

（4）百折不挠执行决议，特别在没有党监督时，在失败时。

（5）群众模范。

关于无原则纠纷[*]

我在上期墙报上写了一篇关于此问题的短文以后，有几位同志直接或间接向我提出了一些意见。归纳起来有以下几点：（1）我对于事情的经过情形说的太简略；（2）如果党对此事尚未做结论，我如此公布，容易引起别人的错觉；（3）强调当时的纠纷对此后党内组织生活的影响是否与事实相符；（4）认为当时莫斯科中国同志间的斗争，在开头时是有原则的斗争，后来才转变为无原则斗争的；或认为基本上是一个有原则的斗争，但夹杂有无原则纠纷在内。在这里，我对前面三点只略加说明，而着重说明如何去识别原则斗争掩蔽下的无原则纠纷问题。

---

[*] 本文为作者在华中党校整风学习期间发表的"墙报文章"。

第一，在一篇墙报的短文中，要把当时闹了三年的无原则纠纷原原本本介绍出来是不可能的。我那篇文章的目的亦不在这里，而只是想以这个历史上的事实来证明："宗派主义无原则纠纷和自由主义都是反革命分子钻空子的最好机会"。关于此点我在上次文章中就已经声明过了。

第二，联共党的"中大"清党委员会在1930年时就已经指出，当时中国学生中间的斗争，在基本上是一场无原则纠纷。尤其从今天的目光来看，我觉得把历史上的这一段故事引出来作为我们整风中的参考，是不至于引起什么错觉的。

整风学习笔记

第三，我们应当承认当时莫斯科中国同志中的无原则纠纷，的确曾给了后来中国党内组织生活很坏的影响，这是我们党的不幸，然而却是事实。我在文中所说，自认为并非夸大。刘少奇同志在"论党内斗争"的讲演中就曾明白地指出过这一事实。

第四，我也同意，当时的纠纷不是纯粹的无原则纠纷，而夹杂有原则性的论争在内，但我认为，这并不足以否定当时的纠纷基本上是一个无原则纠纷。老实说，如果是纯粹为着穿衣、吃饭或一言半语的小问题（纯粹的无原则问题），即使当时我们再幼稚也不至于一闹再闹，一直闹了三年还不肯罢休的（如果当时联共不加以有力的干涉，大家还会闹下去的）。当时大家所以那么理直气壮闹个不休的原因，主要就因为每个人都自以为是掌握着"原则"的，自以为是十足的"布尔什维克"，于是就狠命地斗下去，以至于"搞乱党内秩序与组织"而不自觉。如果根本就没有这"原则"做武器，那么不要说三年就是三天也斗不下去的。明白些说，当时的纠纷的确不是为了吃饭、穿衣或一言半语而引起的纯粹的无原则纠纷，而是如刘少奇同志所说的在原则斗争大招牌掩护之下进行的无原则斗争，或无原则纠纷。

以今天干部的水准而论，为了吃饭、穿衣或一言半语的小问题，顶多在两三人之间脸红耳赤地争一场，更不会形成某一组织全体或大多数党员间的长期论争的。但如果这中间夹杂有一两点"原则性"的问题在内，那很可能就会成了这一两点"原则"的俘虏。卷入了无原则纠纷的旋涡而不自觉。

为了帮助我们了解这问题起见，我把刘少奇同志在"论党内斗争"中对这一问题所说的话摘录一节在下面：

"我曾经听见在苏联学习过的一个同志说：在党内斗争中只要我的政治主张是'对的'，在组织上即使错误一点，是不要紧的，是次要的问题。因此他认为在党内斗争中，可以采取各种不合组织纪律的手段向反对者斗争。这种说法、这种观点，显然是不对的。他把正确的政治路线和正确的组织路线对抗起来看。他不知道捣乱党内的秩序与组织，就是犯了一个最严重的原则的错误。在今天妨害与破坏党内的团结和统一，就是最大地帮助了敌人，最大地妨害了党与无产阶级战斗的利益，就是犯了比其他原则错误更加严重的错误。在这里，在许多原则问题上，我们的同志就要善于比较，善于区别各种原则问题在当时对党的利害的轻重关系，根据小原则服从大原则，部分服从整体的法则，来决定在什么原则问题上应暂时让步，不坚持；在什么原则问题上则坚持不让步。为了保持党内的团结和统一，有时对于某些关系不太重要的原则问题，我们也应该和党内抱有几种意见的人暂时妥协的。这当然不是原则上的调和与中间路线，而是实际行动上的妥协及遵循服从多数的绝对性。"

"有些同志在苏联学习，对于联共党内斗争中许多好的东西，他们是没有或很少学习到的，但联共党内斗争中那些最坏的东西，他们倒学习了不少回来。他们的东西就善于反映与学习那些最坏的东西。这也是我们应该注意的。"

问题说得很明白。现在我们就可根据刘少奇同志的话来检讨当时莫斯科中国学生中的纠纷了。当时斗争的双方提出了一些什么样的原则问题来呢？我在写前一篇文章时，对此也很模糊，我亦不曾用心去回忆这事，因为我认为这不是问题的本质。在墙报贴出后，吴福海同志（他在莫斯科学习时是反对支部局的）告诉我，当时反对支部局的同志曾提出两个原则问题，一是反对支部局委员在支部大会上公开批评瞿秋白同志，破坏中共代表团负责人的威信；二是反对支部局的官僚主义。因为当时反官僚主义是联共中央所号召的一个重要政治斗争。而何能同志（当时他是拥护支部局的）则告诉我：当时支部局曾提出了反对托派分子和国民党破坏分子的反党活动的口号。我对吴、何二同志所说的都同意，但事实上这并不是当时斗争的焦点。支部局在支部大会上提出拥护国际的政治路线，拥护联共中央的政治路线，反对托派和国民党破坏分子的政治决议，并要求全体同志表决。而全体同志则一致同意了这些大原则（当然当时那些托派分子的同意是假的，但是那些非托派的反对支部局的同志则是真心同意的）。等到一涉及支部的具体工作计划，则往往被反对支部局的同志逐字逐句驳得体无完肤。反对支部局的同志后提出了反对官僚主义、拥护代表团等口号。但拥护支部局的同志或支部局本身，也从未说应该拥护官僚主义，或应该破坏代表团的威信。因此，这些"大原则"并不曾成为双方争论的焦点，而只是争论的每一方抛给对方的"大帽子"而已。只是掩饰（自觉的或不自觉的）无原则纠纷的"大招牌"而已。更重要的是，双方都固执着对方所并不反对的"大原则"互相斗得乌烟瘴气，捣乱了党内的秩序与组织，破坏了党内的团结和统一，即是说破坏了党的最高的组织原则。

概括起来说，我和吴、何二同志都承认当时莫斯科中国同志间，曾存在有无原则的宗派主义纠纷。所不同的在于：吴同志认为斗争在开头时是有原则的斗争，后来才转变为无原则斗争的；何同志认为基本上是一个原则斗争，但夹杂着无原则斗争。我则承认：基本上是一个无原则纠纷，那些"大原则"只是掩护这无原则斗争的"大招牌"而已。值得吴、何二同志注意的是，直到今天对他们两位（当时是各站一方的）影响最深的是，他们所拥护的一方在当时曾提出过一套"原则"，却忘记了对方从来就没有正面来反对自己所提的"原则"，而只是另外提出了一些"原则"来对抗。而这一套又一套的原则都正是当时迷惑了我们，使我们陷入无原则纠纷旋涡的"魔法棒"。我所以再写这篇文章，就是想要使未参加过当时的无原则斗争的其他同学，能够更具体一些了解到当时我们是如何跌入这个无原则纠纷的旋涡的。使得同学们不仅能够注意到如何去辨别赤裸裸的、纯粹的无原则纠纷，而且能够辨别出"原则"斗争的大招牌掩护下的无原则纠纷。

吴福海同志曾对我说过，他认为我所以把当时斗争的双方都称之为无原则纠纷，是因为我在当时是站在第三者立场的。但我认为自己并不是如此"清白"的。我当时在行动上所以未像其他同志一样积极参与这无原则纠纷，不是由于我的见识高，主要的倒是由于纠纷刚开始的时候，我已被打破了头，后来不便参加了（但我曾帮助许多反支部局的分子翻译向国际和联共告状的申明书），而在思想上我是完全参与了这无原则纠纷的。对于当时支部内"捣乱党内秩序与组织，破坏党内团结和统一"的行为，我是抱着幸灾乐祸的态度的（希望支部局垮台）。我所以要在今天整风学习中，沉痛地来反省这一历史事件的原因也就在于此。

我这篇文章写了大半的时候，何能同志把他讨论和反省这一问题的两篇墙报文章给我看。我觉得何能同志在《回忆莫斯科"中共大学"之党内斗争中的干部政策方面的几个错误表现》这篇文章中，对于自己错误的反省是很透彻和具体的，在《和宋亮同志商榷》这篇文章中，对我所提意见与一星期前他同我口头所谈的大致相同。但何能同志在这篇文章中较具体地指出了当时支部局（支委会）和拥护支部局的同志跟中共代表团和拥护代表团的同志之间的对立是无原则的宗派主义的对立，这两方面反对托派、布哈林派、陈独秀派的斗争是原则斗争。因此，"此次斗争是原则斗争夹杂着无原则的派别斗争"。但是重要的是：前一种"无原则的宗派主义的对立"，在事实上是当时整整三年中闹个不休的主要纠纷；而后一种"原则斗争"却可算一种无原则纠纷双方口中的空喊（喊得最响的是支部局一方）。并且，托派是在这空喊中长大的。要不是后来联共清党委员会的力量，托派反革命组织是很难破获的。至于所谓右派、布派、陈派，都始终未发现其组织，据我看，很可能是支部局同志主观想象中的东西。

打个比方说，当时情形就等于半夜里弟兄二人在睡梦中发觉强盗闯进了房子。他们两个一面高声喊捉强盗，一面便从被窝里跳出来，睡眼蒙眬地便在黑暗中互相揪住了小辫子打将起来了。这时，那真的强盗在一边高声喝彩（甚至还大叫捉强盗），一边就大抢其财物。试问，这到底是弟兄二人打强盗，还是两兄弟自相打架呢？

当然这只算是一个笑话，但我们当时所处的情形就等于这两弟兄，只是面子上更显得"一本正经"而已。

1944 年 11 月 6 日

熟悉自己的人才*

以上海文委、党校教育科、路西宣传部这三个阶段而论。我对于熟悉干部的工作是做得不够的。这特别以上海文委工作时最为显著，因为我做这工作较长久。今天回想起来，当时我对于干

---

* 没有日期。

部的了解是若明若暗的。我觉得当时我对于干部之了解不够，主要的倒不在于我不知道汪××、××二人之背景，因为汪是省委介绍来的，不久即去内地，我对他的履历本来是不清楚的，××虽在我负责时入党，我对他的事自然应负责任，但我对干部之熟悉与否，还不能以此偶一事件作为唯一证明。我对于干部之熟悉不够，主要表现在我对这一问题在思想上认识不够，政治警觉性不高。例如对××在入党前曾被捕一事，我始终未意识到这是值得注意的一个关节，而只认为他在未与党发生关系前，即遭反动势力摧残，更足以证明他已经过一次考验，只以为是他历史上的优点，而未注意到有失足之可能。

此外，我当时对于自己在领导上的责任认识也不够。总觉得我对党的秘密关系不要知道太多，即使是在我领导下的干部，与工作无关系的事，如履历、社会关系等，我还是少问得好。因此，有一次省委发下的履历表交各同志填好后，我仍照样转上，连看都不曾看一遍。事实上这不是遵守秘密工作纪律，而是我放弃了自己的领导责任。且是我自己对自己的不信任了（这与我在个人对党关系上的存心有关，当时我还有一观念，文委下的主要干部是省委交下的，故对他们的事，我似不必问且不应问）。当然我对干部了解不够的另一原因，还在于当时一般同志对审干问题了解不够，对同志历史问长问短，深恐引起同志误会，故偶一问及也总是旁敲侧击的。今日来回想这是并不正确的（反易引起误会）。

以上主要是指我对干部的政治面目之了解。此外，我对干部之能力上的了解，亦是很差的。凡与我同事两三年的干部，要我给予一个简略扼要的工作能力、个性等的批评是不会的。这证明我平日对干部之了解不深刻。

爱护干部和帮助干部[*]

在生活上、个人困难上照顾干部爱护干部是重要的。我们很多负领导之责的同志忽视这一点是不应该的。但在工作上、在学习上，帮助干部和爱护干部是更重要的。我们许多同志对此忽视得是比较多的。我自己反省起来，在工作上、在学习上帮助干部很不够。

整风学习笔记

关于群众运动未起之前的右倾问题和已起之后的"左"倾问题[**]

在饶政委报告中曾经讲过，群众运动在未起之前，它的偏向是不动，即右倾。在已起之后它的偏向是过火，即"左"倾。这是指群众运动本身的特点（缺点）而说，意思是要我们领导群众运动的干部能够认识到，这是客观存在的一般的规律。因此不要一见有此种偏向存在，便垂头丧气或悲观失望。但这并不是说这种偏向应任其发展，甚或加以发扬，也不是说（被）领导的干部自身也应该具有此种偏向。

但是实际上往往我们的干部自己也免不了带有这种偏向。往往不是群众不动，而是领导者不去领导他们动，或阻碍了他们动。往往不是群众做得过火了，而是领导者领导得过火了。例

---

[*] 没有日期。此前的无日期笔记系 10 月 24 日至 11 月 13 日期间的笔记；以下记录则为 1944 年 11 月 14 日以后的笔记（其间有饶漱石 1944 年 11 月 14 日报告《领导方法》九页的记录）。

[**] 没有日期。

如，群众算旧账只算到一只鸡能生多少蛋为止，而干部却偏会算到蛋能孵小鸡。一般来说，我们的干部犯"左"倾的要比犯右倾更多些。这除了小资产阶级出身这个社会根源，"和犯'左'倾总比犯右倾好"这个错误观念以外，我觉得另一个原因便是对于前面一句话——民众运动一起之后它的偏向是"过火"——认识不清，以为过火是不可避免的。因此便纵容了这种偏向，甚至扩大了这种偏向，或者深恐运动搞不起来，受上级批评，于是故意采取了一些"左"的办法去发动。自己心里想，让它"左"一些吧，待运动起来后再纠正好了。不知道等到运动"左"下去以后再纠正过来，我们已经受很大损失了。

我以为，干部（领导者）能把握不偏不倚的正确路线，对群众运动初起时的"过火"现象能及时纠正但不是浇冷水，那么这种偏向是不会怎么扩大，因而危害也是不会很大的。在许多场合下，群众运动的"左"倾所以引起很大损害，主要应该由领导者负责。

因此领导者对于群众运动初起时的"过火"现象，一方面应该不要惊慌失措和大惊小怪；另一方面应当给以适当纠正（但不应是浇冷水）。因此，干部自己首先应放弃"左比右好"和单纯地对上级负责等错误观念。不要把群众运动的过火现象视为绝对不可避免，放弃了领导者的责任。

革命领导权问题*

（一）革命的领导权即是指无产阶级和资产阶级在资产阶级民主革命中，对中间阶层特别是对小资产阶级和农民的领导而

---

* 没有归纳的意见。没有日期。

言。革命领导权掌握在无产阶级抑或资产阶级手中决定于革命是在谁的号召和组织之下发动起来的，以至于取得胜利的。

（二）资产阶级民主革命只有在无产阶级领导之下，只有走共产党所指示道路下，才能取得胜利。如为资产阶级领导则革命将被出卖。正因如此，无产阶级有取得革命领导权，即取得广泛中间阶层特别是小资产阶级和农民信任的有利条件。

（三）因此认为革命的领导应由各阶级分担是不正确的。革命不能既走资产阶级之路，又走无产阶级之路，同时，把革命领导分为政治领导和实际领导，而把政治领导作为领导权解释，把参加革命的各阶级称为实际领导也是不对的。因为离开了革命的实际领导（如参加政权、组织武装等）而谈政治领导，结果会被误解为陈独秀式的只顾抽象的政治影响，而放弃组织工农及其武装的右倾机会主义。革命中有几个阶级参加的事实并不能否认革命应由共产党领导才能取得胜利，如不幸被资产阶级篡夺领导权则将遭受失败的真理。

（四）争取革命领导权是一过程，一直到革命完全取得胜利才算终止。如我们把革命领导权应"掌握在无产阶级手中才能取得胜利"这句话，不当做争取目标，而当做一开始便已经稳如泰山，毫无分割地完整地把握在无产阶级手中则是错误的。这种对于无产阶级掌握领导权的宿命论观点，在实际上是否定了无产阶级有努力争取这领导权之必要，也即是对资产阶级时刻想僭（注：原文如此）夺领导权以出卖革命的阴谋松懈了警觉心，是一种无益的乐观论。

（五）我们共产党员对于革命领导权问题的基本观念有弄清之必要，即革命只有在无产阶级领导下才能取得胜利，无产阶级也有取得这领导权的一切有利条件。但同时不应忘记资产阶级是时刻想夺取革命领导权以出卖革命的。革命一天未胜利，资产阶级一天尚留在革命队伍中之时，资产阶级此种野心始终存在着

（而且资产阶级在实际上始终是影响着一部分小资产阶级群众）。但此问题提到群众中去讨论是无必要的，因为是不策略的。

本组在讨论第一个讨论题时，因为要说明三民主义和新民主主义的阶级性而牵扯到了革命领导权问题而引起了讨论，因这问题对时事问题研究有密切关系，我们讨论后所得出的共同意见归纳如下，希各同学指正。

《论联合政府》阅读笔记*

一、中国人民的基本要求

"急需团结各党各派及无党无派的代表人物在一起，成立民主的临时的联合政府，以便实行民主的改革，克服目前的危机，动员与统一全国的抗日力量，有力地和同盟国配合作战，打败日本侵略者，使中国人民从日本侵略者手中解放出来。然后在广泛的民主基础之上，召开国民代表大会，成立包括更广大范围的各党、各派与无党无派代表人物在内的，同样是联合性质的民主的正式政府，领导解放后的全国人民将中国建设成为一个独立、自由、民主、统一与富强的新国家，一句话，走团结与民主的路线，打败侵略者，建设新中国。"

这一基本要求是全报告的基础，一切围绕在这周围。

二、国际形势与国内形势

"中国人民能不能实现我们在上面提出的那些基本要求呢？

---

* 没有日期。

……两种可能性都存在。"

1. 这是辩证法的,因而是最正确的分析。庸俗的人以为同时指出两个绝对相反前途是诡辩,是滑头。可能的前途在任何条件之下不会只有一个的。正确的估计不在于能指出一个唯一的绝对化的前途(这是形而上学的唯心的估计),而在于具体分析每一种可能性的客观条件。

这种不同可能性的指出不仅是合乎真理的、正确的估计。而且对于行动的、革命的党有伟大的实践意义。因为它的鼓励我们向胜利努力。但同时又不断提高了我们的警惕性。危险的暗礁是在任何航路上都存在的。向最好的前途努力,但从最坏的前途做打算,这是布尔什维克布置任何工作时的要求。

指挥员的作战计划都具备有最好和最坏两个前途的布置,这是最合辩证法的。因为在军事上一切非辩证的思想方法都要付出血的代价。

整风学习笔记

2. 国际的有利条件,从未有的有利条件。

a. "……英美苏三大民主国一直是团结的……这是决定一切的条件……在法西斯侵略战争爆发成为威胁全世界人民的战争的时候,实际上帮助法西斯侵略者,反对英美苏团结的反动势力从许多主要国家(不是一切国家)的政治舞台上大批地被推落下去,赞成英美苏团结的反法西斯势力占了上风,这个条件就产生了……世界的面目便改观了。"

在最后一个法西斯侵略国——日本——未被消灭之前,这个条件是不会改变的。即是说,在对日战争未结束之前,在英美资产阶级内部反对英美苏团结的反动势力也不会有重新获得统治的可能的。

b. "国际的重大问题必须以三大国或五大国为首的协议来解决……各国内部问题必须无例外地,必须按照民主的原则来解决。"

这不是否定小国的权利，而是杜绝了殖民地帝国要挟小国意志的借口，这是实事求是解决问题的方法。

拥护小国权利的共产主义者反而主张此说，也是今天的历史的辩证法。这在苏联未产生及未强大到如今日之前是不可能的。

c. "人民，只有人民才是创造历史的动力"。

"战争教育了人民，人民将赢得战争，赢得和平，又赢得进步。这就是目前形势的规律。"

"苏联人民创造了强大的力量，充当了打倒法西斯的主力军。英美中法四大国及其他反法西斯同盟国的人民的伟大努力，使打倒法西斯成为可能。法西斯打倒以后，各国人民将建设一个巩固的与持久的和平世界。"

这是今天国际形势中有利条件中最基本的一条，即使在日本被打败以后，英美等大国的资产阶级全部又向反苏反民主方向发展，经过此次战争的伟大教育的伟大人民也将给以有力反抗。

d. 这一新形势与第一次世界大战后的所谓"和平"时代大不相同。

"那时还没有现在这样的苏联，也没有现在这样的英、美、中、法及其他反法西斯同盟各国人民的觉悟程度，自然也就不能有三大国或五大国为首的，现在这样的世界团结……现在有的是觉悟了与团结了的并且正在更加觉悟与更加团结的世界人民以及人民的有组织的力量……"

这一段更加补充说明了以上 c 项所说。但各国存在了布尔什维克化的党是目前与当初的另一个大不同。

3. 斗争还没有结束，国际有利条件中还存在有阴暗的一面。

"法西斯侵略国被打败，总的和平局面出现了以后，并不是说就没有了斗争。……只有经过长期的努力，克服了法西斯残余势力及反民主势力，才能有最广泛的人民的胜利。……也只有这后一种斗争胜利了，巩固的与持久的和平才得到了保障。"

指出了胜利的光明的前途，但不是松懈了，而是加强了人民大众的战斗意志。此段与前两个可能性相呼应。

现在的世界正在开始从第一种斗争逐渐转向第二种斗争。

4. 太平洋战争，由于中英美共同努力已迫近日本大门，但它还有力量，希望通过中国及盟国内部的动摇分子取得妥协的和平。完全消灭日本侵略者尚需经过一段艰苦过程。苏联废除日苏条约给中国人民及太平洋各国人民以极大兴奋。

5. 国内形势

有利条件：战争锻炼了中国人民，促进中国人民到了空前程度，有了强大的中国解放区与日益高涨的全国性民主运动。

不利条件："不但存在着强大的民族敌人，而且存在着强大的实际上帮助民族敌人的国内反动势力。"

中国革命具备了百年来史无前例的，空前有利的国际国内必要条件。"如果我们能够团结全国人民，努力奋斗，并给以适当的指导，我们就会胜利。"——仍是辩证地提出问题。

三、抗日战争中的两条路线

1. 两条路线是中国问题的关键所在。

"两条路线：国民党政府压迫中国人民实行了消极抗战的路线，与中国人民觉醒与团结起来实行人民战争的路线。很久以来就明显地在中国存在着，这就是一切中国问题的关键所在。"

2. 走着曲折道路的历史。

由于1927年国民党叛变了革命，国民党不愿抗日，九一八以来采取不抵抗政策。人民及国民党内一部分爱国分子，违背国民党当局的意志，组织了东北义勇军游击战争，"一·二八"战争，西北抗日同盟军的战争，福建人民政府。此或在中共领导下，或在中共协助下，而为国民政府所反对。

1933年后中共提出，一、停止进攻；二、给予人民以自由权利；三、武装人民。

在这三个条件下与进攻苏区军队签订停战协定，一致抗日。

国民党方面内战政策越发猖狂，红军长征。

1935年"一二·九"运动，1936年西安事变，国民党走上抗战之路。

1937年7月7日起至1938年10月武汉失守为止，国民党政策的重点放在抗战上，但进步的一面与保守反动的一面仍同时保存着。

中国共产党即在此时指出了抗战的两条路线，抗战的长期性，和抗战的必胜——由于中国人民的努力。

全段是从历史上证明国民党的抗战是被迫的，因而它的战争是压迫人民的片面的战争。抗战是中国人民在中国共产党的领导下争取来的。

整风自传[*]

1908年阳历十月二十四日，阴历九月卅日生。

一、家庭出身和幼年生活

原名薛萼果，常用笔名孙冶方，1937年后党内用名宋亮。江苏无锡人，1908年生。父亲是一个小职员兼小地主。我父亲在时有圩田四十多亩，全部出租。这些圩田三年两头荒，田租收入不够生活，所以我父亲在十四五岁时就到药店当学徒。后来他做过缉私管军需，公馆账房、纱厂小职员（月薪14元）。做纱厂职员的时间最长，一直做到我离家后减轻了他的负担，还清了债才辞职，那时他已65岁。他是一个谨小慎微的老好人，虽穷，但喜欢做些慈善事业。有一年冬收租，见佃户穷得没有棉衣穿，他非但

---

[*] 写于1945年2月"华中党校整风三队"。作者于1958年6月21日接中央工业部电话说中监委已批准了中工部对他历史关节的审查结论，并恢复了他的中间一段党龄，承认他在这时期并非主动脱党（作者批注，日期不详）。根据作者有关记录，1945年的《整风自传》原件在1956年已上交中组部。现在的《整风自传》是上交前请人代抄的。"这自传我恐怕写好以后没有读过"。"我这次再读，发现有几处抄错了，而且错得很莫名其妙，连原文是什么，我自己也想不出来了。总的来说这自传写得不是很好，但反映了当时的思想情况，而且帮助我回忆起了许多早已忘记的事（作者1965年1月16日记录）。"虽然此《整风自传》是抄件，且有错误之处，但仍能真实反映作者1945年以前的经历，是与作者相关的重要资料，故作此摘录。

未收租连自己的棉袄也脱了给他。我有三个哥哥，因为穷都没有读完高小就出去学生意。现在大哥在家乡摆小摊；二哥是小学体操教师出身，后做纱厂总管，也变成为一个小工业资本家，现在重庆任本届参政员。在政治上他属于黄炎培中华职业教育社一系，并与冯玉祥及吴稚辉二人有往来。1944年9月1日在"国讯"及"宪政月刊"上发表的大后方工商绅学各界三十人的"民主与胜利献言"，有他签名参加，他叫薛明剑。三哥原是上海先施公司职员，大革命时因参加领导罢工被辞歇，今天在家乡办一石灰窑。我读书时哥哥们都已能独立谋生。父亲的负担已轻，所以能供给我读完高小，但我进中学读书，已是靠父亲的一个朋友帮助了。

小 结

直到我参加青年团为止，家庭、学校、旧小说和五四运动的间接影响所给我的教育，致使我年幼的头脑中产生了想做一个好人的模糊观念。侠义思想和单纯的爱国思想，家庭的经济困难，引起了我对于富人的憎恨。

二、入团入党到出国学习（1922、1923—1925年）

1922年秋我在高小二年级读书，学校里来了一位代课教师，他叫张效良（作者注：张效良又叫张志和），原在新加坡教书，因参加反帝运动，被英帝政府判处监禁，期满驱逐出境，这时他刚返国。他常在朝会上演说，宣传反帝爱国思想，平时对学生很亲切，他的思想取得了学生的信仰，他的慈爱的、可亲的态度吸引了学生们去接近他。他经常用反帝反封建思想和简单的阶级思想来教育我们，那时他简直成了我的偶像。就在这一年冬（1922年底或1923年初）他介绍我入团（那时还是社会主义青年团——S.Y.）。1923年张效良因病返家（宜兴），无锡的青年团支部失去了一个领导中心。1924年初（可能是1923年底）上海的党和团的组织由于工作需要，决定我提早转党，并且要我加入国民党。因为当时革命运动大发展，国民党已决定改组。我党也决定参加国民党，并帮助国民党在各地发展组织。和我同时入党的有六七个同志，他们的年龄比我大，能力比我强。其中有一位叫唐光明的同志是完全自学出身的典当朝奉，对于新文学和社会主义理论很有修养。但是他们都散居四乡，而且都有职业。我虽年幼，但在城里读书，地点适中，与四乡联络易，同上海地委通讯也方便（当时无锡支部直属上海地委），因此推我做支部书记。我担任这支书工作，一直到1925年秋出国为止。在这一时期，我在学生、商人、教师以及工人中都做过一些工作。当时有公开的群众运动，大半是以国民党面目出现的。根据上级党的指示，我们又在无锡建立了国民党组织，在江浙战争时，我同唐光明、糜辉（听说在八路军工作）三人，在乡下发行过油印的反内战小报。在当时，我深切地感觉到自己的力量担负不了支书的重大任务，上级离我们远，除党内指示和刊物书籍外，要隔几个月上海地委才能有一个巡视员派来同我们开会解决问题。1925年五卅运动起，我得到党的允许，在学校暑假期间，到沪西工联会下面做了一个宣传员。我的目的是要看看人家是怎样工作的，在沪西一共工作了一两个月光景。上海的工人运动，使我亲眼看到了无产阶级的伟大力量，而更重要的是使我多少学到了一些工作的方法。暑假开学时，我兴高采烈地回到了无锡，预备用自己从上海学到的一些办法来进行自己的工作，但不久，即接到上海地委来信，派我到莫斯科学习。

整风自传

小　结

这一时期内，党的教育和五卅惨案的事实，使我幼年的模糊的爱国思想发展成了明确的反帝思想。而连年的军阀内战，特别是两次江浙战争，以及"二七"惨案（对于后者我是在党内出版物上了解到的）都加强了我对军阀统治的憎恨，但这种反军阀的思想还没有形成为一般的反封建的思想。在我当时的思想中，只有这反帝反军阀的思想是最明确而强烈的。对于共产主义思想，我只是模糊地当作一种世界大同的思想去接受的。"二七"和"五卅"运动使我已能知道了现代无产阶级的伟大力量，但对于它的历史使命的认识还是模糊的。对于共产党我也只是把它当作为一个最彻底的反帝、反军阀的人民革命政党而参加的。但是对于党的铁的纪律的认识，由于上级和介绍人的教育，在参加团的时候，就已经存在着的了。

总之，在这一时期，我的共产主义人生观尚未确立，还没有明确的阶级立场。更由于自己的年幼，没有经验、能力弱，作为一个支部领导者，我是未能尽职的。当时无锡支部的某些成绩（成立了两个国民党区党部；办了一个工人夜校；在工人运动中已留下了一些基础）主要是由于支部同志的自觉努力和上海地委的直接派人领导。

三、莫斯科学习时期（1925—1930 年）

约 1925 年 11 月底，我到达莫斯科进中大学习。1927 年夏季毕业后，到东大担任翻译工作。1928 年东大中国学生并入中大，我又重新回到中大，仍然做翻译工作。1930 年 9 月返国。我在莫斯科前后共四年九个月。其中一年半是做学生，完全学习；有三年时间是做翻译工作，仍有很好的学习机会。然而最先半年是由于旅莫支部轻视理论学习的错误领导，未专心去研究马列主义的理论。毕业后三年的翻译工作时期，则完全沉溺于无原则斗争的苦闷中，也未曾好好地利用空闲时间从事学习，所以我在这数年中的学习成绩没有达到应有的高度。

这里要说一说我在莫斯科时代的党的生活。在我初到莫斯科时，东大和中大的中国学生在表面上受各校的联共支部领导，但在实际上却是自成一系统，归一个统一的旅莫支部领导。这旅莫支部的领导机构是中共中央指定的一个三人组，其中之一便是任卓宣，即后来的叛徒叶青，他负责领导中大学生的党的组织。旅莫支部的工作方针是与共产国际和联共的教育方针相违背的。旅莫支部反对理论研究而提倡革命的"实际训练"或"武装训练"，但是这所谓"实际训练"或"武装训练"是指日常生活检讨会。旅莫支部规定两三天就要开一次生活检讨会，每个党员一有空闲就要找其他同志谈话，然而所谈的和所检讨的都是日常生活细节。对于埋头理论研究的同志便加以攻击，党内生活完全没有民主，而是采取了陈独秀的一套家长制的统治方法，斗争会式的领导方式在此时即已盛行。我在旅莫支部时代，曾被指定为小组长。当时由于自己的理论政治水平的低下，所以看不出这种领导的错误；而且由于国内工作时期内，对于党的铁的纪律已有认识，对于组织的指示是绝对服从的（盲目服从）。所以担任小组长职务的我在当时是完全执行了这错误路线，即一方面放松了自己的理论学习（俄文根本不学习），另一方面又妨碍了别人的学习。但是中大开学后没有几个月，俄国同志就发现了这个不合国际组织原则的旅莫支部及其错误方针。因此国际和联共党便下令解散旅莫支部，并批评过去的所谓革命的"实际训练"。我在听了俄国同志的解释之后才恍然大悟，认识了自己过去的错误。在旅莫支部解散后，我才专心研究马列主义功课并学习俄文，一年后就毕业。我和另外几个同学未及举行毕业典礼和学习总结会，便被派往东大暑期野营做翻译工作。

我到达东大后，约两三个星期的时候，有一批预备继续留苏学习军事的中大毕业同学，也到东大暑期野营受军事训练。这时我才得知：我离开中大后，在中大的学期结束检讨会上（作者注：应是总结会），曾发生过一场无原则斗争。斗争的主角在一

整风自传

方面是负责教务处工作的俄国同志和参加这工作的中国同学；在另一方面是负责支部工作的俄国同志和参加这工作的中国同学，因此当时同学们称这斗争双方为"教务派"和"支部派"。我并没有参加这场纠纷，但是同我较接近的一些同志，大半是站在"支部派"一方面参加这斗争的，而从前上海地委来无锡巡视工作的董亦湘则是这一派的重要角色。

野营结束后，我们同期毕业的同学有很多转入初级军事学校学习，他们的待遇与战士相同，比中大原来待遇要差些。而我当时是照工作人员待遇的，收入较丰，行动也比较自由。因此有些同志就相约于某一星期日到我处来做中国饭吃。那天除原来约好的以外，共有近十个人，连董亦湘亦在内。后来即被人诬告为"支部派"的一些人在我房间内，成立了一个叫作"江浙同乡会"的反党反革命的小团体。这谣言产生于中大同学中，后来中大和东大的支部也注意到这个问题，并暗中派人调查。当时中共代表团负责人向忠发听了两校支部中国负责同志的报告也信以为真，在大会上公开宣布：凡在党内组织同乡会应该枪毙。但代表团和支部负责人从未正式宣布过，到底谁在党内组织了这种反革命团体。然而小广播很多，凡是批评支部领导的都有可能被列为"江浙同乡会"嫌疑分子，而批评支部领导的人是非常普遍的。那时我的生活极端孤独，支部领导者及其积极拥护者是歧视我，甚至敌视我，把我看成是反党反革命分子。反对支部领导的人是因为怕受嫌疑而回避我。我个人则连过去很亲近的同受"江浙同乡会"嫌疑的人也懒得同他们来往。后来虽然经过国际监委会、联共监委会和中共代表团联合组成的审查委员会审查，正式宣布过并无"江浙同乡会"这样的东西存在。然而支部负责人对于过去的嫌疑分子的歧视并未终止。自从东大中国学生并入中大之后，无原则纠纷更加扩大。支部领导者把一切批评和不满意支部局的人统统看作是托派或右派或反革命小组织的分子，并且用高压打击政策来对待他们。这样更是促成了支部领导者的孤立，以至于有一次在表决支部局提出的意见的时候，只剩了28个人举手赞成（即后来被称为"二十八个布尔什维克"）。在这种情况下，托派反革命分子便利用机会从事活动，并扩大他们的组织。当时我的态度是这样的：我对支部局的领导是不满意的，我在小组会或支部大会上也曾提出过批评，但是除了帮助某些反对支部局的同志翻译些声明书以外，再没有积极参加其他的无原则纠纷的活动（声明书是给国际或联共中央的，因他们不信任支部局同志的翻译，所以常来找我）。这主要因为我是"江浙同乡会"嫌疑分子，早成了双方的箭靶子；其次我对于反对支部的同志们的某些不合组织原则的行动（如向共产国际请愿）和言论也是不赞成的；最后，我也感到在反对支部局的分子中，除了有派别纠纷的气味以外，可能有反革命托派分子的活动（但起初未料到有那么多）。我若参加其中，则自己的"反党分子"的嫌疑将永远洗不清白。但是毫无问题，我对于学校里的反支部局的风潮是抱着自由主义的态度的。

整风自传

1930年春，联共进行清党，中大支部亦照样进行。在筹备和开始清党的时候，我们生活在恐惧的气氛中。清党开始不久，托派秘密组织的负责人，逼于良心责备向组织坦白了，而且把托派秘密组织的全部名单交了出来。这时才明白真正托派反革命组织的参加者，尤其是他们之中的核心分子倒并不是平时公开批评支部局领导的人。他们在公开场合之下的表示甚至被支部局认为是好党员的。而且他们是非常欢迎支部局的高压打击政策的，因为只有这样政策才可以制造同志们对党的不满。他们才可以挑拨离间，吸收一些幼稚的人进他们的反革命团体。据说，联共第二次清党的时候才发现当时中大支部的负责人（俄人）以至于国际东方部的负责人都是托派反革命分子。

当清党委员会审查到我的时候，支部的负责人对我提意见的是秦邦宪同志和王云程（现叛徒），他们所提意见大致是：（1）我的哥哥是纱厂总管，所以我是阶级异己分子；（2）我平时反对支部局，政治消极，面目不清；（3）我对同房间住的托派分子的行动一定知悉。清党委员会的结论是给我以最后警告处分，理由有三条，但现在只记得主要的两条，而且只记得大意。一是对抗托派反革命分子活动的警觉心不高；二是政治上消极（可能有"政治面目不清"等类字句）。在这里我对于阶级异己分子一点不加解释，对于清党委员会结论中所指出的两点，我可以承认有这样的现象，但必须说明这现象的本质及其原因。这里我特别要说明一下托派问题，因为这问题是影响到我后来的党内生活的。

托派问题在1927年（即在我们中大一期同学尚未毕业的时候）还是一个党内问题，不仅在党内曾正式研究这问题，而且在报纸上也发表过托派的政纲和意见书等。那时在中大支部也同在联共其他支部一样，有托派同学和托派教职员公开在小组会或支部大会上发表他们的意见，并争取一切同情者在表决时赞成他们的政纲。但那时我在小组会和支部大会上都是反对托派的意见的（不论关于中国问题或苏联国内问题）。1927年的联共十七次代表大会（编者注：1927年12月2日至19日是联共第十五次代表大会）否决了托派的主张，而且要求他们停止活动。这时托派转入两面派活动，即表面上接受党的主张，实际上仍从事托派活动。1927年7月间，我被派往东大做翻译的时候，同时被派的还有一个叫綦树功的同班同学（团员）。在十七次大会（编者注：同前，下同）以前，他是公开地而且积极地赞成托派主张的。十七次大会以后，他也同其他托派分子一样向组织写过声明书，表示放弃托派主张。因此组织仍保留他的团籍，而且派他往东大做翻译工作。在东大时我和綦以及其他几个同去的翻译员（作者注：其中之一即乌兰夫同志），都由校部指定同住在一个宿舍，而且是同一房间。由东大重返中大时,我和綦及几个被认为是右派的翻译员又是被指定在一个宿舍住。那时支部负责人至多也只能像我一样猜想到綦在思想上并未放弃托派主张,但不能断定他还会有什么反革命活动。我同綦在两三年的同事中很少讨论到思想或政策上的问题,因为一谈就要谈到党和托派的分歧之点。那时即使我找他谈,他也不愿意深谈的(对此组织上并不是不知道)。在日常生活上,除了同居一室外,亦很少同他接近。因为不论是我或他都不愿意多找一层嫌疑(我是"同乡会",他是公开过的托派),所以我对他的托派活动是难察觉的(且据后来托派负责人自供,也说因綦已是公开的托派分子,大家注意他,所以他所担任的工作仅是给俄国托派秘密组织传递了几次信)。那时全校的托派分子有百多人,支部局和所有的同志在事先都没有发觉,就是说警觉心大家都不高。主要的是双方都集中于注意无原则派别斗争,因而给托派反革命活动制造了很好的机会。对此,我作为一个党员,也不能推脱责任,但并没有理由比别人更多负些责任;其次我承认当时我的情绪是很消沉的,但并不是对革命、对政治的消极,更不是有什么秘密阴谋。当时党的负责人把我肯定为反革命分子,甚至路上相遇,总是对我怒目而视,或装作看不见。一般的同志都回避我。在此场合下,我的情绪不高以至于消沉,也不能说没有理由。

整风自传

根据以上理由,所以我不能不承认当时联共清党委员会给我的处分是不公平的。但是我当时听了这处分的宣布,非但没有向上级控诉,而且还松了口气。因为两三年来在许多同志的心目中,早把我看作是敌人,不是说要枪毙就说要拘禁。托派组织破获后,已证明了全部名单中并无我的名字。但支部局同志还说我是异己分子,主张开除党籍。所以当我听到清委会结论中只说我是警觉心不高和消极或面目不清,而且并未开除我的党籍,我亦心满意足了。我当时想只要保留着我的党籍,我是有为党为革命效力的机会的。革命不革命或政治面目清楚不清楚，主要应该到革命实际锻炼中去获得证明。所以我那时的唯一要求是回国，我连清委会给我的三条鉴定也未曾去抄下来（结论是大会上口头宣读的，但是可以去抄，并允许上诉）。

小 结

（1）我初到莫斯科的半年中间，由于自己的幼稚，接受了旅莫支部的错误领导，把日常生活细节问题的检讨当作是革命的"实际训练"，表面说是反对学院派学习，实际上是走上了反对理论学习的经验主义立场。旅莫支部解散后，我开始注意理论学习了，但由于自己的革命实际斗争的经验少；也由于当时全党对中国革命的实践尚未很好总结，所以这学习主要是限于马列主义的抽象原则。而且因为后来自己沉溺于无原则斗争的苦闷中，连马列主义的抽象原则（书本知识）也未很好地去钻研。所以这时期内，我的学习收获未达到应有高度。

（2）但无论如何，我在这时期内对于社会的发展规律，即现社会之必然死亡，共产主义社会必然出现和无产阶级及其先锋队——共产党在这社会变革中应起的作用，已经有了一个较明确而又系统的认识。同时，对于中国以及世界革命应走向的道路和个人的出路（只有革命才有出路）亦获得了一个基本的概念。换句话说，我在这时期内确定了自己的共产党员的人生观。这是我在莫斯科学习中的一个较大的收获。

（3）主要是由于偶然的原因，而不是由于自觉，我并不是莫斯科中国同志中无原则斗争的积极参与者。但是我在这无原则斗争中，非但没有采取一个共产党员在这种情况应该采取的立场（即是为了保证党的统一，放弃自己的一些非原则问题上与支部局不同的意见，反对一切无原则斗争，并以"与人为善"的态度向支部局提出意见，使支部局的领导能够改善），相反地我在思想上是完全同情反支部局的那一方面的意见的。对于支部局领导威信的受打击，抱着幸灾乐祸、坐山观虎斗的态度。甚至于对反支部局的同志所采取的许多不合组织原则的手段（如请愿）虽明知不对，但不积极起来阻止。一句话说，我是采取了自由主义的态度。因此，我对于这场无原则纠纷所产生的直接和间接的恶果（直接的是给托派以反革命活动的机会，破坏了党内团结，妨碍了学习；间接的是给中国党留下了党内宗派主义无原则斗争的恶劣根源），我也不能推卸自己的责任。但我在这次无原则斗争中也得到了不少教训：主要的是深切体验到了无原则斗争对党的危害以及党内斗争中过火方法所产生的恶果；此外，也认识了党内斗争中许多不正派的作风。

（4）我认为当时清党委员会给我的处分是不公平的，但另一方面自己对这处分的轻视（认为不公平，不对党提出声明，而且连处分的理由条文也未记下）也是不对的。

整风自传

四、回国工作和被捕释放的经过

1930年9月我被派回国工作，一到上海即找到了党。我在上海所遇到的第一个同志是恽雨棠，他是莫斯科同学。他首先告诉我的是，中国党对我们这批在莫斯科反对支部局的同志并无成见，现在革命运动很发展，需要大批干部，只要自己努力工作，不怕牺牲，是不难取得党的信任的。果然，不久党便派潘汉年同志来联络我并指定我参加上海人力车夫罢工委员会（主席恽雨棠）工作。当时我非常高兴，因为我对于立三路线的错误政策还全不知悉。参加工作后，才知道党在人力车夫中的基础非常薄弱，几次罢工主要是用强迫方法促成的。但那时上级给我们的任务是要在最短时期内促成人力车夫的总罢工，我感到这任务提得太高。我参加工作后一两个星期，恽即调往南京工作，我继恽任主席。恽走后我仍努力组织罢工，但终因客观、主观条件不成熟而未成功。后来罢工委员会改为人力车夫总工会筹备委员会，我仍任主席。在此工作时期，我的情绪很高，终日出入于人力车夫的茅草棚地区，或跟着车到马路上去找人开会。我做这工作约两个月，就被调到沪东区任区工联筹备委员会主席。这时沪东区工作基础也很弱，只有四五个厂的线索，一切工作几乎都要从头做起。

我到沪东后不到一个月，沪东党区委会叫我去开会，这是我第一次到区委机关。区委委员中我认得的只有张琴秋同志一人。会议内容是上级代表（记得是李初梨同志）传达四中全会决议。李同志报告后，即进行讨论。当时我同其他同志一样无条件拥护四中全会决议。会议从晚上开到第二天天明才完毕。散会后我在附近吃了早点即到工会机关（机关在灶披间），喊开门时无人答应，我从玻璃窗外向内张望，看见室内很紊乱，我知道出了事情。待二房东出来时，我问他才确知机关已被破坏，我即走开。在路上遇见张琴秋同志，知我们会毕离开区委会机关时，包打听巡捕即去捕人。当时，我即以工会机关被破坏事告知张，并请他转告上级到我住处找我（我住处只有上级人来，工会里同事均不知道，故我不用搬家）。

机关被破坏不久党即派一同志来我住处同我谈话，内容有三点：（1）解释四中全会意义及说明徐锡根等右派反四中全会之错误；（2）要我继续担任区工会筹委会主席的工作（编者注：抄录稿只有两点）。我同他谈的内容如下：（1）对四中全会决议完全拥护；（2）继续担任区工会筹委会主席名义已无必要，因筹委会已剩下我孤家寡人一名，事实上是一空架子，反立三路线即应该反对立三时代这种搭空架子的办法。为了真正筹备区工会的组织应派同志亲自进工厂，从建立工厂支部及工厂委员会做起，否则一切（等）同空的。同时我表示自己也愿意亲自进工厂，从工厂中来开始区工会筹备工作，并请求党能通过支部关系给我介绍一工厂工人的职业（工会机关被破坏后，两三个工会的线索已断）。当时那同志亦同意我的话，答应以后再来找我，但直到我被捕为止，中经两三星期未见人来找我。

在此期间，有一次与周天僇相遇，他的《上海报》已停编，约我于另一日到邮政总局门前相叙，预备找一安静处交换一些关于时局的意见。到那天我们都按时到达，但等他从里面拿了信出来时，四面即来了十多个巡捕和特务把我们抓住。押到捕房后，因须办移解手续，故把我二人押在一铁栅内，未即询问。当时与周有商谈机会，因我是完全偶然碰上的，故对我情形全不知悉。于是我即与周说好我是他从前的学生，前一日他在马路上遇我，见我落魄可怜，故约今天在此相会，拟介绍我一职业。翌日，捕房把我二人送地方法院。对于我，因司令部律师提不出任何证据，故由法官判决"与本案无关，准交随传随到保释放"。

我在看守所被押了约一个星期，转托钱俊瑞同志亲戚所开一小店铺保了我出来。

小 结

（1）我从莫斯科回国，中央即派我在上海参加工运工作。我是很高兴的，因为我已获得机会在实际工作中来证明自己是否对政治消极，是否配做一共产党员。当时我工作非常积极和负责，但工作时期很短，又为立三路线的基本所限，所以成绩不大。

（2）我对四中全会决议的拥护是真诚的。因为第一，我根据回国后两三个月的所见所闻，已对立三时代的党的策略发生怀疑，只因初回国，对全面情况完全不知悉，自己又是受过处分的人，不敢随便提意见。经过四中全会的决议对全面情况作一说明之后，我已确切理解到了立三路线是"左倾"机会主义路线。第二，我与徐锡根等右派从无关系，亦未听到过他的意见，但凭上级的传达而说，当时右派所提基本政治方针的确是错的，而他们实际上所固执坚持的又都是些次要的非原则问题。我凭莫斯科数年的党内斗争经验知道为此等问题闹下去对党对己均是不利，故那时即使右派有人来找我，我也不会被利诱的。第三，我当时知道四中全会主要的是由国际代表和陈绍禹、秦邦宪等中大支部局的负责人所支持，而根据个别同志所传陈、秦等同志在许多组织问题的处理上及党内斗争的方式，是值得考虑的。我当时感觉到他们所采取的一套，有许多还是莫斯科支部局所采取的一套，而且我也知道他们一定仍然保持着过去对于我的认识。我希望自己在下层的实际锻炼中去改变他们对我的认识或误解。我当时提议进厂做工，固然主要的是由于那时一切基础已垮，要建立下层组织非如此不可，但另一方面也是由于上述这种理由。

沪东区工会的破坏也好，区委的破坏也好，不论在主观上或客观上我是不负任何责任的（工会工作人员均是我到任前就在那里的，我去了不久，对他们尚未有所了解），但后来自己的被捕却完全是由于自己与周天僇发生了不应有的横的关系，这在秘密工作的条件下是应受批评的。

我的被捕完全是偶然的，敌人亦不能断定我是共产党员，因此，我在捕房里和法庭上装做是一个乡下人，对政治一律推作不知，我认为我所采取的此种办法是对的。当时在我的思想上也没有发生任何动摇和违背革命利益的念头。法庭宣判无罪后，我在看守所和捕房共坐了一星期之久。因此，我这次被捕也不能说是严格的法庭和牢狱的考验。

五、失去党的关系以后（1931年1月—1937年5月）

我被捕出狱后，即同党失去联络，这时首先应自己解决的问题是生活问题和社会隐蔽问题，在我失去党的关系的几年中，帮助我解决这两个问题的主要是学者陈翰笙。陈不是党员（作者注：四七年时康生告诉我说，陈是一个很老的党员，与第三国际有单线联系），但从大革命以前起便与我党和苏联使馆接近，那时他是北大的教授。大革命后，他到过苏联，在国际土地问题研究所工作。我是在苏联认识他的。我返国后，知道他的政治态度不变，所以在沪东工会机关被破坏后，我就曾去找过他，到他那里找些马列主义的书籍看。那时他是中央研究院社会科学研究所社会学组主任。我同薛暮桥和钱俊瑞等同志就是在他那里认识的。后来在他那里工作的人员，大半已是我党同志或在我党周围工作。

我被捕释放后，同陈和社会学组的往来更密切。那时社会学组同仁正在陈领导下，开始以马列主义立场和方法，来研究中国农村经济问题。他们已经进行几次实地调查。他们知道我多少读了些马列主义的书本，因此很欢迎我参加他们的研究工作。但是我是一个不能公开的人物，所以陈不能正式聘请我做什么研究工作，而只能做一个临时雇员，如抄写剪报之类。我失去党的关系以后的最初的一年左右，便依靠了这种不经常的而且并不丰厚的临时雇员收入维持我的生活。也从这时起，我就开始从事于中国革命的某些基本问题的理论研究（中国社会性质和革命性质等问题）。因为在这时候，党的组织大受破坏，很多能够做理论研究工作和理论斗争的同志或已被捕，或是埋头于更重要的革命实际工作。而托派和国特则利用此机会在理论战线上向我们大举进攻，那时，我认为自己在找到党以前，从事于理论研究和理论斗争，是最适宜的。因为，第一，我暂时没有其他工作，第二，我从事这工作多少还有些基础。

但是我并不是说，我在失去党的关系以后，就没有设法去找寻党的组织；除了理论研究或理论斗争以外，我便不愿或不能再做其他工作。相反，那时只要是党叫我做的或者自己认识到是对党、对革命有利的工作，我都愿意做的。

在"九一八"前后，我曾同社会科学研究所一位同事，在马路上写过标语，贴过自己编写的壁报。在"一·二八"前，我就遇到了一位同志（是否是邢萍舟同志我已忘记），我同他谈了被捕和失去关系的经过。他同我说恢复党籍问题可慢慢谈，先做些工作再说。他就介绍我去闸北教几个同志读俄文，据说这几个同志是中央派到莫斯科去学习的。我因为这是党内同志正式派我去做的工作，故很高兴地就接受了。但我只教了一次，第二次去刚是"一·二八"前夜，从租界去闸北的路已断，故未去成。战后该处房屋被毁，我就失去了这关系。

在"一·二八"战争期间，陈翰笙办了一个通讯社，想借以报道下层群众抗日运动，特别是工人抗日运动情况。这些通讯稿不仅发到中国报馆，而且发给外国的报社和通讯社去（陈与塔斯社及某些国际左派人士有来往）。但陈的关系大半是在上层社会的，在劳动大众和群众救亡团体方面他没有关系。那时，我就到工人区域和群众救亡团体中去采访消息。这时正是群众抗日运动高涨的时期，在（我们）（作者注：应读作"党领导下"）领导下的群众团体几乎已经争取到了半合法半公开的地位。因此，我找到了不少线索，也采访到了一些有意义的新闻。后来，陈又给了我一个新的任务，即他有些中外友人关系，可捐到不少款子作为群众抗日团体的经费。他希望我能找到革命的（意即党所领导下的）群众团体，以便点交此种捐款。不久我就找到了这样一个团体（我记得是武装自己会），而且交了好几批款子（前后共约两万元）。每次交款时，陈都与我同去。陈只要我证明收款者确是革命的群众团体的负责人，他即将收款亲自点交。除了讨一张收据以外，他从未提过任何条件，也不多讲一句话，连尊姓大名也从未问过。但收据上每次都写有孙夫人宋庆龄代募字样。当时我敢介绍陈到这机关去，第一，因为这本来是一个群众团体的半公开的接头机关；第二，凭我个人对陈的认识。他曾同我说过，此款交给他们后如何用法，另外会有人同他们讲的，我们可不必问。所以我当时曾疑心他与我党中央或国际代表方面有何间接联系。我在机关里有一次（记得是交过第一批款以后）遇到杨尚昆同志的时候（我听到这机关里人说，他是党团书记），曾个别同他谈过以下几句话（大意如此）：关于我失去关系的经过，我愿另找机会对党报告，在党未查明我之前，希望你答复我以下问题：我现在凭我私人社会关系的介绍在进行募款和采访群众运动新闻这两件工作。自以为这关系不是坏人关系，而我所做的这几件事是对党有利的。但凭我个人的估计不一定可靠，望你帮我估计一下，你如认为对党不利，我可立即不做。当时杨尚昆同志简单答道，你可以继续干下去。但从此以后我即听说，党在怀疑我是第三党派去收买群众团体的。而且在事实上，我以后到那机关去，那里的人对我的态度的确没有开始那样亲近，他们也不再供给我任何新闻稿了。我曾以此传闻责问过那机关里的负责人，但未有圆满答复。此后环境渐恶化，群众团体转入秘密状态，半公开接头机关不再存在，我也未能再找到他们。

整风自传

大概就在"一·二八"战争前后，陈又曾介绍我认识史沫特莱。经史的关系，又把我介绍给英文报《中国论坛》编者，并要我给《中国论坛》写些关于工运的通讯稿。凭我个人对陈及史的认识及《中国论坛》前数期内容，我当时判断此英文报是在我党影响之下的。我想我如能把中国工人生活及工人运动状况在这英文报上发表出来，对革命也是有利无弊的。因此我即答应做此工作。当时我猜测史本人与党中央或国际联络机关至少保持有间接联系。因此我曾用俄文写了一信给党，要史转交给中共中央或国际联络通讯机关，或与二者有间接联系的朋友。信的内容是：（1）我是被捕以后失去关系的，希望党派人来联络我；（2）如党不相信我，暂时不能来找我，则希望能告诉我：是否允准我给《中国论坛》写通讯稿。这本是一种乱碰的办法，是试探性质的。当时我较有把握的就是陈、史二人本人不是坏人。史答应替我转此信，而且不几天后，我便得到史的口头答复："你的信已交给了你所希望的人，他们答复说，现在暂时不能来找你，但你现在所做工作是可以大胆去做的"。我至今还不知史是否真的把此信交给了党，这口头的答复也并不曾使我对《中国论坛》的认识增加了什么。我只好一面工作，一面观察。我在采访新闻的时候，曾有一次遇到了邢萍舟（徐冰）同志。我猜想他是有组织关系的，但我不好问他（因为在那时党的组织到处破坏，秘密工作的规矩很严），我只是非正式向他表示过，我愿意重回党里来工作。但他非正式地表示，只要自己表现好，党一定会来找我的。当时，我又问他，《中国论坛》背景到底如何？是否可给它写稿？他说，他也不太清楚，但听说编辑有托的嫌疑，不过给它写些通讯稿是没有关系的，只要能登出总是好的。我听了邢谈话以后，对《中国论坛》更采取了怀疑的态度。适此时，上海电话公司发生了罢工，罢工中托派工贼破坏罢工很厉害。当时我即写了一篇电话工人罢工的通讯，文中特别强调托派破坏罢工的罪恶。但此稿登出时，关于托派一节皆被删去。我即向史提出了责问，此后就没有再给《中国论坛》寄稿。

此后不久，我遇到了吴先清同志。我也曾向她表示过愿找党的关系。她曾叫我在实际工作中表现，我也答应了。我记得她曾交给我两次任务，一次是要调查留俄同学顾某在龙华警备司令部的工作。另一次是要我到一个已在特务监视下的机关里去搬东西。前一个任务因为她自己弄错了姓名（在龙华司令部的不是此人）所以未完成，第二个任务是完成了。此后她即未再叫我做什么事，没有恢复我的关系。后来相见时，她表示自己也已失去党的关系。

以上是我几次企图找党的经过。经过以上几次失败以后，知道自己没有长期的工作表现，党是不会相信我并恢复我的关系。后来又听说上海党已被破坏完，因此我更觉暂时无找到党的希望。只好把保持自己政治节操，从事理论研究，作为自己的主要任务。

社会科学研究所于1932年夏在国民党反动势力压迫下搬往南京，我决定不随他们去南京，宁愿在上海失业。但至当年年底，我在上海已绝对无法维持生活，不得已只好到无锡乡下我三哥所设的一个蚕秧制造厂闲住。到1933年秋，陈翰笙等在反动势力排挤下，全体辞去了中央研究院职务。陈离中央研究院后又接受中山文化教育馆馆长之聘，组织广东农村经济调查团，并邀我参加（我接过文教馆馆长孙科聘书）。1933年秋我们出发到广东，1934年调查团结束。我们本预备返上海，但这时正是闽变以后，上海特务横行，且据陈私人所得消息，上海特务对我们调查团很注意，因此我就决定去东京暂住。我在调查团半年多的积蓄只够我在东京住几个月，其余的时间则全靠挪借及写稿维持生活。

整风自传

在我脱离党的关系以后的六年之中，东京的一段生活是最苦闷的，天天愁着生活问题没法解决。而许多公开的职业，我又不能去做，这还是小事，主要的是我自己感到离党愈来愈远了。同时，我深深地感到离开了党，即使是理论战线上的工作，我也无法做好的。我不能设想一个站在党外的马列主义理论家，但是我并不愿意在共产党领导的社会里做一个毫无用处的人。那时我产生了一个改行的思想，我想做一个电气工程师。因为我想做一个党外的马列主义理论家是完全不可能的，但做一个党外的工程师那还是可能的。因此，我决定先进日本高等学校，然后再升帝大。这样七年的光阴，我想我在帝大毕业时，中国革命该也会成功。那时，我以一个忠实的技术人才来为党为革命服务。当时在东京的一些朋友（张登、陈修良在内）也赞成我的计划，后因经费问题我的计划破产了。到了1935年秋，我在东京的生活实在无法维持，而国内薛暮桥和钱俊瑞等同志也劝我返国，于是我就在9月间到了上海。

到上海后一直到恢复党籍为止，我在中国农村经济研究会工作，并为中国农村月刊及其他刊物写稿。

为了说明我在脱离党以后的言论行为，我在结束这一阶段之前，须补充说明三个问题：

第一，我在这一阶段中的写作生活。我在这时期中自己写的东西并不多，而且都是短文。在1932年时，我曾想仿照"俄国资本主义发展"写一本书说明中国社会的半殖民地半封建性质，以及中国革命的反帝反封建任务，以驳斥托派的宣传。我也搜集了一些这方面的材料。但是由于生活不安定，忙着翻译一些稿子以至于终未实现此幻想，但是我在这时期所写的零碎文章主要的仍是环绕着这一任务的。大约在1931年，我曾在潘光旦编的《华年》杂志上发表过一篇关于上海纱厂工人中的包工制问题的文章。这是我花了三个多月工夫在沪西纱厂工人中实地调查的结果，是描写中国资本主义工业中的封建剥削的残迹的（笔名是孙宝山）。1935年莫斯科托派案件公审时，中国的托派和国特大肆宣传，说这案件是伪造的。当时我在钱俊瑞同志所编《现世界》上发表了一篇关于此案真相的长文（连载两期，所用笔名已忘）。这篇文章并未发挥什么理论，主要的是介绍英、美、法、德各大报刊派记者旁听公审后所忠实报道的材料。这篇文章给予托派和国特的打击是很有力的。1937年我在艾思奇所编《新认识》上发表了一篇关于中国工业的长文，是说明中国资本主义工业的脆弱性的（笔名孙冶方）。1936年或1937年救国会机关报上正面驳斥托派统一战线政策的几篇文章全是我写的（笔名亨利）。此外从1935年起的《中国农村》杂志，则几乎每期都有我的文章（笔名孙冶方），其主要的是说明中国农村经济的半殖民地半封建性质。

此外，我在《中国农村》上所写的其他文章，如关于乡村改良主义者的批评和争取问题；关于乡村工作者的团结（统战）问题；对于阎锡山的土地村有论的批判和"中国农村"读者信箱中对于许多实际问题的解答（这栏由我负责，内容除理论问题外，有很多关于乡村工作的实际问题的解答）；以及我在"自修大学"上关于国民经济建设问题的论争（西安事变后孔祥熙高唱国民经济建设以缓和人民的抗战要求。当时钱俊瑞同志认为为了统战，应响应此号召，他曾写了一篇国民经济建设方案的文章。当时我反对此种观点，并写了一文说明不抗战即不能谈建设，后许多左翼作家曾对此问题举行一座谈会）等。虽则都是在没有党的直接指示之下，而且只是凭个人见解写起来的。但我自以为，即以今日的认识回忆起来，这些文章基本上没有违背党的立场，而且对宣传党的主义和政策是有帮助的。

第二，中国农村经济研究会同我的关系。1933年陈翰笙、钱俊瑞和其他社会学组、其他同仁脱离中央研究所以后，为继续研究中国农村经济问题，并团结同志起见，即发起成立了农村经济研究会并发行会刊。我也是该会的发起人之一。主持会务者是薛暮桥同志，1935年我从东京返国后，也直接参加这工作（但对外我不出面）。自1935年起，研究会同仁又创办了新知书店（直接主持者徐雪寒同志）和中国经济资料室（直接主持者骆耕漠同志）。这三个事业（其中特别是"中国农村"）是在我脱离党以后，我所参与的唯一的社会活动。在今天这三个事业的参与者几乎全在革命阵营内，有很多已是担负相当重要的工作（除上述薛、徐、骆以外，农村经济研究会有一位干事于化琪同志是鲁南某地委的书记，另有一位干事即本期党校同学陈少景，此外还有很多在大后方做工作）。关于我在这时期以内的言论行为，他们均可作证人。

第三，我和李侠公和罗汉的关系。二人都是莫斯科东大学生，但那时我都不同他们往来。1932年我在上海红十字医院医病，第一次遇到李，当时记不清他的姓名，也不敢同他打招呼。

后因阚正明同志（现名刘鼎，延安摩托学校校长）告诉我，说他并非叛徒且有骨气，我才于第二次相见时招呼他。他当时也同我一样以"守节者"自居。所以我同他变成了非常好的朋友，直到抗战爆发前，我同他往来很密切。1940年我在重庆再遇他，知他已任陆军大学政治部主任。我与罗汉相遇是在李的家里，那时，我觉得他实际上是一个糊涂人，对托和党的理论的区别点根本都缠不清，但个性很憨直。"八一三"后，我又在上海遇到罗，据他说，"七七"后，他曾与李二人得南京八路军办事处介绍想去延安。到达西安办事处时，因大雨毁路不能前进，并得中央电告，要他二人南返。当时他正拟去汉口，他说愿介绍我与上海办事处发生关系。其实此时我已恢复党籍，并已在文委工作。但罗后来仍向潘汉年同志介绍我去编救亡日报。我后来也向组织报告罗与我见面的经过。

我在1937年5月间正式恢复党籍，介绍我恢复党籍的是陈修良和张登。我同他二人是1935年夏天在东京相见的（陈与我在苏联即见过，但过去未来往过），是张登的四弟（阿四同志）介绍的。当时张、陈也没有组织关系。1935年秋，我先回国。同年冬张、陈也回国。经过一年多的相处，他二人对我思想、行动及家庭状况、社会关系都已大概清楚。1936年西安事变后第二天晚上，我在他们家谈论时局，张忽然问我，如能找到党的关系，我是否愿意入党，我当即表示愿意。但直到1937年5月间，前江苏省委组织部长王尧山同志才正式与我谈话，并当即通知我：党已恢复我的党籍，但脱离党的期间不算党龄。我在此次谈话中，把我脱离党以后的生活向王同志做了一个大概的口头报告。王同志未对我提出任何提问，但对此段历史也未下结论。

小　结

在王尧山同志代表组织恢复我的党籍的时候，我对于"脱离党的期间不算入党龄"的这句话，并未加以注意。在那时，这种说法对我还是完全新鲜事情；找到了失去关系已经六年之久的党，只是说不出的高兴而已，就是在今天我对于脱离党的期间算不算党龄的问题也没有什么意见。因为党龄的长，对于我并不是什么值得夸耀的事；我很早就得到了接触真理的机会，受党的培养又如此之久长，而我对于党，对于革命的贡献都是如此渺小——我每次想到这里的时候，只是使我汗流浃背，惭愧不已。但我对于自己在脱离党关系以后的言论行为有如下估计，希望组织审查。

整风自传

1. 我在被捕过程中以及释放后脱离党的关系的整个时间中，非但在行动上不曾对党变节，就是在思想上对革命也没有消极悲观过。脱离党的关系以后，我亦曾想找过党，而且在事实上我也曾这样做过。但由于当时组织上某些负责同志对我不了解甚至误解，所以我想回到党里来的企图始终未能实现。往往是我愈接近党，则组织上某些同志对我的误会也愈大（如"一·二八"时说我是第三党代表去收买群众团体的）。我承认，组织上某些同志对我的误解是有其客观理由的，这就是残酷的秘密斗争的环境。但是另一方面，我又认为当时组织上某些负责同志（莫斯科回来的）对我的误解所以如此深，还由于他们对于我仍是保留着莫斯科中大支部局同志对我的认识而未有改变（那时除了莫斯科的同学外，党内其他同志知道我的几乎可以说没有）。

2. 在这一问题上，我自己要负的责任如下：我从莫斯科返国后工作不久即被捕，因此，我也知道自己在实际工作中的表现还不足以改变党内某些负责同志对我的旧的观感。我就存在着"路遥知马力，日久见人心""你们不信任我，我总会有一天用事实向党证明我的忠心"等长期打算的思想，尤其在"一·二八"时，碰了那次钉子以后（说我去收买群众团体）。当时我想自己应该先在党外工作，使党完全了解我以后，党总会来恢复我的关系的。即是说，我在这时期主要的是保持自己政治上的清白，凡是组织上的同志交我的任务,我尽量去完成。遇到与组织有联系的同志,我先设法使他了解我的生活,请他给我指示。我提出恢复党籍的请求往往是很审慎而婉转的,因此可能认为我的恢复党籍的请求不够积极。

3. 在我脱离党的关系的时期内,除发起组织中国农村经济研究会,并参加了一些文化工作者圈子内的活动外,我并未参加其他群众团体。我在这一时期内的主要工作是理论研究和理论斗争。研究会在组织和教育农村知识分子这一点上是起着相当大作用的。研究会会员并不很多(抗战前仅四五百人,均为《中国农村》月刊读者),但几乎普及全国各省区(除新疆、西藏、青海)。《中国农村》月刊在当时的白区可以说是以马列主义理论说明中国革命基本问题(土地问题)的唯一刊物。该刊不是只做理论研究而已,而是对于许多乡村中的实际问题的解决提供了一些具体意见(如对待改良主义运动的态度问题;乡村工作者的统一战线问题;如何组织农民的问题等)。在同托派和国特理论斗争中,《中国农村》月刊几乎可以说是白区党大破坏后,坚持马列主义旗帜的唯一刊物。而我自己认为在这一理论斗争中,我在《中国农村》月刊以及其他刊物上所写文章是把问题提得最尖锐的。总之,我在此时期内的活动不论对革命对党的贡献如何渺小,但我是为党为革命而工作的。

4. 在我脱离党的最初一个时期中,虽然对我不信任,甚至对我发生误会(收买群众团体),我还不能完全怪那时的党的负责同志。但据我后来所知,1938年薛暮桥同志到汉口八路军办事处与长江局一位同志谈话时,那位同志还问起薛暮桥同志:"中国农村经济研究会有一个莫斯科回来的姓薛的托派现在何处?"那时我已在上海恢复党籍,并负责文委工作一两年之久。而这位同志仍以肯定语气说我是托派,但对于我在中国农村经济研究会做了些什么事,写了些什么文章却不闻不问。我相信长江局某些同志对我的这种凭空污蔑是影响到后来江苏省委对我的认识的（省委书记刘晓经延安及重庆返上海后即调我去延安）。

5. 对政策的理解。在这时期内，我虽然脱离了党的领导，也看不到党的文件，但我在这时期内所写的文章，即使今天来检查，并未有违反党的政策的。

六、上海文委工作时期（1937年8月—1940年10月）

我在恢复党籍后，先参加学委工作，不久即调任江苏省委文委书记。文委领导新闻出版、戏剧文学、新文学运动、教育界等工作（教育界工作不久即并入其他部门），兼管一部分上层统战工作。在国民党军队退出上海以后，在文委直接领导下出版的刊物有《译报》《译报周刊》《上海周报》《学习》《求知丛刊》（以上均公开出版）和《时论丛刊》（秘密出版）等。我们的社论甚至可送到《申报》《华美晚报》《导报》等大报发表。这一时期内，我们在舆论界的影响不仅压倒敌伪，甚至超过了国民党，在话剧界则占绝对优势。那时，我除领导文委工作外，仍经常写政治论文，以我们当时主观力量的薄弱来说，我们当时在所谓文化界的工作成绩是不算小的。因为从国民党军队退出上海以后，除我以外，原来的文委委员都先后离开上海（夏衍、钱俊瑞、姜君辰、曹荻秋、殷扬），在后来数年中坚持上海文化界工作的只有五六个主要干部（王任叔、梅雨、林淡秋、戴平凡）和不到二十个新参加党的学生同志。检讨这一时期工作的主要缺点是：我们的文化运动没有深入到下层群众中去，亦没有反映下层群众的生活和抗战活动。但是造成这缺点的主要原因是当时秘密工作的环境——省委不准我们与工人、学生、职员等救亡运动和救亡团体发生联系。

1940年秋，党调我去延安工作。10月我从上海动身，1941

年1月到重庆。刚与重庆办事处接上关系，就发生了皖南事变，到延安去的路便断了。周恩来同志曾要留我在大后方做秘密工作，我认为叛徒认识我的太多，不易隐蔽。周恩来同志即决定我再回上海，转赴苏北根据地工作。我于3月底去香港，见香港负责同志廖承志、刘少文（国章）二同志。当时刘同志同我说：香港的同志都已暴露，要换一批新的人。因此，要我在香港找寻可以隐蔽的社会关系，日寇占领香港后以便留下坚持秘密工作。当时我即从三方面去活动。第一，经我二哥去找申新、福新、茂新总公司驻香港办事处；第二，经我妻舅去找银行界关系；第三，经商务印书馆香港印刷厂厂长糜文溶找商务及香港本地的社会关系（糜在钞票印刷技术方面是中国有名的专家，江淮银行技师都知道他）。当我找他介绍商务印书馆及社会关系时，他要我替他写一介绍信给蒋经国，以便必要时可请他给予便利（建立新厂）。写好后曾交刘少文同志看过，此信大意是："××学兄鉴，别后十余载未通音信，近闻吾兄在赣任××之职，对地方建设热心倡导，兹有敝同乡×××受商务印书馆委托，拟来赣建设一印厂，吾兄素来热心文化事业，望能给予便利……"（下面是我的中俄文签名）刘同志读后迟疑了一下才说：这样的信是可以给他写的，但别的关系不能发生。我听了他的话以后，即产生了两种感觉，第一，觉得刘把我看得太幼稚，或对我有些不信任；第二，因此便联想到，自己曾离开党很久，今虽回到党内来，但党对我的过去尚不完全了解。今后如留下做秘密工作，社会关系更复杂，党更不易了解我，不如干脆去根据地吧。因此我就不再积极去找香港的社会关系，并且要刘允许我先回上海去料理一些私事。我到上海时，江苏省委已接周恩来同志电，介绍我去苏北工作，我也没有把香港要我工作的事谈起。故省委立即把我介绍给苏北交通，并催我快些动身，不要在上海多住。因此，我在上海停留了十二三天，即去根据地。

今天来检讨此事，从形式上我可以说并未违抗组织决定，周恩来同志介绍我到上海省委再转苏北的。我在香港只是为领路费而中途发生横的关系；而且我也已经遵照刘同志的意见，去找了香港的经商关系。

小　结

（1）我在恢复党籍后，在上海文委的工作是积极的，而且是有成绩的。

（2）在这三年中，文委不仅要领导各种文化运动和文化团体，而且我们自己经常要写文章，把党的政治主张在我们直接办的报纸杂志上，或用投稿形式在人家所办的报纸杂志上反映出来。由于秘密工作环境的限制，当时我个人和文委其他同志同省委负责同志的见面是有限制的。我们只能凭上级给我们的原则指示去写文章。但从今天检讨起来，我和文委其他同志所写文章，基本上尚无违反党的政策的地方。

（3）由于长期的脱离党，自己对于党的组织工作的经验缺乏。我在文委工作期间，对文委干部和支部同志的教育和帮助是不够的。

（4）由于自己总觉得党对于自己脱离党的时期内的一段历史还没有了解，因此自己在工作中常背了一个包袱。党调我离开上海工作以及刘的谈话，更增强了这一心理，因此我对于完成刘叫我争取留港工作的任务是努力不够的。

七、根据地工作时期（1941年6月起到现在）

1941年6月到苏北根据地后，华中局先分配我在宣传部担任宣传科长和干部教育科长，但不到一个月即派我到华中局党校教课并兼教育科长。1942年党校成立校委会时，我被指定为校委会委员，仍兼教育科长。我所担任的课是列宁主义问题，但是由于第一，自己的革命实际经验不丰富；第二，对于学员的程度、特点不了解；第三，受功课范围的限制，所以我所编的讲义和所讲的课偏于抽象原理，学员不能完全接受。但我自己在教课过程中，对马列主义基本理论却有机会作了较有系统的研究。在此时期中，我对于中国革命的一般形势，敌后根据地情况，党的政策，内战时的历史等，获得了许多过去在白区所得不到的知识，对我有很大益处。但这种知识，主要的是理性的。

1943年4月华中局派我到淮南的路西地委任宣传部长。我去路西的另一任务是要到地方支部里去做调查研究，并锻炼自己。到路西后，先参加了一次财经问题整风会（地委扩大会），参加了一次党委扩大会。8月间随地委副书记黄岩同志到几个县巡视工作，10月间巡视返回后，我本想就到乡支部里去，但地委要我担任党训班副主任工作，下乡计划即未能实现。党训班主任是地委副书记黄岩同志，平时不大来，所以日常工作（不论是教育、行政、支部工作）主要是我担任的。

我做这工作一直到1944年1月为止。在这一时期内，我对党训班的领导基本上是按照开学时黄岩同志所指示的基本方针进行的。在这一点上，即从今日来检查也无偏差。但研究文件和上课的方法，有许多地方是值得考虑的（如我们研究了全部学风文件）。这因为当时自己经验不够，而上级在这方面也未有具体指示。到1944年1月时路西地委决定在直属队成立总支，下设四个分支。领导全体在职干部及党训班的整风学习，并通知我不要再管党训班的支部工作。不久，又决定成立四个整风队，原党训班改为整风一队，指定我为队长。我在总支成立以后，对地委领导整风的方针和方法有许多地方不同意。主要是：①忽视思想领导，偏重于组织领导；②领导不民主；③对新干部普遍不信任，而任用许多原来无威信，甚至想回老家的老干部做骨干。我的意见先曾向地委副书记兼党训班主任黄岩同志提过好几次，黄基本上同意我的意见。他要我向地委书记赵启民同志提，但赵在事实上是否定了我的意见。我任一队队长不久，区党委书记谭震林同志即调我随黄岩同志到好几个县里去领导乡保级干部整风大会和士绅座谈会。有时又叫我返到地委的整风班上课，但对整风班一切情况是全不知悉的。1944年7月调来华中局党校整风。在党校整风学习期间，被任为三队支委。

整风自传

我在路西的一年零三个月工作成绩很少，不论是关于一般的宣传方针也好，整风的方针也好。自地委会改组以后十个月中，我未读过或听过上级的任何文件和指示。但我认为我在党训班负责时的领导方针基本上是正确的。

地委副书记在我来党校时曾批评我说：我在党内斗争性不强，不能坚持自己正确的意见。他这话主要是指我对路西整风的意见。但这是有原因的，第一，我未参与领导整风的任何组织和会议，对地委的全部布置及上级具体指示都不知道。第二，当时在路西党内已造成人人自危现象。第三，领导者的态度是很不民主的。第四，由于地委调我离开整风班的工作，一切问题不与我谈。因此，我提意见时常顾虑到多提意见是否生效的问题。

我承认我在路西工作的后期，我的精神上是不愉快的，我是背着包袱的。但我并未消极怠工，在我负责的工作范围内，我仍大胆照着我所认为对的意见去做。例如在负责单独领导县里的士绅坦白会或乡保级干部坦白斗争会时，我几次阻止了县负责人所提议的不必要的斗争会和拘禁人的事情。我亦尽量使地委了解我的工作，把我所做的事情详细汇报。例如我在士绅会上报告时曾说过："八路军新四军只有五十万却抗击了51%的敌人和90%的伪军。国民党有三百万大军，但所抗击的敌伪军反少……"这事我也向上级负责人汇报过。但我来党校后，却在军直属队同志中听到了此故事。上级想必对此是很注意的。

但总的来说，我在路西工作的一年零三个月中，自己感觉到得益不少。因为虽未深入下层，然而在我来说，是自到根据地后第一次接触了许多实际问题的解决。更主要的是使我亲身体验到党内的许多重要问题（如领导作风问题，干部的缺乏实事求是的精神，和缺乏对人民对革命的负责精神，党内民主问题）。因此，我自己对于这一年零三个月的经历是很重视的。

小　结

我自己感觉到，我在根据地的三年半工作过程中，在对于党的各项具体政策的认识和党内许多问题的了解上，是大大地提高了一步。这进步远远超过了前一阶段我在上海文委工作的三年。但基本上说来，我对于这些问题的了解，还是偏于理性的。我的实践锻炼还是大缺点。

八、总结——自我鉴定

对于历史上各阶段的自我鉴定详见各段小结

1. 简历

原名薛萼果。常用笔名孙冶方，1937年后党内用名宋亮。江苏无锡人，1908年生。父亲是小职员兼小地主。大哥为小贩，三哥开石灰窑，均无政治活动。二哥现居重庆，是一个小工业资本家，在政治上属于中华职业教育社系统，现任国民参政员，无锡旅渝同乡会主席。1944年9月大后方工商绅学各界卅个名人，所发表的"宪政与民主献言"有他签名参加，他叫薛明剑。1923年年初或1922年年底，我在高小读书时，经教师张效良之介绍参加团。1924年年初或1923年年底转党，并任支书。同时经组织决定参加国民党，在本县成立国民党组织。1925年五卅运动时在上海沪西工联会做宣传员约两个月。同年（1925年）冬到莫斯科中大学习。1927年夏毕业后，担任翻译工作。1930年春，联共清党委员会根据：（1）对托派反革命分子警惕心不高；（2）政治上不积极等理由给我最后警告处分（但本人认为此次处分不公平）。1930年9月返国工作。先任上海人力车夫罢工委员会主席及上海人力车夫总工会筹备委员会主席，后调沪东，任区工联会筹备委员会主席。同年年底或1931年年初（阴历年底）被捕，因无证据宣判无罪，交保释放。释放后即与党失去联络。在失去党的关系的六年中间，我曾数次企图找党的组织恢复党籍，但因发生误会而未成功。在此时间，我从事于马列主义理论研究工作，与托派及各种反动理论作斗争，并参加其他一些文化活动。直到1937年5月才由江苏省委会批准恢复党籍。但失去党的联络的时期未算党龄。恢复党籍后，先参加学生委员会工作，后任省委文委会主席。1941年6月到苏北根据地，先任华中局宣传部宣传科长及干部教育科长，但不久即调党校担任教员并兼教育科长。1942年党校成立校委会时，参加校委会，仍兼教育科长。1942年4月调淮南津浦路西任地委宣传部部长。1944年7月调来党校整风，任三队支委。

整风自传

2. 思想发展

当我加入青年团的时候，我还是一个十五岁的高小学生，社会的坏习气给我的影响不大，也谈不上什么有系统的政治思想。经过党的教育，特别是到了莫斯科学习以后，我就从打倒军阀打倒列强的朴素的民主爱国思想以及小资产阶级的世界大同思想，发展成了科学的社会主义的思想，确定了我的共产主义的人生观。换句话说，我的思想发展是直线的，成为一个体系的小资产阶级思想从未在我头脑中占据任何地位（但这并不是说我没有任何片断的非无产阶级的意识）。我所经历过的第一次思想斗争是1927年时苏联的反托斗争，我在这斗争开始的时候起，就站在国际和联共中央的路线上，从未有过任何动摇。

3. 理论政治水平和政策掌握

一般的理论政治水平不算很低,但是我受党的教育很久,因此,如果同我的历史相较,那么我的理论政治水平远未达到应有高度。入党二十年来,中间有六年脱离了组织关系。因此,我不敢自负地说,我能正确掌握党的政策,但是我在理论上,自己感觉到还能正确理解党的大政方针。例如抗战以前,我虽脱离党的关系,只能从一般公开的报纸上去了解党的统一战线政策。但是,即使从今天的目光来说,当时我对于这政策的了解以及在自己的文化运动中的掌握,基本上是正确的。当时我们曾着重地批评了乡村改良主义的反动幻想的一面,但赞扬他们的为大众服务的精神,并争取他们团结抗战。西安事变后,救亡运动和抗日统一战线大大地发展了。当时我不仅批评了左的言论,而且批评了右的言论(如国民经济建设论,对国民党和蒋介石的过分乐观估计)。抗战大爆发之初,我对全国情况固然知道很少,对于党的实力和党的战略部署固然完全不知道,但是我根据自己对中国革命的一般规律性的认识,在"八一三"战争爆发后第二天,就主张文化工作者应向内地,特别是向农村撤退。各人自找社会关系,去组织广大群众,特别是发展游击战争。中国农村经济研究会同仁是在这一号召下从上海撤退的第一批文化工作者(我个人的未离开上海,则完全因为我当时已恢复党籍,党决定我留沪工作)。在上海负责文委工作时,我和文委同志对于党的政治主张的宣传,在今天检讨起来,基本上亦是正确的。我来根据地后对于党的各项具体政策有了进一步的理解;但主要的还是停留在理性知识的阶段。

4. 思想方法

我在莫斯科学习的初期,受"旅莫支部"影响,有轻视理论学习的狭隘经验论的观念。"旅莫支部"推翻以后，懂得学习理论的重要了，但所学的主要是抽象的理论原则。也因于自己在当时处于被打击的地位，没有把自己对马列主义的一些书本知识，当作万应灵药，或把它当作在党内谋取地位的敲门砖。相反地，经莫斯科返来的时候，是下了决心想到下层实际工作中去锻炼自己的。但不幸回国工作不久，即被捕失去关系，以后主要从事文化运动或理论研究。始终没有经历过下层的群众斗争，实践经验不丰富。在自己的理论研究工作中，还是把中国革命中许多实际问题的分析和说明作为中心任务的。

5. 思想意识

由于自己十五六岁起就受到党的教育，各种非无产阶级的思想意识并不多，尤其因为十多年来常受党内某些同志的误解，受过委屈，中间又曾长期失去党的关系，秘密生活时期又多过在根据地工作的时期，所以权位观念在我头脑中几乎可以说是没有的。尤其自己背着包袱，感觉组织对我怀疑的时候，我常会想到："还是请求党让我做做翻译工作吧，免得党既感觉到不好安排我，而自己又感到痛苦。"这也是自己的进取心和斗争心薄弱的一种表现。

6. 工作作风，领导作风

能深入下层，不受形式拘束，但缺乏明确的计划，缺乏经验总结。因此不免给人以琐碎化的印象；工作抓得不紧，缺乏雷厉风行的作风。这些主要是受过去的白区秘密生活的影响。领导方法上有民主作风，能照顾干部困难，但在政治上、思想上给予干部的教育、帮助不够。

7. 组织纪律修养

早年受党的教育很多，对于组织纪律能服从，与上下级和平级、一般干部都能相处得好。在个人利益与党的利益相矛盾的时候，在过去是能够牺牲个人利益服从党的利益的；但是还没有经过最严格的考验；自己在平时还能经常以英勇牺牲勉励自己。莫斯科的无原则斗争，使自己对辨别原则斗争和无原则斗争积蓄了一些经验。这帮助我能在四中全会后采取正确的立场。自己在党内屡次被误会，使我多少获得了一些如刘少奇同志所说的"挨得起棒棒，背得起冤枉"的修养。

8. 对于历史的几个关节问题的说明

A. 对于莫斯科清党委员会给我的最后警告的处分，我认为是不公平的。因为对于同住一宿舍的綦树功，我也如支部局或其他同志一样，知道他曾是托派分子。但他在联共十五次代表大会以后，已向党承认错误，放弃托派主张。虽则也猜想到他放弃托派主张未必是真诚的；但是我也如大家一样并未能发现他的托派秘密活动。当时，支部局负责人未能事先发现校内一两百人的托派反革命支部，独责备我不能发现一个托派悔过分子的秘密活动，而加以如此重的处分确实是不公平的。同样在无辜遭人敌视，或对我远而避之的状况下，我的沉默寡言也是有原因的，决不能因此而说我对革命消极或政治面目不清。

B. 对于1931年初到1937年五六月间这六年中，我与党脱离关系的时期，不算入我的党龄，并无异议。因为，我自己已感到在此时期中，我对党对革命的贡献太小了。但我要对党声明的是：第一，我在失掉关系以后，曾屡次设法找过党的关系，但因误解而被拒绝，对于党的发展和进步认识不够，但不是对革命消极。第二，我在此期间，不论在思想上或言论行动上，未曾有过任何不利于党或革命的活动。第三，不论我在这一时期的文化活动对于党对于革命的贡献是如何渺小，但在我来说，是尽了我主观上所能尽的力量，为党为革命而工作的。

九、今后的努力方向

A. 多做下层实际工作，多参加群众运动和群众斗争，但同时不放弃对于马列主义理论作进一步的深入研究——特别是对于经济问题的研究。因为我过去的研究兴趣是偏重于这一方面的。

B. 学习雷厉风行的工作作风，做任何工作要有明确的计划，要经常总结经验。

C. 愿继续做宣教工作，但更愿意去学习做财经工作，使自己过去对于经济学的理论研究能够进一步与自己实践结合起来。

整风自传

从合作社是否剥削讲到合作社运动的前途以及要安心做贸易会计工作等[*]

——答如皋中学缪永秀同志及利民公司崔志农同志

如皋中学读者缪永秀同志来信提出合作社是否剥削,剥削谁,与商店有何区别的问题;另,读者利民公司会计崔志农同志来信提出做会计工作不安心,进步慢,以及为什么学做一个好商人的问题。编委会指定我来答复这些问题。我想这些问题不是三言两语可以讲完的,而且这些问题相互之间是有联系的,我现在把这些问题连起来谈一谈。

什么叫合作社

为解答缪永秀同志的问题,先要说明什么叫合作社,我不想在这里咬文嚼字给合作社下一个全面的完整的定义;但我想合作社的主要的特点应该是:生产者或消费者凑合个人的劳力或资金(包括现款、工具或其他物资)而组织成的一种互助性质的团体。根据合作社所经营的事业,可以分为生产合作社、消费合作社、信用合作社、运销合作社以及兼营上述两种事业以上的综合性的合作社等。所有这些合作社的目的不是剥削他人,而是为摒除或减轻别人对合作社社员的剥削。

---

[*] 本文原载《生活(苏中)》,1946(3),第68—75页。

什么叫剥削

为说明此问题，必须先弄清楚什么叫剥削。剥削是无报偿地攫取劳动人果实（经济学上叫作剩余价值）的一种行为，普通商人称之为赚钱。譬如工厂老板用100块钱雇一个工人去做工，这工人在被雇期内替老板创造了相当于200元的价值。这多出来的100元就是工人替老板创造的剩余价值，也就是老板对工人的剥削或老板赚的钱。但工厂老板一定要等商品卖出后才能真正把100块钱赚到手。为了资金周转的便利及其他种种原因，工厂老板往往不直接经营商业，而委托商人来办理这件事，即是通过了大大小小许多的批发商和零售商才把一件商品曲曲折折地转入（即出卖给）消费者手中，使工厂老板赚的钱真正拿到手。当然，工厂老板要商人代替他完成这一种任务，必须给他一定的报酬。例如，把这一个价值相当于200元的商品出卖时，他只照150元的价钱批给发批商人，后者再以175元批给零售商人。最后，零售商人才以200元卖给消费者。这便是工厂老板和大小商人对于生产者的剥削行为。

合作社没有剥削

根据以上所说，剥削特点之一是无报偿地攫取他人的劳动果实以增进自己私人的财富。现在我们的合作社有无此种剥削行为呢？我们可以肯定地说，合作社并无剥削行为，相反，它的存在的主要使命正在于减轻商人对于社员（生产亦即消费者）的剥削。例如：以互助组或变工队式的农业生产合作社或手工业生产合作社来说，它们的目的是提高社员的劳动生产率，并保护它们的劳动果实不被（或少被）别人无报偿地攫取去。社员本身即是劳动生产者，根本没有攫取他人劳动果实的行为存在，绝不能说他们自己剥削了自己。运销合作社的运输事业，在本质上亦与生产合作社同，因为运输是商品生产过程的延续。信用合作社是一种信用互助性质的团体，亦非剥削。合作社中比较有"剥削嫌疑"的是消费合作社。因为合作社所进货往往不是合作社社员自己所生产的商品，例如：某一农民合作社以175元或150元向上述批发商或工厂主直接买进了那位工人所创造的价值相当于200元的商品。合作社即以200元或稍微低的价卖给合作社社员。这就形成了合作社的50元或25元，或更小的一定数量的利润来源。这在表面上看，似乎亦是剥削了那位创造价值的工厂工人；但事实上并非如此。因为，这工人所创造的相当于200元价值老早在工厂老板以100元工资雇用他去做工时，就被剥削去了一半。工厂老板原想以剥削所得的半数让给自己的做商人的同伴的（因为后者替他做了销货工作）。现在这些组织在合作社中的农民社员以合作社为武器，替自己的同伴向资本家争还了半数或四分之一的早已被剥削去的剩余价值，这绝不能说农民合作社社员剥削自己的工人同伴，而只是剥夺或减削了商人资本家的一部分剥削权利。是我们的组织在合作社中的农民替工人的同伴挣回了一部分权利；如果这工人本身亦参加了合作社，那么挣回的一部分利益，他亦可能分到一份；万一他不曾参加合作社，那么除了怪他自己不会组织起来以外，绝不能怪人家把挣来的权利让给他。

机关合作社和公营商店是否有剥削

对于这一问题的答复也是否定的，其理由除了前节所说的以外，还有一个理由，这就是机关合作社和公营商店的利润的用途。前面说过，构成剥削的条件除了攫取他人劳动果实这一特点以外，还有一个特点就是增加私人财富，但新民主政府下的公营商店（公营工厂亦是一样）的利润，非但不是增加任何谁的私人财富的，而且是作为政府国库收入，用在有益于广大人民的事业上的；就以个别机关所办的机关合作社（干部和战士大家凑股办的）或公营商店（小公家的公营商店）所赚的钱来说，也是用在改善干部或战士的待遇上，或解决本机关的某些用费的自给，以减轻国库负担，就是说，最后亦是为了广大人民（生产者）本身的利益；因此，亦就不能说是有剥削存在。这里，决定问题的主要关键在于政府是怎样的政府，即决定于所谓公营商店究竟是怎样的"公"。最近，发了胜利财的官僚资本的代言人，曾拼命提倡工业"国"营（"公"营）论。中国的大地主大资本家的一党专政的政府向来就有了一些"公"营的企业，近代的德日意法西斯国家，和古代的奴隶主国家也都有他们的"公"营企业，但这些"公"营企业却是最恶劣的剥削形态。这不仅因为这些"公"是与私不分的，"公"营企业实际便是大官僚的私营企业；而且因为：即使这些"公"营企业的收入都归"公"了，都归入"国"库了。但这个国库是为了支持大地主大资本家的一党专政，支持法西斯国家或奴隶主国家下的最残酷的剥削而设的。所以这些企业当然便是整个剥削机构中的重要一环。一切是决定于政权的性质的。

以公营商店收入作挥霍亦是剥削

但这里有一点要说明：虽则新民主政府是人民的政府，是为人民服务的，因此他的公营商店亦如人民（生产者）自己办的合作社一样：并没有剥削存在。但是如果个别的机关或个人自以为自己的公营商店赚了很多钱，是自己"生产"所得，不妨大吃大喝，挥霍一下，使自己的生活水准远超过了一般机关的水准，那么这种享受在事实上也成了他们对人民的剥削，使公营商店本身亦变了质，因为你的享受超过了你应得的限度，因为公营商业的利润收入与自己的劳动生产收入到底是有本质上的差别。

公营商店要向合作社方向发展才有前途

如上所述，合作社并不包含有剥削性质，而且是减轻群众所受剥削和促进群众生产的最好形式。毛主席号召"组织起来"就是要把群众组织到各种各样的合作社（生产、消费、运销、信用）里面去。因为通过各种各样的合作社来组织群众，以发动群众的生产运动，是减租减息以后群众运动的主要形态。关于"组织起来"的重要性，特别是组织生产互助的重要性是大家都了解的，我不想在这里多说。我在这里想谈一谈公营商店与合作运动的关系问题，或我们的贸易工作的方针问题。

今后我们的公营商店必须向合作社的方向发展。不仅从群众运动的观点我们必须如此做，而且就是从贸易工作本身着眼，也必须如此做。因为我们的公营商店或国家贸易只有与群众的合作运动结合起来之后，才站得住脚，才能有前途。理由如下：

我们的贸易工作是在对敌伪的残酷的经济斗争中长大起来的；敌人要掠夺我们的物资，我们要保护自己的物资不被掠夺；敌人要封锁我们，我们就来一个反封锁。在这斗争中，我们与其说是依靠雄厚的经济力量，毋宁说是依靠我们的武装力量和政治力量。那时我们经济斗争中的一套武器，如抗币、保护税制和整个的一套管理办法，主要是依靠我们的军事的和政治的力量来维持的。但今后的环境将有改变，封锁和反封锁如能完全解除，解放区对外经济关系将逐渐密切起来。那时，我们的贸易机构和公营商店主要将依靠什么来同外区的大商人以至于外国洋行，在市场上作竞争呢？如果我们不以军事力量和政治力量来做我们经济斗争的直接后援，那么我们能单凭资本的大小或做生意的本领来同大商人或外国洋行竞争吗？若如此，我们一定要失败的，因为我们不但在资本额的大小上比不过他们，即以做生意的本领来说，亦远不如他们。今后我们的贸易竞争，既不依靠军事力量和政治力量，也不单凭资本的雄厚或做生意的本领（虽则在这方面，我们是应该大大努力的）；我们所依靠的将是全边区2300万的人民。但在今天，人民的力量特别是他们的经济力量是十分分散的，几乎可以说是一盘散沙。农民和手工业者的小生产者经济跟集中的高度发展的大都市经济去进行交换（贸易），前者必然是要吃大亏的，这交换基本上是一种不等价交换，这又是都市对乡村剥削的一种基本方法。显然，这种分散的无组织的小生产者在市场竞争中是无能为力的。但如果我们能用合作社的方式把这些分散的农民和手工业者组织起来，那么他们将成为一支伟大的力量。例如就以苏皖边区而论，2300万人口中只要每一百个人有一个参加合作社，那就有23万合作社社员；若每十人中有一人参加合作社，那就有230万合作社社员；若每一社员能认股一斗米，则全边区便有23 000担至23万担米的合作社资金。但合作社的主要意义还不在此（仅以资本而论，我们无论如何是竞争不过中国或外国的大资本家的）。主要的是我们可以通过合作社网把根据地的一些主要资源掌握在自己手中，迫使大商人不再与我们的分散的个体农民或手工业生产者打交道，而要同他们的合作社来做生意。这样不仅取消了种种中间剥削，而且可以使大商人无法再抑低农产品价格或抬高工业品价格。这样，农民的农产品便可按照较高的价格卖出，工业品就可照较便宜的价格买进。

从合作社是否剥削讲到合作社运动的前途以及要安心做贸易会计工作等

过去，做合作社工作的群众运动干部往往因为不精于做生意，缺乏经济观点而蚀本失败，做贸易工作的干部往往因为缺乏与群众联系，没有把贸易工作与群众利益结合起来，以至使公营商店变成了普通商人的商店一样，不能为群众服务，使自己孤立起来。今后如能把贸易工作与群众运动结合起来，把公营商店变为群众合作社的业务核心，把合作社变为公营商店的群众基础，那么不论是群众运动也好，抑是贸易工作也好，都将提高一步，双方获得大发展。

"学会财经工作""学会做生意"

崔志农同志不想做贸易会计工作。他说"我是来革命的，为什么要学做商人？"他想不通这个问题，要编者帮助他弄通思想。我想崔同志想不通的第一个原因，就是因为他把贸易会计工作同革命对立起来了，至少他没有看到这工作的重要性。毛主席早在三年前就号召大家要"在两三年内学会财经工作"。列宁在苏联转入新经济政策时曾号召最优秀的党员应该"学会做生意"。可见在革命的一定阶段上，财经工作或做生意是一件重要事情。当三年前，毛主席发出此号召时，抗战尚未胜利，军事斗争还是主要任务。今天抗战已胜利，国内和平局面已定，即将进入和平建设阶段，因此，财经工作比两三年前就更加重要，而贸易又是财经工作中的重要一环。例如前面所说的如何通过贸易工作推进合作社运动，如何使农民和手工业生产者的生产品卖到较好的价格，如何使他们买到较便宜的日用品，以及如何调剂物资，平压物价稳定币值，如何通过正确的贸易政策来刺激生产等问题的解决，都是贸易工作中的中心任务。如果对这些问题能细心去钻研一定是趣味无穷的。如果把这些任务都完成了，那就是对革命，对人民的很大贡献。崔同志如果认清了贸易工作的重要性，那么也就不会因上级叫他做贸易会计而不高兴了。

革命的实际工作是具体而琐碎的，每个人应该精通自己的业务

我想崔同志思想上弄不通的另一个原因，是他对革命工作的

具体性质认识不够。许多小资产阶级出身的人对于革命工作，往往存在着一种幻想，把革命工作看作是抽象的一般化的，缺乏具体内容的事情，或以为这只是开大会，做报告，写决议，呼口号或上前线冲锋陷阵，一天到晚尽是干的轰轰烈烈的大事。或者认为只有掌握全面领导才是真正的革命工作，其他所做的都不是革命工作，至少不是重要的革命工作。这当然是一种错误的想法。革命工作是具体的，而且往往是很琐碎的。做一个军人当然免不了要上前线，冲锋陷阵，这是轰轰烈烈的；然而在平时，当他不打仗的时候，或者当他在整训的时候，一切生活和工作也很平凡以至很琐碎，这时，做一个指挥员，不仅要管立正稍息，而且举凡柴米油盐以至相骂吵架等麻烦事情都得处理；否则他就练不好军队。做一个掌握全面领导的负责人当然免不了要开会、做报告、写决议，但如果他的工作仅仅以此为止，限于所谓"原则领导"，那么他一定就会被人骂做官僚主义，他的领导一定就会破产。我们可以说，革命越发展，尤其是在取得了政权之后（即使是非全国性的），革命工作的分工越精密，因而亦就越具体而琐碎，需要精通业务的专家越多。会计是一件具体而琐碎的工作。你如果不愿意做这工作，不去钻研，那么一天到晚只同数字打交道，只觉得不胜其枯燥无味了。但是你如果认识了这工作的重要性，能细心去钻研，你就可发现你这一部分的整个业务都反映在这些数目字中，你能从这中间去了解会计业务和贸易业务的规律性，并判断这些业务进行得是否正确并随时纠正之。因此，兴趣是要从精通业务中得来的。我们要反对一无所长的一般化的空谈家，欢迎精通业务的专家。

当然，负责领导工作的同志亦应随时帮助做局部工作的和技术工作（如会计）的同志，使后者对于全面的工作进程有一个概况的了解，不至陷为狭隘的技术工作者。

从合作社是否剥削讲到合作社运动的前途以及要安心做贸易会计工作等

释物价上涨的原因及富农发展生产问题[*]

——答唐廉洁同志

唐廉洁同志：

    1. 那位商人把解放区内物价上涨的原因简单地归之于"抗票"太多，显然是不对的，是片面的看法。因为我们解放区经济不能与外区的经济完全隔离，就是说，不能不受外面的影响。而过去半年间，国民党地区的物价不论是农产品抑是工业品，由于法币的无限制膨胀，更由于官僚资本的操纵投机，都在日夜飞涨中，而且其上涨的速度远过于我解放区，这不能不影响到我解放区的物价上升。其次，在这里，粮食价格的上涨最能敏感地影响到一切物价的上涨。而在去年，大家都知道，我解放区是遭受了严重的水、旱、虫灾，形成了去年的大荒年，使粮食缺乏，粮价飞涨。虽则如此，我解放区的粮价上涨速度还远不如国民党统治地区。例如，去年12月初，淮阴的米价是每石350元抗币左右，目前还不到1000元，上涨不到300％，但去年12月1日上海每石粳米价是8000元法币，今天则是31 500元（根据无线电商情报告）上涨400％。即是说，上海米价上涨速度比我们解放区快四分之一。但是大家还不要忘记，去年在我解放区虽是大荒年，而在江南一带，特别是产米中心的芜湖一带，去年是大熟年。除此以外，上海还有国际善后救济公署及外国洋行的食粮成千成万吨

---

[*] 本文写于1946年3月21日，原载《生活》，1946（4）。

地运到，而我苏皖边区则不仅尚未得到外来的救济，而且国民党军队还封锁我食粮，我区商人到江南产区去运粮进入我解放区者，常遭阻止，以致没收。这正如国民党控制了全国最大的工业区，接收了敌伪的许多食库，但国民党统治区的一切工业品价格往往上涨在我解放区之先，这是同一情形。在这里，亦充分表现出，我们解放区的财经制度是远胜于国民党地区的。如果我们苏皖边区的经济如上海南京一带那么富饶，我们不像今天一样受国民党的封锁；那么许多财政经济上的困难一定早已克服了。至于目前我们流通中的"抗币"数量比反攻初期是否多了些呢？那当然要多了些，这不仅因为使用抗币的市场扩大了（我们收复了不少商业中心），而且我们在进入和平建设阶段之后，我们必须要大量投资，例如最近就有5000万元的农货，30万元的运河堤修理费，以及其他一些工商业及垦殖生产事业的投资，这样的投资，我们不仅不嫌其多，而且还嫌其少。因为这些投资不仅在消极方面可以救济了我们的人民！而且可以促进我解放区的经济繁荣。这不仅与伪币的通货膨胀不同，且与法币的通货膨胀亦大不相同。因为在过去和现在伪币和法币的发行不仅是用之于弥补赤字的，而且往往是成了大官僚资本家的重要的一个生财之道。至于用之于救济人民，用之于国家生产投资的则几乎是没有的。而在我民主政府之下，则每一张"抗币"之发行皆用之于人民的事业，用之于生产建设事业。因此"抗币"的发行则有一切民主建设事业为之担保，事业愈发展，"抗币"亦愈有保证。

释物价上涨的原因及富农发展生产问题

2. 你听说的乡村富农不想发展生产，认为很快要实行社会主义的想法，只是新解放区极少数对新民主主义尚未有认识的人们的想法，主要的是由于他们受了敌伪和反动派的欺骗宣传的缘故。中国今天不能实行社会主义！至多只能实行新民主主义。关于这道理毛泽东同志在"新民主主义论""论联合政府"等著作中屡次讲过了，他而且指出过，这并不是我们想不想实行的问题，而是根据今天中国的社会经济发展的客观规律能不能实行社会主义的问题。谁要不顾这客观规律，硬想在中国实行社会主义，那么他就犯了主观主义，他就要遭受失败。因此，共产党及其领导的民主政府，不仅不反对富农，甚至大大奖励资本家发展生产！增加他们的财富。例如，大家都知道全国全世界有名的陕甘宁边区劳动英雄吴满有，便是一个富农，他的被人尊敬，被政府被共产党和毛主席所表扬的，就是因为他会生产，积了不少钱，发展了自己的生产，变成了富农的缘故。

敬礼！

关于土地改革中的"推平"政策问题

方毅同志转华中分局各同志：

我自改行做货管工作以来，一心学习本位工作，与群众运动接触极少，了解也不多，即如当前的土地改革运动，除阅读文件和新华报以外，知道的很少（即连文件在机关支部中也不能经常和迅速地看到）。7月底我曾偶然听说，乡间算账献田，有侵犯到中农利益的，我曾从此询问方毅及一氓两位同志。后一氓同志从分局开会返来告诉我说，据五地委报告，侵犯中农利益只是个别现象，于是我亦安心了。因为我懂得，在一个大运动中，没有个别出轨的现象是不可能的。而且我对中央关于土地改革的五四指示曾仔细研究过，知道党中央对中农和富农的正确政策曾有十二分严格而明确的规定，分局关于这一问题的最初几次指示，基本上也是根据中央的五四指示加以说明和具体化，因此更深信此种侵犯中农利益，确像个别现象，不值得大惊小怪。但是近数日来，根据我们驻地附近几个乡村的调查和别处来的同志所谈的情形，似乎此种侵犯并非个别现象，而是根据一种"推平"政策（即平分土地）和机械的阶级划分法（多少亩以上为中农，多少亩以上为富农）产生出来的。如果我们的确实行了"推平"政策，则侵犯中农利益将是必然的结果，而中农利益若被侵犯，则中农必反对我们，贫雇农亦因自觉陷于孤立而对斗争畏缩。这样

---

* 作者于1946年8月21日给方毅同志的信。

便会影响农民反顽斗争的积极性;再加上机械的以田亩数划分阶层的办法,便使中农利益虽被侵犯,而下级对上级报告总说是富农献出了田(而且说是"自愿的"),因为真正的中农已被当作富农,而富农或已被当作地主了。五地委认为中农被侵犯仅是个别现象或即由此。

因感觉这是一个威胁革命成败的重大问题,虽明知不在其位,不知其政,可能我所见到的乃是井蛙之见;但心有所患,若不对党提出,倒是变成了"事不关己,高高挂起"的自由主义者了。我分数段来说明我的意见。

一、我们对中农的政策

中央的五四指示中对于中农的态度讲得很明确:"坚决用一切方法,吸收中农参加运动,并使其获得利益;决不可侵犯中农土地,凡中农土地被侵犯者,应设法退还或赔偿。整个运动必须求得全部中农的真正同情和满意(包括富裕中农在内)。""如果侵犯中农土地或打击富农太重,或不给应照顾的人们以必要的照顾,那就会使农村群众发生分裂,因而就不能保持90%以上人口和我们在一道,就要使贫农雇农和我们陷于孤立,就要增加豪绅地主和城市反动派极大的力量,就要使群众的土地改革运动受到极大的阻碍,这对于群众是很不利的。因此,必须说明群众全部遵守上述各项原则,对于群众方能真正有利。"我觉得对于中农的照顾不能比中央此指示更明确而肯定了。

不仅内战时期苏区失败的惨痛教训,而且有联共的经验告诉我们,必须团结中农才能保证革命的胜利。我们知道,使托派与联共党发生意见分歧,以致最后使托派脱离党走向反革命、走向法西斯道路的基本问题即在于这个中农问题。1919年联共八次大会上列宁还专门为此问题做了一个报告,并通过一个专门的决议案。虽则自整风反对教条主义以来，很多同志早已把引经据典（尤其引洋经典）作为教条主义的证据，但我却还要在这里引段列宁在联共八次大会上所讲的话，因为这是特别值得我们中国同志注意的。当联共八次大会时（1919年），是已在十月无产阶级革命胜利以后一年多的时候，当时革命在俄国乡村中的任务已经是以反富农的斗争为主要内容，也即是说，比了今日中国的革命已经是更深入更进一步，但列宁和联共党对中农的态度是多郑重呀！他说：

"因为苏维埃工作人员没有经验，因为问题困难，所以预定对付富农的打击就往往落到了中农身上。我们在这里犯了非常大的过失。""把中农和富农混淆起来，把对付富农的办法在某种程度内推行到中农身上，那就不仅是最粗鲁地违背苏维埃政权一切法令及其全部政策，而且是最粗鲁地违背了共产主义一切基本原则。"

我们今天的革命是资产阶级民主革命，我们的打击是预定打击封建地主的，而不是打击富农的；如果现在把这打击推行到中农身上去了，我想这将更是"粗鲁地违背了共产主义的一切基本原则"，是犯了更重大的过失。

列宁又认为中农是我们的长期的同盟者，将同我们一直走到共产主义社会，特别在落后国家，中农的社会基础较巩固，这同盟者对我们便特别珍贵，这里我再把列宁的话引在下面：

"因为农业技术比较落后之故——甚至于在先进国家里，更不待说在俄国——中农是具有比较坚固的经济根基的，所以在无产阶级革命开始以后，中农还会支持到颇久的时间。因此，苏维埃工作人员以及党的工作人员在农村中的策略应当是计算到与中农实行长期合作。"（列宁在八次大会的演说）

列宁说的是经济比较发展的俄国（比中国而言），而且是在革命已走向更高阶段的时期（无产阶级革命胜利以后一年多），但尚要党与中农实行长期合作。斯大林是遵照这决定一直与中农携手走到了集体经济,走到了社会主义。我们今天是在反封建的资产阶级民主革命阶段中,是处在比俄国更落后的社会中,即在中农的社会基础更强大的环境中,我们更不能单单依靠贫雇农而得罪中农和疏远中农。

二、"群众绝大多数的要求"和"中农多数同意"的问题

在基本上,分局各次指示是遵照中央五四指示中关于中农问题的精神的。特别在5月28日决议中,分局决议对于这问题说得非常明确而坚决:"中农是我们在农村中可靠的同盟军,绝对不容许侵犯中农土地。算旧账绝对不能算到中农身上,要坚决用一切办法吸收中农参加运动,在分配土地时应使中农得些利益。凡中农利益被侵犯者,应设法退还或赔偿,已借的粮要打借条,保证如期归还,侵犯土地退还,并向中农做适当解释,以取得中农的同情和拥护。"在6月9日的指示中还说:"中农所有土地不应算作分配,已分配者应退还或赔偿,中农土地不够者应补足他。"但是6月21日分局致一地委信中曾说:"关于分地力求平均是指清算汉奸地主之土地而言,不是将中农及富农的自耕土地通盘平分。但群众绝大多数要求全盘平分,又得到中农多数同意者,亦不必阻止群众之分田运动……富农自耕土地太多,群众坚决要分者,也可分一部分……平分土地是好事,而不是坏事……"6月28日给各级党委信中又说:"有些地方农民坚决要求平分土地,又得到中农同意者,应赞助此种平分运动,不要害怕均产思想。"我觉得以上几句话很容易给了底下的同志以侵犯中农利益的不正确的借口。我认为,首先,要中农自己真正同意拿出田来平分,在事实上是不可能的。我们知道,中富农献田在事实上是在群众压力之下(怕斗争斗光)做的。至于群众要求平分的理由亦是不

恰当的，因为这不仅与中央及分局指示中的"坚决用一切方法吸收中农参加运动并使其获得利益；决不可侵犯中农土地……""中农是我们在农村中可靠的同盟军，绝对不容许侵犯中农土地"等话相抵触；而且中央指示中还明明写着："必须说服群众全部遵守上述各项原则，对于群众方能真正有利。"这就是说，即使真的是群众要求平分中农土地，我们也应去说服群众不要这样做；因为这是会使群众分裂，使贫雇农及我党陷于孤立，使革命极端不利的。而且事实上贫雇农群众绝不会如我们干部这样做法的，他绝不敢自陷于孤立，以二对三的形势同时向地主、富农、中农要土地。分局指示中说："我们要依靠贫雇农，而不是依靠富农，所谓团结中农也只有在贫雇农起来之后……"又说："如果贫雇农不起来，不仅地主富农靠不住，连中农也是动摇不定的……"我认为这句话是对的，但只指出了真理的一方面；而真理的另一方面是："如果侵犯中农土地或打击富农太重……就会使农村群众发生分裂……就要使贫农雇农和我党陷于孤立，就要增加豪绅地主和城市反动派极大的力量……"而在敌人力量增加的条件下又失去了同盟军，陷于孤立的贫雇农，也必然就会丧失了斗争勇气，增加了他们的变天思想，即增加了他们的动摇，削弱了我们党在农村中的主要依靠。因此，我认为凡是侵犯及中农的平分土地绝对不会是"大多数群众所要求"的，事实上是干部自己的包办代替，群众的积极性是并不高的。在我们住的这一乡就可以看到，不仅献田者是日夜不安，即使进田的贫雇农也带着糊公事和疑惧的心思的。

三、机械的阶级划分法

农村中的阶级划分本不是一件容易的事，这不仅使我们中国革命者感觉头痛，而且也曾使苏联的革命者头痛过。但现在我们下面似乎相当普遍地流行着一种错误的机械的阶级划分法。这办法便是把某一乡的人口数去除当地的耕地数求出每个人平均可分得的田亩数（例如每人可分得3亩），凡合乎此标准者为中农，超过此标准者为富农，不足者为贫农。过去我们在白区做农村调查时亦曾做过类似的分类法（根据田地产量与农民一般生活标准求出维持一个农民的普通生活所必需的田亩数），我深知此种分类法有极大毛病。因为用这方法求出的田亩数只是一条线（如3亩），即使你把此线拉宽些，也只能成为一条带（如3~4亩或5亩），刚刚在这线或带上的（即中农）总是少数，在这线或带以上和以下的，总是超过了富农和贫农的实际数。用此种统计方法作为一种科学研究上的假设是可以的，例如知道某一地区内有地5亩以下者多少农户，5~10亩者多少，10~20亩者多少，20~30亩者多少等，便可知道此一地区农户分化之大概情况。但若用此方法去决定每一具体农户的阶级分类，则必然会错误百出，使贫农特别是富农户数远超过了实际存在的数字，即是把一部分中农也划入富农类中去了。富、中、贫农之间的阶级划分不是简单的数字上的差别，而是有严格的本质上的差别的。根据列宁说法，贫农是乡村中的半无产者，即被剥削者，富农是农村中的资本家，他的经营基本上是建立在雇佣劳动的剥削上的，但自己也参与生产。不过在中国，由于半封建社会特性，往往富农经济不建筑在雇佣劳动剥削上，而建筑在地租剥削上。至于中农则是较复杂的一种社会等级。列宁认为："按经济含义来说，应把'中农'理解为这样一些小农人，这些农人按所有权或租佃权而占有也是一块不大的土地。但终究是这样一块土地：在资本主义制度下，通常是不仅使他可以勉强维持家庭和产业，而且有可能得到某些能够——至少在好年份——变为资本的剩余；这些农人是很时常雇佣别人劳动力的……"（列宁在共产国际二次世界代表大会的演讲）显然，中农在资本主义不发展的中国，得到某些剩余以转为资本的可能是不大的，然而在原则上，列宁也允许这样的中农很时常雇佣个别劳动力（但基本上是自耕的），而且能有些积蓄。由于列宁所指出的农业一般比工业落后的缘故，特别是在落后的中国农村中，"中农是有较坚固的经济基础的"，属于这一阶层的农民是较多的；亦由于同一理由，富农应是较少的。一般说，中农在中国乡村中，终占人口30%以上，即1/3以上，而富农人口一般不会超过5%。但据最近各地献田的情形来说，中农往往被当作富农而献出了田。如我们驻地夏圩乡637户中，献田者有108户，占17%左右。又如8月12日新华报所载涟水王集区四庄、花朱两个村中富农献田的消息说：两村300余人的农民大会上有28家富农和9家富裕中农献出了田地，有81家贫苦农户分到了田地。我们不知道这两个村的总户口多少，但富农（28户）占贫苦农户（81户）的35%左右，富农和富裕中农（37户）占贫苦农户（此中包括贫农、雇农）的46%左右，即半数左右。若中国农村中的富农有如此多，我们早可庆祝革命成功，亦不会再有什么农村破产之类的话了。因此，我虽未经实地调查，但也大胆武断一句说，这28户富农和9户富裕中农一定有不少是被我们的干部"官升一级"了。特别是在分局几次指示中三令五申严厉警告干部勿把地主当富农、富农当中农之后，更使此种升级成了普遍现象；而由于此种升级便造成了一种假象，认为侵犯中农利益仅是个别现象而已。

四、平分土地政策必然会造成普遍侵犯中农利益的现象

由于我不了解全面情况，不敢断言侵犯中农利益的现象到底普遍到什么程度。然而只要力求其平的平分土地政策被执行着，那么侵犯中农利益的现象一定很普遍，也可以说，凡是地主少自耕农多的地方，中农的利益一定会被侵犯的。因为在这种条件

下，如果不侵犯到中农利益，就无法力求其平的（这是一个简单的算术问题）。例如最近从淮北来的蓝东同志即曾告诉我如下材料：她原在淮北参加泗阳西邵乡的群众工作，她这一个乡在第一次布置土地改革工作时，因根据不得侵犯中农利益的原则，不曾要中农献出田；但到发动的前一晚忽接上级指示，说要拉平，于是临时又重新布置。而根据全乡人口和田亩数统计结果，知道如不动中农田地，就无法拉平。那时支部认为拉平的原则更重要于照顾中农，于是就决定要中农也把田献出。据说，淮阴市及淮阴县也是因为地少人多，而使中农"自动"把田献出了一部。华中有很多地方是小自耕农经济，而各地对力求其平的分田政策似乎掌握很紧。因此，我估计中农利益的被侵犯一定很普遍。

五、富农的田是否应献出

以上我所提出的是中农献田的问题。如果中农的利益已普遍被侵犯，则富农的田当然已被献出了；而且有不少的田是被斗出来的，被斗结果，所留土地比自动献田者留得更少。但富农的田是否应该献出呢？关于对富农的态度，中央指示中也说得很明确："一般不变动富农土地。如在清算退租土地改革时期，由于广大群众要求，不能不有所侵犯时，亦不要打击太重，应使富农和地主有所区别。应着重减租，而保存其自耕部分，如果打击富农太重，即将影响中农发生动摇，并影响解放区生产。"据我了解，中央此一文件所指出的方针是保存富农的自耕地，至于出租的田地可清算出一部分，但不能打击太重，因为要把地主与富农分别看待。我认为中央此方针是完全对的。因为今天革命的性质是新民主主义的，革命的对象是封建势力；因此，我们只能削弱或取消富农的封建部分的剥削——出租部分土地，而保留其自耕部分。特别在老解放区，许多富农是在我新民主政府扶植下发展起来的。前两年刚提倡吴满有方向，奖励劳动英雄，而今天便要他把超过平均数以上的地献出，甚至斗他，这种出尔反尔的态度在人情上也讲不过去，更不要说与党的政策、与革命的战略目标不符合了。淮南劳动英雄张性道，在前年劳英会上得过奖，今天的献田会上却要他拿出田来。提拔他，奖励他，使他上升为富农的是共产党；打击他，削弱他，使他又跌下去的仍是共产党。反动派说共产党反面无情靠不得，而我们此种政策正使反动派得到了求之不得的好材料。

六、自耕农区域不侵犯中富农利益、贫雇农得不到好处、群众运动发动不起来的问题

据说，主张平分土地的主要理由是：在地少人多的小自耕农区，如不主张平分，不侵犯中、富农利益，则贫雇农得不到好处，群众发动不起来。我们且不说这种得罪两个人讨好两个人的办法在策略观点上是否聪明，被讨好的两个人是否会被发动起来。我觉得这样说法，在思想方法上，在对于土地改革的基本意义的了解上是大有毛病的。因为大家都知道，土地改革是中国革命的基本任务，目的是彻底铲除封建剥削，这是革命的战略问题，而非革命的策略问题。虽则土地改革问题如被正确解决，对发动群众有决定作用，因此是起有策略作用的，但解决土地问题，铲除封建残余，基本上是革命任务问题，是战略问题。策略随革命形势的变化而随时变化，战略则在整个革命阶段中不变的。如某处没有出租田的地主，无依靠封建剥削为生的阶级，就没有反封建的土地改革的对象，我们就不能硬去制造一个，更不能误友为敌，把革命提升一个阶段，把革命的同盟者（在民主革命中富农基本上仍是同盟者）当作革命对象去反对。若说不如此发动不起群众来，那更是不对。这不是表示群众观念的强，而是

表示自己对于为群众谋利益和发动群众之无能。因为这些同志觉得，只有分田地给农民（过去是减租）才能替农民谋利益，才能发动群众。有这样想法的人无异是自认一朝土地分完了，他就不能再替群众谋利益，再不能发动群众了。列宁就曾经教育过这样的同志。列宁在联共八次大会上演说中，在讲了团结中农和争取中农的必要以后，他就提出了如何为中农谋福利的办法。他说："我们还没有什么物质福利可以给中农，而中农却是唯物主义者，他要求具体福利，而这种福利是我们现在还拿不出来的，而且国家也许还要在没有这些福利的情况下渡过那些在现时已表明有完全胜利希望的艰难斗争月份（作者注：当时正在内战时期，土地分配已毕）。可是在我们的行政实践中能做出很多事情来：改善我们的机关，纠正大批滥用职权的现象。"我们有许多同志就认为，如果没有具体的物质福利就不能为群众做任何事，因此，就只好在减租或分地的办法上打圈子。如无租可减无地可分，或已实行减租分地之后，便无事可做，或者只好要求政府掏腰包，希望财政部门或银行公营商店来救济了。

其实，我们今天的条件比列宁时代好多了。我们除减租分地以外，也还有不少物质福利可给群众，如兴水利，发展生产，办学校卫生事业等；至于改善机关，纠正滥用职权，我们可做的事更多。例如我初到乡下的10多天中，我住的这家老百姓翁媳二人几乎每天终有一人要去开会。那时正在收稻头。老头天天向我发牢骚，说开会荒了他的事，不开会又怕受罚。他说往年二三天就可把稻头收下来，今年十来天尚未收完。这几天刚收完又天天下雨，稻头在场上发芽。据说他家里要糟蹋一担粮食（共收八九担）。他说，如果早几天不因开会误工，就不致损失这许多了。我们的工作人员为什么不多替老百姓想想呢？这正与他们分田侵犯中农利益一样，一半是因于幼稚，一半是因于他们把对党负责、对上级负责与对人民负责这两件事对立起来看了。他们的群众观念在事实上是不完整的。

七、关于实行土地改革的方式问题

分局6月28日信中曾批评土地改革运动中因袭过去算账运动的错误观念，指出："我们的目的是得到土地，如果地主把地拿出来，那就不必斗争，如果不肯把地拿出来，我们就要与他斗争，算账也好，退租也好，没收也好。如无账可算，则采取任何其他方式都可以，目的总要把地拿出来，否则就不答应他。"我们的目的在使农民得到土地，这话在原则上我是同意的。但我觉得我们不能说实行土地改革可以不择手段，不考虑方式。因为中央提出用现今的方式来实行"耕者有其田"，而不用内战时的无条件没收办法，本身就是一个伟大的策略方针；而所谓策略也就是组织群众进行革命的方式方法问题。如果说可以不择手段，不管方式，那我们就不如干脆由政府下令没收好了。这样做我们原来便有十二分理由的。"实行耕者有其田"这口号本身便有着十二分充分的理由。我们今天不如此做而用算账说服等方法来达到"耕者有其田"，不是因为我们的理由不充分而是在于找一个更好、更合"人情"（当然是旧社会的人情）亦即更策略的方式来实行这伟大的事业。而现在因为没有账亦要算账，于是有些算账理由往往变成强词夺理。例如在我驻地附近的一个斗争会上，曾有一个人上去说："去年我在集上给你提过一次菜，你未给我报酬，今天应算还我。"我认为这样斗法，不如干脆宣布没收。因为这样的"理由"正是反把一个有十二分理由的伟大的光明磊落的革命事业（实行耕者有其田），说成为毫无理由的事情了。这是多笨多不策略呀！

我觉得一切策略的最伟大最巧妙处，是在于如何用最巧妙的方法组织、发动群众参加革命运动，提高群众的阶级觉悟和组织

关于土地改革中的"推平"政策问题

性，争取更多的同盟军，而同时又要麻痹敌人，减低敌人的抵抗。因此，我认为斗争会上许多侮辱对方人格，如吃粪、戴高帽子、游街等，除了真有广大群众热情拥护，以对付少数万人痛骂的恶霸以外，一般的我觉得不要采用。但现在有些干部却是把这些方式作为刺激群众运动的一种法宝而加以采用。我在清江就曾见过这样的一个游行，一个老头（据说是工头）戴着高帽子，被捆着手在前走，后面是数十个打锣鼓拿着纸旗子、阴阳怪气跟着走的群众。过路的人无精打采地瞟一下，或瞟也不瞟，三步并作两步，走了过去。我看了这样的游行有说不出的感觉，我想此种游行（或类此方式）对群众运动是得不偿失的。

听说中央正在考虑对无账可算的地主地将用发公债收买的办法。我是十二分地赞成此举的。1934年我与位老讨论到中国革命的转变前途时，我就提出过发公债加上通货膨胀的这个办法。这样的公债，我们在10年20年以后，就是加厚利归还也是负担得起的，而这办法是比强词夺理的斗争好多了。

八、我的结论

根据以上意见，我提出以下具体办法：（1）立即通知各地停止平分政策；（2）已平分之中富农自耕田，一律发还，对于先分到田现在又须退出的贫雇农，为照顾其情绪，可由银行以农贷或其他方式来照顾他；（3）中富农出租的田，一般的要他们拿出来，但为避免打击过重，仍可允其收回一部自耕；（4）分局集中一批能力强的干部检查此工作。

以上是我个人的意见，作为一个党员既有这些意见，不能不向组织提出。据分局最后两封指示信的精神而论，分局所反对的是"害怕均产思想"，把"富农当中农"的右倾，是唯恐右而不怕"左"的精神，我却认为此精神是助长了下面的侵犯中农利益的倾向的。我的意见可能错误，但我个人希望分局能讨论我的意见，并给我指示。我更要求分局不论同意我的意见与否，把我此信转于华东局。

敬礼！

关于土地改革中的「推平」政策问题